JN059418

教科書ガイド

第一学習社 版

高等学校
文学国語

TEXT BOOK GUIDE

文研出版

はしがき

本書は、第一学習社発行の教科書「文学国語」に準拠した教科書解説書として編集されたものです。
教科書内容がスムーズに理解できるよう工夫されています。
予習や復習、試験前の学習にお役立てください。

本書の特色

《読むこと》

●冒頭・教材解説

それぞれ、各教材の冒頭に学習のねらいや主題(要旨)、段落について解説しています。また、詩では、技法や、構成・形式についても扱っています。

教材解説では、まず段落ごとの大意をまとめ、その後、重要語句や文脈上おさえておきたい箇所の意味を解説しています。

教科書下段の脚問については、解答(例)を示しています。

●手引き

「学習の手引き」・「活動の手引き」・「言葉の手引き」について、課題に対する考え方や取り組み方を示すとともに、適宜解答(例)を示しています。

《書くこと》

●教材解説

確認しておきたい語句について、まず解説しています。

提示された活動についての考え方や取り組み方を中心に示しています。

目次

第Ⅰ部

第Ⅱ部

創作をする

山月記

中島《なかじま》 敦《あつし》

教科書P.10～22

●学習のねらい

表現の特徴が作品に及ぼす効果を考え、人が虎になるという怪異の意味をふまえて作品の主題を考える。

●主題

李徴《りちょう》は才知に優れていたが、挫折し、発狂して行方を絶った。翌年、友人であった袁傪《えんさん》は、旅の途中で虎と化した李徴と出会う。李徴は自分の身が虎になったいきさつを語る。夜明けが近づき李徴と別れた袁傪たちが丘の上で振り返ると、一匹の虎が草むらから躍り出て咆哮《ほうこう》し、また草むらに躍り入って、二度とその姿を見なかった。

「臆病な自尊心」と「尊大な羞恥心」を抱え、進んで才能を磨くことも、人々の間に交わることもしなかった青年が、社会とのきずなを失って孤立し、ついには発狂して、心身ともに猛獣になってしまうという物語を通して、理性を超えたところで生起する世界の不条理と、それに遭遇した人間が自らの運命に理由を求めて自己を省察するさまを描いた作品である。

●段落

本文は場面の転換や内容から、七つの段落に分けられる。

一　教P10・1～P11・8　李徴の前半生
二　教P11・9～P13・6　袁傪と李徴の再会
三　教P13・7～P15・10　李徴が虎となったいきさつと現状
四　教P15・11～P17・9　李徴の第一の願い
五　教P17・10～P19・14　李徴が虎になった理由に対する考え
六　教P19・15～P21・3　李徴の第二の願い
七　教P21・4～P21・10　人間としての李徴との別れと虎の咆哮

段落ごとの大意と語句の解説

第一段落　教10ページ1行～11ページ8行

李徴は優秀な青年で、自尊心が強く、賤吏《せんり》に甘んじることができなかった。職を辞して詩作に没頭したが名声は上がらず、再び職に就いたときには同輩はすでに高位にあった。傷ついた李徴は偏狭の度を増し、ついに発狂して行方知れずとなった。

教10ページ

1博学《はくがく》　広く学問に通じていること。

1若《わか》くして名《な》を虎榜《こぼう》に連《つら》ね　難関とされる「進士」の試験に、まだ若いうちに合格したことを示す。「進士」は中国古代の官吏登用試験である科挙の試験の科目。また、その合格者のこと。

1江南尉《こうなんい》に補《ほ》せられた　江南地方の役人に任官された。

2狷介《けんかい》　志を固く守って、人と打ち解けないこと。

2自《みずか》ら恃《たの》むところすこぶる厚《あつ》く　自分に非常に自信があるさま。

2賤吏《せんり》に甘《あま》んずるを潔《いさぎよ》しとしなかった　「賤吏」は、身分の低い役人。「下吏」(教10ページ4行)も同。李徴にとって「賤吏」である「江南尉」で満足することをよしとしなかった、ということ。
「甘んずる」＝そのまま受け入れる。満足する。

3いくばくもなく　まもなく。ほどなく。やがて。

3官《かん》を退《しりぞ》いた　江南尉を辞職したことを示す。
「官を退く」＝官職を辞する。官吏の職にある者が辞職する。

3故山《こざん》　ふるさと。故郷。

3帰臥《きが》　官職を辞して故郷に帰り、静かに暮らすこと。

4膝《ひざ》を俗悪《ぞくあく》な大官《たいかん》の前《まえ》に屈《くっ》する　低俗で下品な大官に服従する。
「膝を屈する」＝服従する。

5文名《ぶんめい》は容易《ようい》に揚《あ》がらず　「文名」は、詩文に巧みだという評判。
「文名が揚がる」＝詩人・文章家としての名声が上がる。

6焦燥《しょうそう》にかられてきた　「焦燥」は、焦りやいらだち。「かられる」は、追い立てられる、ある気分に強くとらわれる、の意。

7骨秀《ほねひい》で　やせて骨ばって見えるさま。

7進士《しんし》に登第《とうだい》したころ　進士の試験に合格したころ。「登第」は、合格すること。

8豊頬《ほうきょう》の美少年《びしょうねん》　ふっくらとした頬の美少年。

9ついに節《せつ》を屈《くっ》して　これまで守ってきた自分の信念を曲げて。
「節を屈する」＝自らの志を曲げて、他人に服従する。

9職《しょく》を奉《ほう》ずる　職に就く。「奉ずる」は、謹んで勤める、の意。

11鈍物《どんぶつ》　才知の鈍い者。

11歯牙《しが》にもかけなかった　問題にしなかった。相手にもしなかった。

11下命《かめい》を拝《はい》さねばならぬ　命令に従わなければならない。
「下命を拝す」＝立場が上の人からの命令を、下の人がありがたく受ける。「下命」は命令を下すこと。

教11ページ

1往年《おうねん》　過ぎ去った年。昔。

1自尊心《じそんしん》　自分の尊厳を意識して他人の干渉を排除しようとする心理や態度。自分を優れていると思う気持ち。プライド。

1想像《そうぞう》に難《かた》くない　容易に察することができる。

第二段落　教11ページ9行〜13ページ6行
翌年、監察御史《ぎょし》の袁傪が旅の途中で商於《しょうお》の地に宿泊し、朝まだ暗いうちに出発したとき、一匹の虎が草むらから躍り出た。虎は身を翻して草むらに隠れたが、人間の声で言葉を発した。その声が旧友李徴のものだと気づいた袁傪が問いかけると、李徴だと返事があった。袁傪は草むらに近づき、懐かしく言葉を交わしたあと、李徴に虎の身となったいきさつを尋ねた。

教11ページ

9勅命《ちょくめい》を奉《ほう》じて　皇帝の命令を承って。

10 **道《みち》に商於《しょうお》の地《ち》に宿《やど》った**　途中で商於という所に宿泊した。
15 **残月《ざんげつ》の光《ひかり》を頼《たよ》りに**　明け方まで残っている月の光を頼りに。
16 **はたして**　予想どおりに。ここでは、駅吏の言ったとおりに、の意。

教12ページ

1 **身《み》を翻《ひるがえ》して**　体の向きをすばやく変えて。
2 **「危《あぶ》ないところだった。」**　危うく友人を襲って食うところだった、という李徴の独り言。
3 **驚懼《きょうく》**　驚きおそれること。
4 **李徴子《りちょうし》**　「子」は成人の男子を呼ぶのに用いる敬称。袁傪が同輩であった李徴を敬意をこめて呼んでいる。
5 **第《だい》に登《のぼ》り**　試験に合格し。「登第」（教10ページ7行）と同じ。
7 **しのび泣《な》き**　声をたてずに泣くこと。
8 **いかにも**　ここでは、確かにそのとおりだ、の意。
10 **久闊《きゅうかつ》を叙《じょ》した**　久しぶりの挨拶をした。
「久闊を叙する」＝無沙汰をわびる挨拶をする。
11 **異類《いるい》**　人間でないもの。ここでは獣のこと。
12 **おめおめと**　恥知らずなさま。
12 **あさましい姿《すがた》をさらせようか**　みじめな姿を見せられようか。
13 **畏怖嫌厭《いふけんえん》の情《じょう》**　おそれおののき、嫌悪する気持ち。
15 **いとわず**　いやだと思わず。

教13ページ

1 **超自然《ちょうしぜん》の怪異《かいい》**　理論的に説明のつかない不思議なこと。虎になった李徴と対面している出来事をさす。
3 **見《み》えざる声《こえ》**　姿は見えず、声だけが聞こえることを示す。
6 **草中《そうちゅう》の声《こえ》**　草むらから聞こえる李徴の声。

第三段落　教13ページ7行〜15ページ10行

李徴は言う。一年ほど前、汝水《じょすい》のほとりに泊まった夜、自分の名を呼ぶ声が聞こえ、声を追って駆けていくうちに虎になっていた。なぜこんなことになったのかはわからない。以来獣の所行を繰り返してきた。日に数時間は人間の心が還《かえ》ってくるが、その心で己の行いや運命を振り返るときが最もつらい。しかし、人間に還る時間もしだいに短くなっていく。人間の心を完全に失えばしあわせになれるだろうに、それを何よりも恐ろしく感じている。完全に人間でなくなってしまう前に頼んでおきたいことがある。

教13ページ

9 **覚《おぼ》えず**　知らず知らずに。自分の意思からではないさま。このあとの「知らぬ間に」（教13ページ10行）も同じ。
9 **無我夢中《むがむちゅう》**　何かに熱中して我を忘れること。
13 **目《め》を信《しん》じなかった**　目を疑った。見たものが信じられなかった。
16 **茫然《ぼうぜん》**　何が何だかわからず、ぼんやりするさま。

教14ページ

1　**「自分《じぶん》はすぐに死《し》を思《おも》うた」のはなぜか。**

答　虎の身になった理由もわからず、この先人間に戻れないまま虎として生きてゆくことが運命なのだとしたら、もう生きる意味はないと考えたから。

2　**「自分《じぶん》の中《なか》の人間《にんげん》はたちまち姿《すがた》を消《け》した。」とは、どういうことか。**

答 虎になった李徴の中に残っていた人間の心が消えて、虎という獣としての本能が目覚めた、ということ。

8 **…に忍《しの》びない** …するのに耐えられない、我慢できない。

3 **「これは恐《おそ》ろしいことだ。」と李徴が考えるのはなぜか。**

答 「おれはどうして以前、人間だったのか」（教14ページ13行）とは虎を主体にした考え方なので、人間の心が消えかかっていることを表すから。

16 **古《ふる》い宮殿《きゅうでん》の礎《いしずえ》がしだいに土砂《どしゃ》に埋没《まいぼつ》するように** 「礎」は柱を支える土台石。「埋没」は埋もれて見えなくなること。「人間の心」が獣としての習慣の中に埋もれて消えてしまうことをたとえた表現。

教15ページ

4 **「おれの中《なか》の……感《かん》じているのだ。」とは、どういう気持ちか。**

答 自分の中の人間の心がなくなれば、虎としての残虐な行いや自分の運命を振り返ってつらく思わずにすむだろうが、人間の言葉や思考、自分の過去の記憶もすべて失うことになるのを恐れる気持ち。

6 **そのこと** 人間の心がすっかり消えること。

第四段落 **教15ページ11行〜17ページ9行**

李徴は、自作の詩のうち、今も暗誦《あんしょう》できるものを伝録してほしいと袁傪に頼み、朗誦した。それを聞き袁傪は、すばらしさは認めながらも、わずかに欠けるところがあるのではないかと感じた。旧詩を吐き終わると、李徴は自らを嘲るがごとく詩人になることへの変わらぬ夢を語り、今の思いを即席の詩に述べた。

教15ページ

11 **息《いき》をのんで** 「息をのむ」は、はっと驚き、息を止める、という意味。ここでは、呼吸を抑えて静かにしている、という意味で、「息を凝らす」に近い意味で用いられている。

11 **叢中《そうちゅう》の声《こえ》の語《かた》る不思議《ふしぎ》** 草むらから李徴の声が響くさまをいう。

13 **名《な》を成《な》す** 有名になる。名声を得る。

14 **もとより、まだ世《よ》に行《おこな》われておらぬ** 言うまでもなく、まだ世の中に広く知られていない。

15 **遺稿《いこう》** 死後に残る未発表の原稿。人間としての李徴の死を表す表現。

16 **伝録《でんろく》** 書き記して伝えること。

教16ページ

1 **詩人面《しじんづら》** 詩人の顔。「…面」は、…の顔、…であるかのような顔。

1 **作《さく》の巧拙《こうせつ》は知《し》らず** 作品が優れているかつまらないものかはわからない。「巧拙」は巧みなことと拙いこと。上手と下手。

5 **「産《さん》を破《やぶ》り……死《し》にきれないのだ。」とは、どういう気持ちか。**

答 財産を失い発狂してまで執着した詩を、少しもこの世に遺《のこ》さずに死んでしまうのは、自分が人間として生きた意味がないように感じられ、耐えられないという気持ち。

「産を破る」＝財産を失う。破産する。

5 **格調高雅《かくちょうこうが》** ここでは、詩の風格や調子が上品で風雅なこと。

5 **意趣卓逸《いしゅたくいつ》** ここでは、詩の趣向や構想がひときわ優れていること。

12 **風流人士《ふうりゅうじんし》** 風流を愛する教養や地位のある人々。

14 **自嘲癖《じちょうへき》** 自分で自分をあざける癖。

15 **お笑《わら》い草《ぐさ》** 物笑いのたね。笑いを誘う材料。

6 **「この虎《とら》の中《なか》に、まだ、かつての李徴《りちょう》が生《い》きているしるし」とはどういう意味か。**

答 人語を操り、詩を記誦することができるという、虎の身であってもまだ人間の心があることを証明するもの、という意味。

教17ページ

2 **「偶《たまたま》因《よッテ》二狂疾《きやうしつニ》一成《なル》二殊類《しゆるいト》一……不《ずシテ》レ成《なサ》二長嘯《ちやうせうヲ》一但《ただ》成《なスノミ》レ嗥《かうヲ》」**

七言律詩。対句は三句と四句、五句と六句。

〔大意〕思いがけず狂気に取りつかれ異類となった
災いが重なり合って逃れることができない
今ではこの爪と牙に勝てる者は誰もいない
かつてはよい評判が二人ともに相高かった
私は異形の身となって雑草のもとにいるが
君はすでに伝令の車に乗り勢い盛んである
この夜に、谷や山にかかる明月へ向かって
詩を吟ずることはできずほえ叫ぶばかりだ

第五段落 教17ページ10行〜19ページ14行

李徴の声は続けて、虎になった理由に思い当たることがあると言い、臆病な自尊心と尊大な羞恥心が、李徴の内心の猛獣であり、それが李徴を人から遠ざけ、自分と他人をも苦しめ、外形を内心にふさわしいものに変えてしまったと語った。そして、悔いと悲しみと苦しみに胸を焦がしては空谷に向かって吼《ほ》えるが、この気持ちをわかってくれる者は誰もいないと嘆くのだった。

教17ページ

10 **時《とき》に、残月《ざんげつ》、光《ひかり》冷《ひ》ややかに** 夜明けが近づき、残月の光が色を失っていくさまを表し、時間が経過したことを示している。

11 **奇異《きい》** あやしく不思議なこと。

11 **粛然《しゅくぜん》として** 厳粛に。つつしんで静かに。

教18ページ

1 **倨傲《きょごう》** おごり高ぶること。

1 **尊大《そんだい》** いばって偉そうにすること。

1 **羞恥心《しゅうちしん》** 恥ずかしく思う気持ち。

2 **郷党《きょうとう》の鬼才《きさい》** 郷里の人々のうちで特に優れ、人間離れした才能の持ち主。

3 **臆病《おくびょう》** 小さな物事にも恐れること。こわがること。

5 **切磋琢磨《せっさたくま》** 玉や石を切り磨くように、仲間どうし互いに励まし合って道徳や学問を磨き、向上していくこと。

5 **俗物《ぞくぶつ》の間《あいだ》に伍《ご》する** つまらない人間と同列に並ぶ。

7 **「臆病《おくびょう》な自尊心《じそんしん》と、尊大《そんだい》な羞恥心《しゅうちしん》」とは、どのようなものか。**

答 詩の才能に自信がありつつも、才能の不足が露見することを恐れて、人と交わり磨き合うことを避けるというもの。また、才能の不足が露見することを恥ずかしく思いつつも、自信もあるため、他の人と同列に並びたくないという態度を取るというもの。矛盾した心情が同居しているさまを表している。

7 **珠《たま》** ここでは、優れた才能、の意。

7 **刻苦《こっく》して** 心身を苦しめてつとめ励んで。

8 碌々《ろくろく》として瓦《かわら》に伍《ご》する　平々凡々としてつまらない者と同列にいる。「瓦」は「珠」と対照的な意味で用いられている。

10 飼《か》いふとらせる　肥大化させる、の意。

15 口先《くちさき》ばかりの警句《けいく》を弄《ろう》しながら　「警句」は、人生の真理を短く言い当てた言葉。「弄する」は、もてあそぶ、の意。李徴が、自分は何も成し遂げていないのに、口先だけで人生の真理を表す言葉を言い立てていると自嘲していることを表す。

16 卑怯《ひきょう》な危惧《きぐ》　勇気がなく恐れているだけであること。

教19ページ

1 刻苦《こっく》をいとう怠惰《たいだ》　苦しい努力をするのをいやがる怠け心。

2 専一《せんいつ》　ただそれだけに打ち込んで、他を顧みないこと。

3 それに気《き》がついた　才能は乏しくても専一にそれを磨けば立派な詩人になれるのだということに気がついた。

3 胸《むね》を灼《や》かれるような悔《く》い　苦しくてたまらない後悔の思い。
「胸を灼く」＝ひどく思い患う。

11 哮《たけ》っている　声高くほえ叫んでいる。

8

「おれの毛皮《けがわ》のぬれたのは、夜露《よつゆ》のためばかりではない。」とは、どういう意味か。

答

虎の姿となってからも、誰にも理解されない悲しみの涙を流していた、という意味。

第六段落　教19ページ15行〜21ページ3行

夜明けを告げる角笛が響くと、李徴は別れを告げようとしてその前に袁傪に妻子のことを頼み、声を上げて泣いた。袁傪が李徴の頼みを引き受けると、李徴は再び自嘲的な調子に戻って自分の所行を批判し、最後に袁傪に、帰途には決してこの道を通らないように頼んだ。そして、二度と自分に会おうと思ったりしないように、自分の今の姿をもう一度見せようと言った。

教20ページ

1 酔《よ》わねばならぬときが　理性を失い、人間の心を失って、獣の虎になってしまうときが。

6 孤弱《こじゃく》　よりどころがなく、か弱いこと。妻と子の身を案じた表現。

8 慟哭《どうこく》　悲しんで大声を上げて泣くこと。

12 己《おのれ》の乏《とぼ》しい詩業《しぎょう》のほうを気《き》にかけている　妻子のことよりも自分の詩を伝えることのほうを優先して考えている。

13 身《み》を堕《お》す　堕落する。道義心を失ってあさましいものになる。

教21ページ

1 もう一度《いちど》お目《め》にかけよう　もう一度お見せしよう。
「お目にかける」＝お見せする。ご覧に入れる。

第七段落　教21ページ4行〜10行

別れを告げて出発した一行は、丘の上から振り返り、一匹の虎が月に向かって咆哮し、草むらに姿を消したのを見た。

教21ページ

4 懇《ねんご》ろに　丁寧に。真心を尽くして。

5 堪《た》え得《え》ざるがごとき悲泣《ひきゅう》の声《こえ》　こらえることができずに漏らしたような、悲しい泣き声。

9 咆哮《ほうこう》　獣などがほえ叫ぶこと。

9

「その姿《すがた》を見《み》なかった。」という語法は、どのような効果をあげているか。

答 主述の関係を整えると「虎は」「見せなかった」となるが、視点をずらし袁傪一行の目から見た描写とすることによって、人間としての李徴がこのあと完全にいなくなることを暗示し、読者により強く印象づける効果をあげている。

手引き

学習の手引き

一 この小説の展開を、構成の上からいくつかの段落に分け、それぞれの内容ごとに、登場人物が何を思いどう行動しているのか、まとめてみよう。

解答例 段落の分け方は省略（「段落」を参照）

第一段落 李徴…若くして進士試験に合格・登用されるも、下級の役人に任じられたことに満足せず辞職し、詩家として名を遺そうと、人との交流を絶って詩作にふける。しかし、文名は揚がらず、数年の後、貧窮に耐えきれずに、妻子のために再び地方官吏の職に就く。出世したかつての同僚から命じられることに自尊心が傷つき、発狂して行方を絶つ。

第二段落 袁傪…中央の役人で、任務の途中に宿った地で、虎となったかつての親友李徴と出会う。驚きながらも恐怖を忘れて近づき、懐かしく言葉を交わす。李徴…袁傪に自分のみじめな姿をさらせないと言いつつ、懐かしさのあまり会話する。

第三段落 李徴…虎となったいきさつを袁傪に話す。自らの運命を顧み、人間の心や記憶を失うことを恐ろしく哀《かな》しく切なく感じている。

第四段落 李徴…自分が生涯執着したものを後代に伝えなくては生きた意味を失うと考え、自作の詩を伝録してほしいと袁傪に頼んで暗誦し、即興でも述べる。袁傪…李徴の詩を部下に書き留めさせる。感嘆しつつも一流の作品としては欠けるところがあると感じる。

第五段落 李徴…虎となった理由は、臆病な自尊心と尊大な羞恥心のせいだと気づき、後悔や悲しみ苦しみを誰かにわかってもらいたかったと袁傪に打ち明ける。

第六段落 李徴…妻子のことを袁傪に頼み、慟哭する。袁傪…涙を浮かべ、李徴の願いを聞き入れる。

第七段落 袁傪…李徴に別れを告げ、出発する。李徴…袁傪が再び自分に会おうと思わないよう、虎の姿を見せたあと、姿を消す。

二 『山月記』という作品全体の中で、「月」の描写はどのような意味を持っていると考えられるか。場面ごとの「月」の変化をふまえて説明してみよう。

考え方 「残月の光を頼りに」（二・15）、「時に、残月、光冷ややかに」（一七・10）、「すでに白く光を失った月」（二二・9）という描写がある。

解答例 虎となった李徴が袁傪の前に現れ、その身の上を語る場面であることを示し、李徴の人間としての心を持っている時間がやがて消えていくことを表す意味を持っている。

三 李徴の性格を、本文中の表現を用いながらまとめてみよう。

考え方 まず、第一段落に紹介されている李徴の経歴や人となりを整理してみよう。次に、李徴自身が告白している場面（第三～五段落)に注目し、どのような性格が推察できるか、探ってみよう。

・「博学才穎」「若くして名を虎榜に連ね、ついで江南尉に補せられた」(一・1)→若くして科挙の進士に合格し、任官した秀才。

・「性、狷介、自ら恃むところすこぶる厚く、賤吏に甘んずるを潔しとしなかった」(同・2)→人に心を開かず、自尊心が強い。

・「人と交わりを絶って、ひたすら詩作にふけった」(同・3)→志を高く持ち、熱心に追究する。

・「詩家としての名を死後百年に遺そうとした」(同・4)「焦燥にかられてきた」(同・6)「己の詩業に半ば絶望した」(同・10)→評価を気にし、認められたい願望が強いが果たせなかった。

・「昔、鈍物として歯牙にもかけなかった」(同・11)→傲慢。

・「狂悖《きょうはい》の性はいよいよ抑え難くなった」(二・2)→非常識。

・(第三段落)「生き物のさだめ」(四・3)を思い、なぜという疑問を発し、人間の心を失うことを何より恐れる→思索的・反省的。

・(第四段落)自分の執着した詩業を後代に伝えたいと願い、詩人になりそこなった哀れな男だと自分を表す→執着心が強い。自嘲癖がある(自意識が強い)。

・(第五段落)「臆病な自尊心」「尊大な羞恥心」(六・6)「卑怯な危惧と、刻苦をいとう怠惰」(同・16)→(これらは李徴自身の自己分析の言葉である。)自意識が強く、内省的で、非行動的。

解答例 若くして科挙の進士に合格した秀才で、自尊心が強く、人に心を開かない。詩人として評価を得たいと願うも果たせず、傲慢さや非常識さが度を増して、ついに虎の身となった自分を省みる内省的な面や、まだなお詩業を遺すことに執着する自分をあざ笑う自嘲癖を持つ人物。

四 **李徴が披露した即席の詩を、自分なりの表現で現代語に書き直してみよう。**

解答例 省略(ガイド10ページ〔大意〕を参照)

五 **袁傪は、この小説においてどのような役割を果たしているか。物語の展開と李徴との関わりをふまえて説明してみよう。**

考え方 袁傪の描かれ方に注意し、その人柄や設定が、物語の展開の中でどのような意味を持っているかを探ってみるとよい。

解答例 袁傪は李徴の親友であり、虎となった李徴と遭遇することによって、李徴と話をし、虎となったいきさつや現在の苦しい心情を聞くことになった。李徴は袁傪を深く信頼しているからこそ、彼に胸のうちを語り、詩の伝録と妻子のことも頼んだのである。袁傪は、温和な性格の友人であると同時に、教養を備えた高位の役人という設定によって、李徴の物語の全体を知ることになった。いうならば目撃者としての役割を果たしていると言える。

また、李徴が自作の詩を朗誦する場面では、李徴の詩に対する感想を漏らし、このままでは第一流の作品となるにはどこか「欠けるところがあるのではないか」(六・8)と感じている。この言葉は詩についての、ひいては李徴の生き方についての客観的な視点からの批評であり、作者自身の芸術観と、作者の一部でもあるはずの李徴に対する批評を、袁傪に託して語らせたものと言える。

活動の手引き

一 **『山月記』の典拠となった『人虎伝』の本文を調べ、**

1　どのような内容が書かれているか、要点をまとめよう。
2　李徴の人物像に注目して、『人虎伝』と『山月記』の違いをまとめ、それぞれの主題の違いを明らかにしよう。
3　『山月記』では、どのような要素を加えて話を膨らませているか、文章にまとめて発表し合おう。

考え方　1　李徴が虎になるまでのいきさつとその理由、袁傪との会話の内容に注目してまとめる。
2　『人虎伝』の李徴の人物像で『山月記』と違う点としては、皇族の子孫である点、官界から身を引いたあとに各地方の長官を訪ねて援助を求めている点、狂ったのは病にかかったためである点、袁傪に頼み事をする際に第一に妻子のことをあげている点、虎になったのは寡婦との浮気とその一家に対する殺人が理由である点などがある。『山月記』と比べ、人間味があるが、やや軽薄な人物であり、また、道徳的傾向の強い展開と言える。
3　李徴の詩への執着と、そのために「臆病な自尊心」「尊大な羞恥心」を膨らませたことが虎になった理由であるという点などが加えられている。

言葉の手引き

一　次の熟語について、①構成する漢字のそれぞれの意味と、②熟語全体の意味を説明してみよう。

1　焦燥(一〇・6)　2　畏怖(一三・13)　3　醜悪(一三・15)
4　卓逸(一六・5)　5　粛然(一七・11)　6　刻苦(一八・7)

解答例　1　①焦＝あせる　燥＝いらだつ　②焦りやいらだち。
2　①畏＝おそれる　怖＝こわがる　②おそれおののく気持ち。
3　①醜＝みにくい　悪＝わるい　②容姿がみにくいこと。
4　①卓＝優れる　逸＝優れる　②非常に優れている。
5　①粛＝おごそか　然＝状態を示す　②おごそかなさま。
6　①刻＝きざむ　苦＝くるしみ　②大変な苦労に耐え、努力すること。

二　次の漢字を上と下に使った熟語をあげてみよう。

1　俗―俗□・□俗　2　躍―躍□・□躍
3　隔―隔□・□隔　4　還―還□・□還

解答例　1　俗悪・低俗　2　躍動・活躍
3　隔絶・間隔　4　還暦・帰還

三　次の語句を用いて、短文を作ってみよう。

1　あわや(一三・1)　2　おめおめと(一三・12)
3　図らずも(一三・14)

解答例　1　遅刻を覚悟したが、あわやのところで滑り込んだ。
2　迷惑をかけたままなので、おめおめとは顔を出せない。
3　意見が図らずも一致して、話がうまくまとまった。

四　次の語句の意味を説明してみよう。

1　官を退く(一〇・3)　2　文名が揚がる(一〇・5)
3　職を奉ずる(一〇・9)　4　下命を拝す(一〇・11)
5　久闊を叙する(一三・10)

解答例　省略(「語句の解説」を参照)

檸《レ》檬《モン》

梶《かじ》井《い》基《もと》次《じ》郎《ろう》

教科書P.24～33

学習のねらい

「私」の心の動きを作品中の表現に基づいてたどり、「檸檬」が「私」に及ぼした影響を捉える。

主題

「えたいの知れない不吉な塊」に心を始終圧迫されていた「私」は、みすぼらしくて美しいものや、ふとした錯覚の中に自分自身を見失うのを好むようになっていた。ある朝、果物屋で「檸檬」を手にしたことで、「不吉な塊」が弛《ゆる》んだように感じ、憂鬱が払拭される。幸福な気持ちになった「私」は、以前好んでいた丸善《まるぜん》に入る。しかし、次第に憂鬱が立てこめてきて、積み重ねた本の上に「檸檬」を置いて出ていくと、「檸檬」が爆弾であり、大爆発することを想像するのだった。

鬱屈した不安定な日常の中に、独特の美意識を見いだしていく「私」の、繊細な感覚が描かれている。

段落

本文は「私」の心情や場面の転換から、六つの段落に分けられる。

一 教P24・1～P24・8 えたいの知れない不吉な塊
二 教P24・9～P26・14 「私」の変化
三 教P26・15～P28・14 果物屋
四 教P28・15～P30・10 「檸檬」との遭遇
五 教P30・11～P31・10 丸善での憂鬱
六 教P31・11～P32・12 爆破の空想

段落ごとの大意と語句の解説

第一段落 教24ページ1行～8行

肺病を患い、貧しい生活を送る「私」は、「えたいの知れない不吉な塊」に心を圧《おさ》えつけられ、焦燥や嫌悪から、始終街から街をさまよっていた。

教24ページ

1 **えたいの知れ《し》ない** 本当の姿や正体がわからない。
1 **不吉《ふきつ》** よくないことを感じさせるさま。
1 **始終《しじゅう》** いつでも。
1 **焦燥《しょうそう》** いらだち、あせること。
1 **嫌悪《けんお》** ひどく憎み、嫌うこと。
2 **宿酔《ふつかよい》** 前日の酒の酔いが翌日まで残っていて、吐き気などがあり気分が悪いこと。
3 **神経衰弱《しんけいすいじゃく》** ここでは、精神的、肉体的な過労によって不安定な精神状態となること。

4 **背《せ》を焼《や》く**　ここでは、返済を迫られている、切迫した、の意。

6 **辛抱《しんぼう》がならなくなった**　精神的に受け入れることもできなくなった。

7 **小節《しょうせつ》**　譜面の縦線で区切られた部分。

7 **不意《ふい》に**　思いがけないことに。突然。

7 **いたたまらずさせる**　我慢できなくさせる。

「いたたまれない」＝精神的な苦痛や圧迫を、それ以上我慢できない。

8 **浮浪《ふろう》し続《つづ》けていた**　あちらこちらと、さまよい歩き続けていた。

第二段落　教24ページ9行〜26ページ14行

「私」はその頃、みすぼらしくて美しいものに強くひきつけられていた。そういう路《みち》を歩きながら、ふとした錯覚の中に現実の自分自身を見失うのを楽しんだ。以前好きであった丸善は、その頃の「私」にとっては重くるしい場所にすぎなかった。

教24ページ

9 **みすぼらしくて**　外見が貧しい様子で。

10 **よそよそしい表通《おもてどお》り**　親しみを持つことのできない表通り。

10 **どこか**　はっきりわからないがどこかに。

11 **がらくた**　役に立たないもの。

11 **むさくるしい**　片づけられていなくて汚らしい。

12 **蝕《むしば》んで**　ここでは、少しずつ物を損なって、の意。

12 **土《つち》に帰《かえ》ってしまう**　ここでは、何もなくなってしまう、の意。

教25ページ

1 **趣《おもむき》のある**　そのもの特有のしみじみとした味わいのある。

2 **時《とき》とすると**　どうかすると。

2 **カンナ**　紅色、黄色、だいだい色などの大輪の花を、夏から秋にかけて咲かせる植物。

5 **錯覚《さっかく》**　思い違い。食い違って知覚されること。

7 **安静《あんせい》**　安らかであり、落ち着いていること。

7 **清浄《せいじょう》な布団《ふとん》**　清潔なふとん。

7 **蚊帳《かや》**　蚊の侵入を防ぐためにつり下げて寝床を覆うもの。

7 **糊《のり》のよく利《き》いた浴衣《ゆかた》**　洗濯の仕上げ用の糊がきいて、布によく張りのある浴衣。

8 **願《ねが》わくは**　願うことは。

10 **なんのことはない**　ここでは、たいしたことではない、の意。

10 **二重写《にじゅううつ》し**　二つのものを重ねて映し出すこと。

12 **第二段《だいにだん》として**　ここでは、二の次と考えて、の意。

14 **鼠花火《ねずみはなび》**　火がつくと、ねずみのように地面を盛んに動き回る小さな花火。

15 **心《こころ》をそそった**　興味を誘った。

「心をそそる」＝興味、関心を強く呼び起こす。

17 **享楽《きょうらく》**　快楽を味わうこと。

教26ページ

2 **おちぶれた**　経済状態が悪くなったり、地位が下がったりして、みじめな様子になるさま。

3 **爽《さわ》やか**　すがすがしくて、気持ちのよいさま。

3 **詩美《しび》**　詩のような美しさ。

5 **察《さっ》しはつく**　ここでは、本当のところを予想できる、の意。

7 **触角《しょっかく》**　ここでは、感性や感覚、の意。

7 媚《こ》びて　相手の機嫌をとって。擬人法的な表現。
9 生活《せいかつ》がまだ蝕《むしば》まれていなかった以前《いぜん》　肺病の状態も経済状態もそれほど悪くはなく、精神的にも美しいものを見て楽しむ余裕があった頃をさす。
9 丸善《まるぜん》　店の名前。輸入品を扱い、書籍や事務用品などを販売している。
10 典雅《てんが》　整っていて上品なさま。
11 琥珀色《こはくいろ》　透明ないし半透明の状態の黄色または茶褐色。
11 翡翠色《ひすいいろ》　つやのある緑色。
11 小一時間《こいちじかん》　だいたい一時間くらい。
14 勘定台《かんじょうだい》　レジ。勘定場。
14 亡霊《ぼうれい》　幽霊。

第三段落　教26ページ15行～28ページ14行

ある朝「私」は街にさまよい出て、果物屋の前で足を止めた。その店は「私」の最も好きな店で、華やかな音楽の流れが、そのまま色や形に凝り固まったかのように果物が並ぶさまや、夜になると店頭《みせさき》の電灯に照らし出されるその美しい眺めが、その時々の「私」を興がらせた。

教26ページ
15 転々《てんてん》として　次々と移り変わって。
16 空虚《くうきょ》な空気《くうき》の中《なか》に　自分のほかに誰もいない、むなしい雰囲気の中に。
16 ぽつねんと　一人寂しそうに、の意。

教27ページ
1 駄菓子屋《だがしや》　安価な菓子を子供相手に売る店。
2 乾物屋《かんぶつや》　保存がきく乾燥した食品を売っている店。
4 果物屋固有《くだものやこゆう》の　果物屋にしかない独特の。
5 露骨《ろこつ》に感《かん》ぜられた　あからさまに感じられた。
5 勾配《こうばい》の急《きゅう》な　傾斜の度合いが大きいさま。
6 漆《うるし》塗《ぬ》りの板《いた》　漆を塗った板。
12 凝《こ》り固《かた》まったというふうに　物が寄り集まり固まったというように、の意。
「凝り固まる」＝物がひとところに寄り集まって固まる。
14 青物《あおもの》　ここでは、野菜類のこと。
15 うず高《たか》く積《つ》まれている　山のように盛り上がって高く積まれている、の意。
「うず高い」＝盛り上がって高い。

教28ページ
2 いったいに　全体として、の意。
3 澄《す》んでいるが　落ち着いているが。
3 飾《かざ》り窓《まど》　ショーウィンドウ、の意。
3 おびただしく　非常に多く。
7 廂《ひさし》　①家の窓や出入り口の上に取り付けられている小さな屋根。②帽子のつば。ここでは①の意で、あとの「目深《まぶか》にかぶった帽子の廂のように」（教28ページ8行）の「廂」は②の意。
8 目深《まぶか》にかぶった　目が隠れるくらいに深くかぶった、の意。
8 形容《けいよう》　他のことにたとえたりして、うまく表現すること。
10 驟雨《しゅうう》　突然降り出し、すぐやむ雨。にわか雨。
11 絢爛《けんらん》　きらびやかで美しいさま。

11 ほしいまま　何ものにも邪魔されず、好きなだけ。

12 往来《おうらい》　人や乗り物が行き来する所。

14 興《きょう》がらせた　おもしろがらせた。

14 まれだった　めったになかった。

第四段落　教28ページ15行～30ページ10行

「私」はその店に珍しく出ていた「檸檬」を一つ買った。それを握ると、始終心を圧えつけていた「不吉な塊」が弛むように感じられ、憂鬱が払拭された。「檸檬」の冷たさはたとえようもなくよく、冷覚や触覚や嗅覚や視覚が自分にしっくりして、その重さはすべての善いもの美しいものを思わせた。「私」は幸福だった。

教28ページ

15 いつになく　ふだんとは違って。

16 ありふれている　どこにでもあり、珍しくない。

17 いったい　もとより、の意。

教29ページ

2 紡錘形《ぼうすいけい》の恰好《かっこう》　円柱状で真ん中が太く、両端がしだいに細くなっていく形をしていること。

5 憂鬱《ゆううつ》　気がふさぎ、晴れ晴れしないこと。

6 一顆《いっか》　（丸いもの）ひとつ。「顆」は粒状のもの、丸いものを数えるときに使う。

6 紛《まぎ》らされる　いやなことを忘れさせられる。

6 不審《ふしん》　疑わしいさま。

6 逆説的《ぎゃくせつてき》　真理とは逆に見えて実は真理をついている様子。

7 不可思議《ふかしぎ》　考え及ばないような不思議なさま。

8 たとえようもなく　他のものになぞらえようもなく。

13 鼻《はな》を撲《う》つ　においが鼻を強く刺激する。

14 切《き》れ切《ぎ》れに　途切れそうになりつつ、つながって、の意。

15 ついぞ　（あとに打消しの言葉を伴い）今まで一度も。

15 ほとぼり　ここでは、余熱、の意。

16 身内《みうち》　ここでは、体の内部、からだじゅう、の意。

17 冷覚《れいかく》や触覚《しょっかく》や嗅覚《きゅうかく》や視覚《しかく》　冷たさの感覚や触れた感覚、匂いの感覚、色や形の見え方。

教30ページ

1 しっくり　ぴったり。

3 誇《ほこ》りかな　誇らしげな。

3 美的装束《びてきしょうぞく》　美しい衣装。

4 闊歩《かっぽ》　堂々と歩くこと。

5 あてがって　ぴったりとつけて。

5 反映《はんえい》　ここでは、色が対照的に映り合う美しさのこと。

8 常々《つねづね》　いつも。

8 尋《たず》ねあぐんで　どうにも探すことができずに困って。

9 重量《じゅうりょう》　ものの重さ。

9 換算《かんさん》　ここでは、重さの単位に変換すること。

9 思《おも》い上《あ》がった　うぬぼれた。

9 諧謔《かいぎゃく》　ユーモア。

10 何《なに》がさて　何はさておき。とにかく。

第五段落　教30ページ11行～31ページ10行

しかし、丸善に入ると、「私」の幸福な感情はなくなり、以前には心ひきつけられた画本《えほん》を手にしても憂鬱になる。

教30ページ

1 **「平常《へいじょう》あんなに避《さ》けていた丸善《まるぜん》がそのときの私《わたし》にはやすやすと入《はい》れるように思《おも》えた」のはなぜか。**

答 果物屋で手に入れた「檸檬」によって、始終心を圧えつけていた不吉なものの存在や憂鬱が消えて、幸福な気持ちになっていたから。

12 **やすやすと**　簡単に。
「平常」＝ふだん。

13 **ずかずか**　ここでは、遠慮なく入り込むさま。

15 **のしかかってはゆかなかった**　心がそこにひきつけられていかなかった。

16 **画本《えほん》**　絵を集めて載せた本。

教31ページ

1 **克明《こくめい》に**　細かいところまで丹念に。

1 **はぐってゆく**　ここでは、画本のページを一ページずつめくっていく、の意。

1 **さらに**　（あとに打消しの言葉を伴い）全く。

2 **呪《のろ》われたことには**　何かの存在に呪いをかけられたように。

3 **気《き》が済《す》まない**　満足できない。
「気が済む」＝満足する。気持ちが落ち着く。

3 **たまらなくなって**　我慢できなくなって。

5 **堪《た》え難《がた》さ**　我慢をすることができないさま。

8 **目《め》をさらし終《お》わって**　ここでは、画本の隅々までくまなく見終わって、の意。
「目をさらす」＝隅々まで見る。じっと見る。

9 **尋常《じんじょう》**　普通であるさま。

9 **そぐわない**　つり合わない。

第六段落　教31ページ11行〜32ページ12行

「私」は画本を積み上げ、その頂に「檸檬」を置いた。そのまま店を出て、爆弾に見立てた「檸檬」が大爆発することの想像を追求しながら、京極《きょうごく》を下がっていった。

教31ページ

13 **手当《てあ》たり次第《しだい》に**　手に触れるものすべて。片っ端から。

15 **奇怪《きかい》な幻想的《げんそうてき》な城《しろ》**　あやしい感じの幻のような城。画本を積み上げたものをたとえている。隠喩（暗喩）。

教32ページ

1 **階調《かいちょう》**　絵画などで、明暗・色調などを段階的に変化させること。

2 **冴《さ》えかえっていた**　澄みきった光を放っていた。

4 **奇妙《きみょう》なたくらみ**　風変わりなたくらみ。

4 **ぎょっとさせた**　驚かせ、動揺させた。

5 **何食《なにく》わぬ顔《かお》**　自分は何の関係もないという顔つき。ここでは、何事もなかったかのような顔つき。

2 **「変《へん》にくすぐったい気持《きも》ち」とは、「私《わたし》」のどのような心情を表現しているか。**

答 誰にも気づかれないで大胆な試みをしていることや、それにひそかな愉悦を感じていることを照れくさく思う気持ち。

9 **悪漢《あっかん》** 悪事を行う者。
11 **気詰《きづ》まり** 気兼ねして気持ちが抑えつけられるさま。
11 **木端微塵《こっぱみじん》** 粉々に砕け散ること。

手引き

学習の手引き

一 **「生活がまだ蝕まれていなかった以前」(二六・9)の「私」が好んだものと、「その頃」(二四・9)の「私」が好んだものを作中からあげ、どのような相違点があるか説明してみよう。**

考え方 「生活がまだ蝕まれていなかった以前」については第一段落と第二段落後半、「その頃」については第二段落前半に示されている。

解答例 「生活がまだ蝕まれていなかった以前」…美しい音楽や詩。丸善に並べられている、美しい色彩のオードコロンやオードキニン、繊細な細工や装飾が施された香水瓶、煙管《きせる》、小刀、石鹸《せっけん》、煙草《たばこ》といったきらびやかで高級な舶来品。

「その頃」…「みすぼらしくて美しいもの」。「壊《くず》れかかった街」や「どこか親しみのある」裏通り、雨風に浸食されてやがて土に帰ってしまうような趣のある街の風景。安っぽく着色された花火、おはじき、南京玉《なんきんだま》など幼時の記憶を蘇《よみがえ》らせ詩美を感じさせるようなもの。

↓「以前」の「私」は、高価で精緻を極めたものや光り輝くものを好んでいたが、「その頃」の「私」は、安価でみすぼらしくても自身を慰める贅沢《ぜいたく》となるようなものを好んでいた。

二 **「ある朝」の「私」が移動した経路を、参考図をもとにたどり、場所ごとの心情の変化を次のように整理しよう。**

12 **活動写真《かつどうしゃしん》** 映画。
12 **看板画《かんばんえ》** 客を呼ぶために描かれた絵。
12 **奇体《きたい》な趣《おもむき》** 風変わりな風情。

1 寺町通りの果物屋で「檸檬」を購入するまで。
2 「檸檬」を購入して丸善に入るまで。
3 丸善に入ってから、「檸檬」を置いて街を歩いていくまで。

考え方 「私」が移動した経路としては、裏通りを歩いて「寺町通《てらまちどおり》」に出て、「二条通」と接するところにある「果物屋」で「檸檬」を購入し、歩き回った末に「三条通」の丸善の前へ来たと考えられる。「私」の心情の変化としては、1は第一・二段落の内容を、「不吉な塊」(二四・1)に心を始終圧えつけられていたことを中心にまとめる。2は第三・四段落の内容を、「檸檬」によって「不吉な塊がそれを握った瞬間からいくらか弛んできた」(二九・4)ように感じ、「幸福」(同・5)(三〇・10)な気持ちになったことを中心にまとめる。3は第五・六段落の内容を、丸善に入ってからと、画本を積み重ねた上に「檸檬」を据えつけることを思いついたとき、「檸檬」を置いたまま外へ出ることにしたとき、「檸檬」が爆弾だったらと想像して街を歩いて行くとき、の順にまとめる。

解答例 1 「不吉な塊」に心を始終圧えつけられていて、以前好きだった「贅沢なもの」「美しいもの」(二六・7)にも慰められずにいる。よそよそしく感じられる表通りを避けて裏通りを歩きながら、現実を感じさせる街から離れたいと考えている。

2　「寺町通」に出たところで「檸檬」を購入すると、握った瞬間から「不吉な塊」が少し弛んだ気がして、その冷たさや香りによって「身内に元気が目覚めてきた」(二九・16)ように感じる。「軽やかな興奮」(三〇・3)や「誇りかな気持ち」(同・3)さえ感じながら、その色や重さに満足し、幸福な気持ちで歩いている。「三条通」の丸善の前に出たが、重くるしく感じて避けていた丸善にもやすやすと入れそうな気がしている。

3　丸善に入ってから、「幸福な感情はだんだん逃げていっ」(三〇・14)き、「憂鬱が立てこめてくる」(同・15)。しかし、画本を積み重ねた上に「檸檬」を据えつけることを思いついて「軽やかな興奮が帰って」(三一・13)くる。「檸檬」を置いたまま外へ出ることにし、「変にくすぐったい気持ち」(三一・6)(同・8)(=大胆な試みに対する愉悦)を感じながら、「檸檬」を爆弾とし、その爆発で丸善が木端微塵になったら「おもしろい」(三一・10)と熱心に想像して歩いていく。

三　「冷覚や触覚や嗅覚や視覚が、ずっと昔からこればかり探していたのだと言いたくなったほど私にしっくりした」(二九・17)という部分について、次のことを説明してみよう。

1　本文から「檸檬」を描写した表現を抜き出し、「冷覚や触覚や嗅覚や視覚」のそれぞれの感覚ごとに整理しよう。

2　「私」が「檸檬」から受けた印象をもとに、「檸檬」が「私」に「しっくりした」理由を話し合ってみよう。

考え方　1　二九ページ1行〜三〇ページ10行の、「私」が「檸檬が好き」だという理由を述べている箇所と、実際に「檸檬」を持って歩いている間に感じたことを描写した箇所から抜き出す。

2　「不吉な塊」に圧えつけられ憂鬱な状態で、結核や神経衰弱を患い、借金のために生活が蝕まれていた「私」にとって、「檸檬」は「冷覚や触覚や嗅覚や視覚が、ずっと昔からこればかり探していたのだ」(二九・17)と思うほどの完全性を持っていたことを押さえる。具体的には、「いつも身体《からだ》に熱が出」(同・8)ていた「私」にとって「檸檬」の冷たさが快かったこと、爽やかな香りが鼻から胸一杯に広がることで元気が出るように感じたこと、「檸檬」の色や恰好が美しい工芸品や絵画を好んでいた「私」の目を楽しませたことなどがあげられる。これらのことをふまえて話し合ってみよう。

解答例　1　冷覚…「握っている掌《てのひら》から身内に浸《し》み透《とお》ってゆくようなその冷たさ」(二九・10)

触覚…「すべての善いものすべての美しいものを重量に換算してきた重さ」(三〇・8)

嗅覚…「産地だというカリフォルニヤ」(二九・12)や、「売柑者之言《ばいかんしゃのげん》」の「『鼻を撲つ』という言葉」(同・13)を思い出させる香り。

視覚…「レモンイエロウの絵の具をチューブから搾り出して固めたようなあの単純な色」(二九・1)、「丈の詰まった紡錘形の恰好」(同・2)

活動の手引き

一　『檸檬』に先行する同じ作者の作品として、一九二二年の詩『秘《ひそ》やかな楽しみ』がある。両者を読み比べ、相互の違いから考えたことを、文章にまとめて発表し合おう。

考え方　主体となる人物の設定として、病気で熱があることは共通しているが、借金に追われていることや、そのほかの心を圧えつける「不吉な塊」の存在については、『檸檬』でしか触れられていない。（「檸檬」を買い、丸善に入ったときの状況として、『秘やかな楽しみ』には「悲しくも友に離りて」とだけある。）また、丸善がこの人物にとって、以前は少しの贅沢を楽しむ場所であったが、このときには「重くるしい場所」になっていたことや、「檸檬」を爆弾として、「木端微塵」になることを想像するところまでは、『檸檬』でしか描かれていない。これらの違いに注目してまとめよう。

言葉の手引き

一 次のそれぞれの漢字を使った熟語をあげてみよう。

1 搾る　2 紛らす　3 弾む　4 慌ただしい

解答例 1 搾取《さくしゅ》（＝搾り取ること）・圧搾《あっさく》（＝圧力を加えて搾ること）
2 紛失《ふんしつ》（＝物がまぎれてなくなること）・紛糾《ふんきゅう》（＝もめること）
3 弾力《だんりょく》（＝はねかえす力）・弾圧《だんあつ》（＝反対の勢力を強く抑えつけること）
4 恐慌《きょうこう》（＝恐れあわてること）

二 次の傍線部の擬態語が表している状態を説明してみよう。

1 ぽつねんと一人取り残された。（二六・16）
2 ずかずか入っていった。（三〇・13）
3 ガチャガチャした色の階調（三一・1）
4 カーンと冴えかえっていた。（三一・2）

解答例 1 その場にその人一人だけが、寂しそうに所在ない様子でいる状態を表している。
2 遠慮を感じず躊躇《ちゅうちょ》せずに中に入っていくように、やや荒々しく強気な感じでいる状態を表している。
3 画本の絵のさまざまな色が雑多にまじりあった、混沌《こんとん》とした状態を表している。
4 「檸檬」の周囲の空気が、「檸檬」によって清澄に引き締まり、張り詰めた緊張感を持っている状態を表している。

三 次の比喩は、それぞれどのような状態を表しているか、説明してみよう。

1 背を焼くような借金（二四・4）
2 これらはみな借金取りの亡霊のように私には見えるのだった。（二六・14）
3 幾つもの電灯が驟雨のように浴びせかける絢爛（二八・10）
4 裸の電灯が細長い螺旋棒《らせんぼう》をきりきり目の中へ刺し込んでくる往来（二八・12）

解答例 1 多額の借金を背負い、返済に苦しんでいるため、常に背後に圧迫を感じている状態。
2 精神的にも経済的にも追い詰められていた「私」にとって、以前買い物に来ていた場である丸善の書籍や学生や勘定台は、借金の返済を迫る借金取りの幽霊のように見えたという状態。
3 果物屋の電灯の光が、突然のにわか雨のように降り注ぎ、色とりどりの果物が並ぶきらびやかな光景の美しさを際立たせている状態。
4 裸電灯が回転しながら、まぶしいほどの明るさで、目に突き刺さるように飛び込んでくるという往来（＝通り）の状態。

近代の詩

小《こ》諸《もろ》なる古城のほとり

島《しま》崎《ざき》藤《とう》村《そん》

教科書P.36〜37

学習のねらい

文語定型詩の構成やリズムに親しみ、情景にこめられた心情を理解する。

主　題

早春に小諸にある古城を訪れた旅人のもの悲しい感傷的な思い。旅は人生の旅と重なり、旅人の思いは人生の悲しみと重なる。

技　法

・「小諸なる古城のほとり」の「コ」の音や、「こ・も・ろ・の・ほ・と」の「オ」の母音など、同じ音韻を繰り返している。
・丘の辺りに積もった雪を「しろがねの衾《ふすま》」と比喩を用いて表現し、白く輝く掛け布団にたとえている。
・本来「佐久《さく》の草笛」の「歌哀《かな》し」となる語順を、倒置を用いて「歌哀し佐久の草笛」としている。佐久の草笛の音は哀しい、の意。
・「濁り酒濁れる」と、「濁(り)」という言葉を繰り返している。

構成・形式

一連が六行からなり、全体が三連で構成されている、五七調の文語定型詩。

第一連　教P36・1〜P36・6
早春に小諸にある古城を訪れた旅人の思い。

第二連　教P36・7〜P37・2
古城から麦畑や他の旅人の群れを見下ろす情景。

第三連　教P37・3〜P37・8
川沿いの宿でひとときの安らぎを求めて酒を飲む旅人の姿。

語句の解説

教36ページ

1 **ほとり**　すぐそば。かたわら。
3 **緑《みどり》なす**　草や木の葉が緑に茂る。
3 **萌《も》えず**　芽吹かない。
4 **よしなし**　十分ではない。若草の上に腰を下ろすほど十分には生えていない。「蘩蔞《はこべ》」「若草」の描写は春がまだ浅いことを表している。

5 **しろがね**　銀色。雪をたとえるのに使う語。
5 **岡辺**《おかべ》　丘の辺り。丘のほとり。
6 **淡雪**《あわゆき》　春の初めの、薄く積もった溶けやすい雪。
7 **あれど**　あるけれども。逆接。
8 **満**《み》**つる**　「満つ」の連体形。いっぱいにする。満たす。
9 **浅**《あさ》**くのみ春**《はる》**は霞**《かす》**みて**　ただ浅く春霞が立ち込めて。
10 **麦**《むぎ》**の色**《いろ》　麦は、春は青く、収穫する初夏に黄色くなる。
10 **はつかに**　わずかに。

教37ページ

2 **急**《いそ》**ぎぬ**　「ぬ」は完了の助動詞。急いでいた。
4 **草笛**《くさぶえ》　草の葉を巻いて、唇に当てて鳴らす笛。
5 **いざよふ**　進もうとして進めないでいる。
7 **濁**《にご》**り酒**《ざけ》**濁**《にご》**れる**　白く濁っている酒の、濁っているのを。
8 **しばし慰**《なぐさ》**む**　しばらく慰める。

手引き

学習の手引き

一　リズムを意識して繰り返し音読してみよう。

考え方　すべての行が、五音＋七音の構成になっているので、その点を意識して音読してみる。

二　この詩の韻律の特徴について考え、どのような表現上の効果があるか説明してみよう。

・五七調になっている。↓荘重な感じを与えている。

解答例

・「小諸なる古城のほとり」(三六・1)では「コ」の音と「オ」の母音、「雲白く遊子悲しむ」(同・2)では「オ」の母音と「シ」の音、「緑なす蘩蔞は萌えず」(同・3)では「ス(ズ)」の音、「若草も藉《し》くによしなし」(同・4)では「シ」の音など、同じ音韻を繰り返している。↓快いリズムを作り出し、響きを美しくしている。

・「濁り酒濁れる」(三七・7)と、「濁(り)」という言葉が繰り返されている。↓言葉を強調し、リズムを作り出している。

三　第一連、第二連、第三連の情景とその変化について整理し、それぞれどのようなイメージと心情がこめられているか、説明してみよう。

考え方　昼から夕暮れへ、視覚から聴覚による情景へと変化している。

解答例　第一連…昼間に小諸にある古城のほとりから見渡した早春の情景が描かれている。青空に白い雲が浮かんでいて、蘩蔞も若草もまだほぼ芽吹いておらず、丘の辺りには淡雪がある。もの悲しい思いでいる旅人の心情がこめられている。

第二連…少し時間が経過した古城のほとりから見下ろした情景が描かれている。春霞が浅く立ちのぼっているだけで、野原を満たす香りもなく、麦の色もわずかに青い。他の旅人の群れが道を急いでいるのが見える。旅人の孤独なイメージがこめられている。

第三連…夕暮れになって浅間山《あさまやま》も見えず、草笛の音が哀しく聞こえる情景が描かれている。千曲川《ちくまがわ》の岸近くの宿で、旅寝の寂しさや憂いを酒によって慰めるという感傷的な旅人の心情がこめられている。

風船乗りの夢

萩原朔太郎《はぎわらさくたろう》

教科書P.38〜39

学習のねらい

想像によって膨らんだ気球のイメージが、作者の心情とどのように結びついているかを読み取る。

主　題

気球に乗って地上を離れ、虚無なる世界へ行きたいという孤独な現実逃避への思い。

技　法

・「風船」の様子を表す「ふはりふはり」、虚無の空間を表す「ばうばう」に、擬態語(オノマトペ)を用いている。
・「〜行かうよ。」、「〜てしまつた。」の文末を繰り返している。
・「愁《うれ》ひ」や「雲」がいっしょに「吹きながされて」いくとし、抽象物と具体物を並立させている。
・作者自身が孤独に浮遊するイメージを「この瓦斯体《がすたい》もてふくらんだ気球のやうに」と比喩を用いて表現している。

構成・形式

全体が六つの文で構成されている口語自由詩。歴史的仮名遣いで書かれているが、口語文法による言葉なので口語詩である。

一文目　教P38・1〜P38・4
天上に向かって昇っていく風船に対する憧れ。

二文目　教P38・5〜P38・7
虚無の中を吹かれ行く風船の美麗な幻覚《まぼろし》。

三文目　教P38・8
どこをめあてに翔《か》けるのかという思い。

四文目　教P38・9〜38・10
酒がなくなったことによる、幻覚の消失。

五文目　教P38・11〜39・2
知覚もおよばない真空圏内に行こうという思い。

六文目　教P39・3〜39・5
宇宙のはてまで昇って行こうという思い。

語句の解説

教38ページ

2 **風船《ふうせん》**　ここでは気球のこと。

3 **旧暦《きゅうれき》**　月の満ち欠けをもとにした暦。日本では、明治時代の初めまで使われていた。「陰暦」に同じ。
対 新暦《しんれき》

4 **子午線《しごせん》**　地球の表面を通って、北極と南極を結んだ仮想の線。「子」

は北、「午」は南を意味する。

5 **虚無《きょむ》** 何も存在しないこと。空っぽなこと。

7 **ぜんまい** 渦巻きの形に巻いた鋼鉄のばね。時計などに用いる。

10 **美麗《びれい》** 派手で美しく整っているさま。文章語。

11 **下界《げかい》** 天上の世界に対して、人間が住んでいる世界。

教39ページ

1 **愁《うれ》ひ** 嘆いて心が晴れないこと。もの悲しい気持ち。「憂い」は、結果や成り行きについて心配する気持ち。

2 **知覚《ちかく》** 視覚・聴覚・嗅覚・味覚・触覚といった、感覚によって物の性質を知ったり、区別したりするはたらき。

2 **真空圏内《しんくうけんない》** 空気などの物質が全くない範囲。宇宙空間。

3 **瓦斯体《がすたい》** ここでは、水素や石炭ガスなど、気球をふくらませる物質のこと。

3 **…もて** …によって。

手引き

学習の手引き

一 次の表現がもたらしている効果について説明してみよう。

1 「〜行かうよ。」という文末の繰り返し。

2 「ふはりふはり」と「ばうばう」というオノマトペ。

解答例 1 一つ目の「行かうよ」では、空に昇っていく「風船」を見ながら、「行こうよ」と「風船」に呼びかけていて、「幻覚《まぼろし》」を挟んで二つ目、三つ目の「行かうよ」では、自分自身への呼びかけにもなっている。「行こう」という気持ちの強さや高まりを表す効果がある。また一方で、ぼんやりとしたもの憂い印象も与えている。

2 「ふはりふはり」は「風船」が宙に軽やかに浮く様子、「ばうばう」は「風船」が浮遊する「虚無」の限りなく広い様子を表す。読者の感覚に訴えかけ、それぞれのイメージに実感を持たせる効果がある。

二 次のものは何を表しているか、説明してみよう。

1 旧暦の暦（三八・3）

2 地球の子午線（三八・4）

3 記憶の時計（三八・7）

解答例 1 下界の陸地をはなれて、天上の世界へ行くのだから、月の満ち欠けによる暦のほうが役に立つということ。

2 地球の時間の感覚。一般的に「子午線を越える」とは、時間の経過を表すことから、「風船」の長時間の飛行、さらに、地球の時間の感覚を超えた飛行を意味すると考えられる。

3 自分が生きてきた過去の記憶。記憶の時計がとまるとは、過去の記憶をたどらなく（たどれなく）なることを意味すると考えられる。

三 「風船乗りの夢」とはどういう夢か、話し合ってみよう。

考え方 下界の陸地をはなれ、虚無の中を宇宙のはてまで昇って行くという内容からは、現実社会や煩わしい人間関係からはなれて、知覚も及ばないような世界へ行くという夢などが想起される。

永《えい》訣《けつ》の朝

宮《みや》沢《ざわ》賢《けん》治《じ》

教科書P.40～44

●学習のねらい

詩の中の自然の描かれ方に注目し、「いもうと」と「わたくし」それぞれの心情を想像しながら味わう。

●主　題

病床の「いもうと」の、「あめゆき」をとってきてほしいという最後の頼みを受けて外へ飛びだした「わたくし」が、別れの悲しみの中で、「いもうと」への感謝と慈しみの気持ち、生まれ変わりへの願いをうたった詩である。

●技　法

・全体的に平仮名表記を多用している。
・「あめゆじゆとてちてけんじや」など、岩手県花巻《はなまき》地方の土地言葉を、「いもうと」の言葉として用いている。この言葉に（　）をつけ、詩の中で繰り返すことによって、全体に反響させている。
・「かけた陶椀《たうわん》」「さつぱりした雪」など、物の描写に「わたくし」の心情をこめて表現している。
・「銀河や太陽　気圏などとよばれたせかい」「雪と水とのまつしろな二相系をたもち」など、独特の用語を用いた自然描写で、人為を超えた自然の世界の広がりを感じさせている。こうした言葉の表現は、作者の作品世界の特色とも言えるものである。

語句の解説

教40ページ

永訣《えいけつ》　永遠の別れ。死別。

2**とほくへいつてしまふ**　遠くへ行ってしまう。死別をさしている。

3**みぞれ**　雪がとけかけて雨まじりに降るもの。

3**おもてはへんにあかるいのだ**　みぞれが降る戸外の様子を感覚的に捉えた表現。「へんにあかるい」に不安な気持ちが表れている。

4**(あめゆじゆとてちてけんじや)**　死にゆく「いもうと」の言葉。この言葉を聞いて、「わたくし」は「みぞれのなかに飛びだした」（教41ページ1行）のである。

5**陰惨《いんざん》**　陰気でむごたらしいこと。

8・9**青《あお》い蓴菜《じゅんさい》のもやうのついた／これらふたつのかけた陶椀《とうわん》**　「もやう」は模様。「かけた陶椀」は、欠けた陶器の茶碗《ちゃわん》。詩の後半に「わたしたちがいつしよにそだつてきたあひだ／みなれたちやわんのこの藍《あゐ》のもやうにも」（教42ページ9／10行）とあり、「わたくし」と「いもうと」が幼いころから使い慣れた茶碗であったことがわかる。「わたくし」がこれを「ふたつ」持ったのは、「いもうと」とともにありたいと願う気持ちの表れであろう。

10おまへがたべるあめゆき　「あめゆき」が「いもうとの／さいごのたべもの」（教42ページ7／8行）となると「わたくし」は考えている。

11まがつたてつぱうだまのやうに　大急ぎで外へ飛びだした「わたくし」の行動をたとえた表現。「まがつた」は、「いもうと」への思いや不安などで心情が複雑に揺れ動いている様子を表す。

教41ページ

5ああとし子《こ》　ここから「そらからおちた雪のさいごのひとわんを……」（教41ページ16行）までは、「わたくし」が、「いもうと」の「とし子」に語りかける形で、「いもうと」が自分に頼んだことの意味を考えている内容である。

7わたくしをいつしやうあかるくするために　「いつしやうあかるくする」とは、一生の幸いや救いになるということであろう。「わたくし」は「いもうと」から「あめゆき」をとってきてほしいと頼まれて外へ飛びだした。「いもうと」の願いをかなえることができるのは、苦しみの中の喜びであり、救いである。また、「あめゆき」は「いもうと」が死後に行くと考えられる天上の世界を想起させる「銀河や太陽　気圏」とのつながりを示すものであり、別れの悲しみから立ち直れるようにと「いもうと」が自分に与えてくれたメッセージだと「わたくし」は感じている。

8こんなさつぱりした雪《ゆき》のひとわん　「びちよびちよ」と降るみぞれがここで「さつぱりした雪」と言い換えられていることに注意したい。「雪」は、「いもうと」の美しい心の表象でもあろう。

10ありがたうわたくしのけなげないもうとよ　「けなげな」は、弱い者が困難に立ち向かう様子を表す。「ありがたう」とともに、「いもうと」の願いを、自分のためにしてくれたことだと感じた「わたくし」の、「いもうと」に感謝する気持ちを表した言葉である。

11わたくしもまつすぐにすすんでいくから　「いもうと」と同じようにまっすぐに生きようと決心し、「いもうと」に誓っている。

14〜16おまへはわたくしに……さいごのひとわんを　「たのんだのだ」と「銀河や太陽……ひとわんを」の部分が倒置になっていることに注意。「を」で受けている部分が強調されている。

15・16銀河《ぎんが》や太陽《たいよう》　気圏《きけん》などとよばれたせかいの／そらからおちた雪《ゆき》のさいごのひとわんを……　前半では地球を超える宇宙的規模の広がりを言い、後半では、「雪」を、そのような広大な「そら」からの贈り物として受け止める気持ちを表している。

教42ページ

1ふたきれのみかげせきざい　ここから実際に雪をとろうとする場面になる。「ふたきれ」は二片。

3そのうへにあぶなくたち　みぞれのたまっている「みかげせきざい」の上に危なく立って。同時に、「わたくし」の心の状態が危ういことも表していると考えられる。不安定な様子。

4雪《ゆき》と水《みず》とのまつしろな二相系《にそうけい》　みぞれを「雪」（固体）と「水」（液体）の要素に分けて表現したもの。

6このつややかな松《まつ》のえだから　「つややか」はつややつやとして美しいさま。松は常緑樹で冬でも青々と葉をつける。「わたくし」は、その木を選び、その枝に積もった雪をもらおうとしたのである。

9わたしたちがいつしよに……　ここから最後までは、「わたくし」

の「いもうと」への思いが語られている。

12 **(Ora Orade Shitori egumo)** 「いもうと」の言葉。ローマ字表記によって、天上世界へ行こうとする「いもうと」の信仰心がこめられた聖なる言葉として「わたくし」が受け取ったことを表している。

14 **とざされた病室《びょうしつ》** ふすまや障子の閉め切られた、病人の寝ている部屋。

15 **びやうぶやかや** 室内に屏風《びょうぶ》を立て蚊帳《かや》をつるしている。昔の習慣で、病人の安静のためとされる。

16 **あをじろく燃《も》えてゐる** 「いもうと」の最後の命が燃えているさま。

教43ページ

2・3 **どこをえらばうにも／あんまりどこもまつしろなのだ** 最上の雪を選ぼうとするのだが、どの雪も真っ白で美しい。雪の美しさをたたえた表現である。

4 **あんなおそろしいみだれたそらから** この「そら」は「銀河や太陽 気圏などとよばれたせかいの／そら」(教41ページ15／16行)の「そら」ではなく、「陰惨な雲」(教40ページ5行)、「暗い雲」(教41ページ3行)と表現された頭上の空。その空と雪とを対比し、雪の美しさをたたえている。

7・8 **(わりやのごとばかりで／くるしまなあよにうまれてくる)** 自分のことばかりで苦しまないように生まれてくる。自分のためではなく人のために励みたいということである。「いもうと」のこの願いは、「わたくしをいつしやうあかるくするために」(教41ページ7行)や、このあとの「おまへとみんなとに」(教43ページ12行)という祈りとして「わたくし」の中に受け継がれてゆく。

11 **食《じき》** 食物のこと。

13 **聖《きよ》い資糧《かて》** 「聖い」は神聖な。「資糧」は活動を支える力。

14 **わたくしのすべてのさいはひをかけてねがふ** 自分の幸福とひきかえに、「いもうと」と、「いもうと」の願いでもあるみんなの幸福を願う気持ち。

手引き

学習の手引き

一 この詩の背景としての自然や作中の品物は、どのように描かれているのか、説明してみよう。

考え方 詩の冒頭と、「いもうと」の気持ちに思い至ってからとの違いに注意して捉える。

解答例 冒頭では「うすあかくいつそう陰惨な雲から／みぞれはびちよびちよふつてくる」(四〇・5／6)、「蒼鉛《そうえん》いろの暗い雲から／みぞれはびちよびちよ沈んでくる」(四一・3／4)といった自然や、「かけた陶椀」(四〇・9)といった品物が、不安をかきたてる暗いものとして描かれているが、「わたくし」を「あかるくするために」という「いもうと」の心遣いに思い至ってからは、「銀河や太陽 気圏などとよばれたせかい」(四一・15)、「雪と水とのまつしろな二相系」(四二・4)、「つややかな松のえだ」(同・6)、「うつくしい雪」(四三・5)といった自然や、「みなれたちやわんのこの藍のもやう」(四二・10)といった品物が、広大で清らかな、宗教的な天上の世界にも通じるようなもの、温かみのあるものとして描かれている。

二　**「ふたつのかけた陶椀」(四〇・9)、「まつしろな二相系」(四三・4)は、それぞれ詩の中でどのような意味を持っているか、説明してみよう。**

考え方　関連する表現にも注意して、様子を想像してみよう。

解答例　「ふたつのかけた陶椀」は、「わたくし」と「いもうと」の茶碗のことで、幼いころから使っている、思い出のつまった茶碗である。「まつしろな二相系」は、みぞれを雪と水とに分けて表現したもので、「わたくし」と「いもうと」とが別々の世界に行くことを暗示している。「ふたつ」の茶碗と「二相系」の「二」は、「わたくし」と「いもうと」が常に「いつしよ」で、寄り添い合ってきたことと、その別れとを感じさせるものである。

三　**「いもうと」に対する「わたくし」の気持ちは、どのように表現されているか、整理してみよう。**

考え方　「いもうと」への思いを直接表している言葉に注目しよう。また、間接的に気持ちのうかがえる箇所がないか、探ってみよう。

解答例　「わたくし」は「いもうと」の願いを聞いて、みぞれの降る外へ飛びだし、松の枝から雪をもらった。このような行動には、「いもうと」の願いを最上の形でかなえてやりたいと思う「わたくし」の気持ちが表れている。また、「あめゆき」がほしいという願いを、自分のために言ってくれたことのように感じ、人のために生きたかったという願いを、尊く美しいものに感じて、「わたくしのけなげないもうと」(四一・10)(四三・1)、「わたくしのやさしいいもうと」(四二・7)と繰り返し呼んでいとおしんでいる。最後には、「いもうと」の食べる雪がみんなに幸いをもたらしてくれるように、自分のすべての幸いをかけて願うと誓い、「いもうと」とこの世の人を慈しむ気持ちを表明している。

四　**「いもうと」の言葉には、それぞれどういう気持ちがこめられているか。また、「いもうと」の言葉によって、「わたくし」の心はどのように高められていったか、整理してみよう。**

考え方　(　)でくくられた「いもうと」の言葉の意味を考える。

解答例　・(あめゆじゆとてちてけんじや)→「あめゆき」を兄にとってきてほしいという気持ち。「わたくし」はそれを「いもうと」が自分にくれた一生の幸いと受け止めた。

・(Ora Orade Shitori egumo)→これまでは兄といっしょだったが、ここからは一人で死んでいくという気持ち。「わたくし」はそのように言う「いもうと」をけなげに感じ、自分も別れを覚悟した。

・(うまれでくるたて……)→次は人のために生きられるように生まれてきたいという気持ち。「わたくし」はこれを自分の願いでもあると受け止め、「いもうと」とみんなの幸いを心から祈った。

五　**この詩の表現上の特徴をあげ、それによってどのような効果がもたらされているか、具体的な箇所をあげてまとめてみよう。**

考え方　(　)で「いもうと」の言葉を繰り返して、頭に反響するその言葉の意味に思いをはせる「わたくし」の様子とその心の変化を表していることや、土地の言葉や平仮名表記を用いて柔らかさや優しさを与えていること、陰気で薄暗い空やみぞれの様子と、広大な世界やそこから降る雪の白さとを対比して、「いもうと」が旅立つ世界の清らかさや幸福への願いを象徴的に表していることなどがあげられる。

現代の小説(一)

旅する本

角田光代《かくたみつよ》

教科書P.46〜59

●学習のねらい

短編小説の特色を理解し、本との再会を繰り返すたびに実感される「私」の変化を読み取る。

●主　題

「私」は、大学に入った年に古本屋に売った一冊の本に、卒業旅行で訪れたネパールで再会する。その後仕事で訪れたアイルランドでもまた同じ本と再会する。人が旅するのと同じように、本も人から人へと渡り歩いて旅する。人は同じ本を時間をおいて再び読むことで、過去の自分を思い出し、本から受ける印象の違いから自分自身が変化したことを知る。本の旅と人生の旅の交わりが描かれている。

●段　落

本文は一行空きによって、六つの段落に分けられる。

一　教P46・1〜P48・13　古本屋の主人の謎めいた言葉
二　教P48・14〜P49・8　「その本」を売ったあとの「私」の生活
三　教P49・9〜P53・7　「その本」とのネパールでの再会
四　教P53・8〜P54・4　「その本」を再読する「私」
五　教P54・5〜P54・14　「その本」を再び売る「私」
六　教P55・1〜P58・16　「その本」とのアイルランドでの再会

段落ごとの大意と語句の解説

第一段落　教46ページ1行〜48ページ13行

「私」は十八歳のとき東京でひとり暮らしを始めたが、部屋はせまく、金もないので、場所をとる本やレコードは全部売ることにした。古本屋では、その中の一冊を手にした主人に、この本を本当に売るのかと訊《き》かれたが、「私」には意味がよくわからなかった。本の売り値は想像以上に安くてびっくりしたが、「私」は売ることにする。「私」が帰ろうとすると、主人から呼び止められ、この一冊を本当に売っていいのかと念押しされたので、「私」は戸惑い、不安を感じる。

教46ページ

1その本《ほん》　文章の冒頭に指示語を置くことで、「その本」にまつわる話であることを読者に印象づけている。

3 **実家《じっか》から運《はこ》びこんだもの**　実家から運びこんだものの中には、「私」が売ることにした本やレコードもあったと考えられる。せまい部屋にわざわざ運びこんでいることから、「私」が当初それらのものを、大切なもの、必需品だと考えていたことがわかる。

3 **飲《の》み会《かい》や映画《えいが》で仕送《しおく》りはすぐに消《き》えてしまう**　実家から送られてきた金を遊興費や趣味に使ってしまい、余裕のない暮らしをしていたことがわかる。都会でひとり暮らしを始めた「私」は、自由な青春を謳歌《おうか》していたのであろう。

9 **そろばんをはじき**　本の値段を見定め、計算をして。

9 **じろりと**　目玉を動かして、相手を鋭い目つきで見る様子。批判や軽蔑などの気持ちを表すことが多い。

11 **意味《いみ》がよくわからなかった**　「私」は、古本屋の主人が、なぜ「ある一冊」の本を取り上げて、本当に売っていいのかを訊いたのかわからなかったということ。古本屋の主人がその一冊を取り上げた理由は、長年の経験による勘がはたらいたか、「その本」の終わりの空白ページに書かれた「文字」と「絵」（教52ページ8行）から「私」の思い入れを感じ取ったかなどのことが推測できるが、本文中においては明かされておらず、謎のままである。

11 **初版本《しょはんぼん》**　出版された本の最初の版。第一版。本によっては他の版と比べて高値で取り引きされる場合もある。

11 **絶版《ぜっぱん》**　一度出版した本を、それ以上の印刷、発行することをやめること。手に入りにくくなるので、高値で取り引きされたりする。

教47ページ

2・5 **価値《かち》がある**　「私」は、「その本」を古書という商品として価値があるのかを訊いたが、古本屋の主人は本の価値は自分（＝本の持ち主）が決めるものであると答えている。

3 **大《おお》げさに首《くび》をふって**　「その本」に古書としての価値がないことをはっきり示すとともに、「その本」に価値があるのかと訊く「私」の態度そのものを批判している。

10 **苦学生《くがくせい》**　働いて学資を稼ぎながら勉強している学生。ここでは、単に金のあまりない学生、といった意味。

10 **…に免《めん》じて**　…であることを考えに入れて、といった意味。

12 **身《み》を切《き》られるような思《おも》い**　体を刃物で切られるほどつらい思い。ここでは、本を買い集めるために、他の買いたい物を我慢するつらさを表している。

教48ページ

4 **今日《きょう》のコンパ代《だい》くらいにはなる**　「コンパ」は学生などによる懇親会。「身を切られるような思いで買い集めた」（教47ページ12行）という本を売って得た金の使い道としては軽いものに感じるが、当時の「私」にはそうしたことが大事であったのだろう。「私」の学生生活の様子がうかがえる表現。

5 **重々《おもおも》しく**　「私」が金に窮しているのを示す表現。大切にしていた本を売った金であることから重く感じられたことも表している。

13 **数秒《すうびょう》のあいだ私《わたし》はぼんやりと眺《なが》めた**　古本屋の主人に、「その本」を本当に売っていいのかということを一度ならず二度も訊かれたことから、「私」はわけがわからず、戸惑い、不安に感じている。

第二段落　教48ページ14行〜49ページ8行

しばらくのあいだ、古本屋の主人の言葉が気になり、「私」は

「あの本」を手放したことに不安を感じていたが、その後も不都合は何もなかったので、古本屋の主人に念押しされたことはもちろん、本を売ったこと自体、忘れてしまった。

教48ページ

14 **何《なに》か不自由《ふじゆう》が生《しょう》じるのではないかと不安《ふあん》だった**　古本屋の主人に、本当に売っていいのかと繰り返し訊かれたのに、「あの本」を売ってしまったことで、何かよくないことが起こるのではないかと不安になっている。

教49ページ

7 **念押《ねんお》し**　間違いがないように、相手にもう一度確かめること。

第三段落　教49ページ9行～53ページ7行

卒業旅行先のネパールで、雨で暇をもてあました「私」は古本屋にいった。そこには全世界の旅行者たちが売り払った本がたくさん並んでいた。その中に、「私」はかつて古本屋の主人に本当に売っていいのかと訊かれたものと同じ本を見つける。初めはよくある本にすぎないと思っていたが、本の最後の空白のページに書かれた自分のイニシャルと花の絵から、自分が売った本そのものだとわかって、偶然に驚く。「私」はこれも何かの縁だと思い、暇つぶしに読もうとその本を買うことにした。

教49ページ

9 **周遊《しゅうゆう》**　あちこちを旅行して回ること。遊覧。

10 **心許《こころもと》なく**　頼りなく、不安で。ここでは、所持金が少なくて不安であるという意味。

教50ページ

7 **指《ゆび》をなめなめめくっていた**　学生街の古本屋の主人の「めがねをずりあげずりあげ」（教46ページ8行）とどこか似ている動作。どの国でも共通する古本屋の様子の一つを表している。

教51ページ

1 **ひっそりと……本《ほん》。古《ふる》びた紙《かみ》のにおい。本《ほん》を通過《つうか》していった……息《いき》づかい。**　古本屋の特徴を、体言止めを用いた三文を連ねて、印象的に表現している。

8 **目《め》に飛《と》びこんでくる**　すばやく視界に入る。

10 **視線《しせん》をさまよわせる**　あちらこちらを次々と見る。

11 **見慣《みな》れた文字《もじ》**　本の背表紙の日本語が、「私」が知っているタイトルであったことを表している。

教52ページ

1 **私《わたし》は学生街《がくせいがい》のあの本屋《ほんや》のことを……思《おも》い出《だ》した**　自分が売った本（最初「私」は同じタイトルの本にすぎないと思っていた）に出会ったことで、その本を売った大学生のときのことを思い出している。

2 **しわがれた**　声がかれて、かすれた。

5 **いつのまにか笑《わら》いは消《き》えていた**　「私」は、自分が学生時代に売った本だと気づいて驚いたのである。

8 **Kの文字《もじ》**　「私」の名前は記されていないが、「K」の文字は作者の「角田」のイニシャルを連想させる。「私」が作者自身であるかのようにイメージさせ、非現実的な話に現実味を持たせている。

15 **高校生《こうこうせい》の記憶《きおく》は……思《おも》い出《だ》された**　自分が持っていた本に出会い、そこに書かれた文字と絵を見たことで、その本を買った高校生のときのことを思い出している。

教53ページ

6 **縁《えん》**　めぐりあわせ。つながり。

第四段落　教53ページ8行～54ページ4行

かつて自分が売った本を読み始めると、ものすごい思い違いをしていたことに気づかされた。「私」は、記憶のなかのストーリーとの、間違い捜しに夢中になって本を読んだ。活字の向こうに、高校生だった「私」が見え隠れするのを感じた。

教53ページ

15…**夢中《むちゅう》になって。**　あとに「(本を)読んだ」という言葉が省略されている。本文中の感情がこめられている場面では、省略や倒置を多く使い、余韻を持たせている。

教54ページ

1 **雨《あめ》はなかなか降《ふ》り止《や》まなかった**　すぐあとにも「雨の音が店じゅうを浸している」(教54ページ2行)という記述がある。雨によって、現実世界から遮断され、読書に没入しやすい空間が作られていることを印象づけている。

2 **肩《かた》をすくめる**　あきれたときや、どうにもできないときなどにする、肩を上に上げて身を縮める仕草。ここでは、「私」がなぜそんなに夢中で本を読んでいるのかや、読んでいる本がどんな本なのかがわからないといった、店の子どもの気持ちを表している。

1 **具体的にどういうことか。**

「活字《かつじ》の向《む》こうに、高校生《こうこうせい》だった私《わたし》が見《み》え隠《かく》れする。」とは、

答　本を読んでいると、その本を読んでいた高校生のときの自分が、本の内容をどのように解釈し、どのような印象を持っていたかが随所で思い出され、当時の気持ちが蘇《よみがえ》るということ。

第五段落　教54ページ5行～14行

「私」は「その本」をカトマンズでもう一度売った。本当は持って帰るつもりだったが、荷物が重いので、他の物といっしょに売り払い、その代金でネパール最後の夜の一人きりの晩餐《ばんさん》を楽しんだ。

教54ページ

10 **それらを売《う》った代金《だいきん》で、その夜《よ》私《わたし》はビールを飲《の》み、水牛《すいぎゅう》の串焼《くしや》きを食《た》べた**　学生時代に本を売った金も「コンパ代」(教48ページ4行)に使っていたように、「私」は飲食などのその時々の楽しみや欲求を満たすために金を使う人物として描かれている。

12 **晩餐《ばんさん》**　夜の食事。改まった豪華な食事をいう。英語の「ディナー」にあたる。

13 **だれかの手《て》に取《と》られるのを待《ま》っていた**　擬人法的表現。「私」は、「その本」に自分自身を投影するような気持ちになっている。

第六段落　教55ページ1行～58ページ16行

三度目に「私」が「その本」にあったのは、アイルランドの古本屋だった。まさか同じ本であるはずがないと思ったが、本の最後の空白のページにイニシャルと花の絵があり、自分が売った本だとわかった。夢ではないかと思いつつ、その本を買って読むと、またもや記憶とは違い、意味がかわっているように思えた。しかし、かわっているのは本ではなく、自分自身であることに気づく。どういうわけか「この本」は自分といっしょに旅をしているので、また数年後、どこかの町の古本屋で再会し、それを読むことで、自分の変化の有無を知ることになるだろうと思い、再び「この本」を売ろうと考える。

教55ページ

4 **フェスティバル**　祭り。

10 **古本屋《ふるほんや》の、あの独特《どくとく》のにおい……あのなじみ深《ぶか》いにおい**　世界中の古本屋の共通する特徴として、古本屋特有のにおいがすることを強調している。すぐあとにも「店に充満するにおいを嗅ぎながら」（教55ページ15行）という表現がある。

教56ページ

3 **ぽかんと**　非常に驚いて放心状態にあることを表す擬態語。

8 **私《わたし》はゆっくりと、奥付《おくづけ》をめくり、宣伝《せんでん》をめくり、……花《はな》の絵《え》を。**

手に取った本が本当にかつて自分の売った本であるかを確かめている。「私」の緊張の高まりが感じられる表現。倒置になっている。

11 **私《わたし》はその本《ほん》をレジに差《さ》し出《だ》した**　ネパールで本を買ったときのような迷いはない。「私」は「その本」との出会いに運命のようなものを感じている。

2　**「これは夢《ゆめ》なのではなかったか。」には、どのような気持ちが示されているか。**

答　かつて自分が持っていた本に、外国の古本屋でめぐりあうのは、一度だけでも奇跡的なことなのに、二度ともなると現実としてあり得ないことに思え、夢を見ているだけかもしれないと疑う気持ち。

教57ページ

3 **本《ほん》はまたも意味《いみ》をかえている**　「その本」を読んだ印象が、学生時代とも、ネパールで再読したときとも違っていたことを表す。

本の意味は固定されたものではなく、読む人によってかわり、同じ人が読んでもその時々によってかわっていく。読書は読む人の状況や心境を反映すると言える。

9 **かわっているのは本《ほん》ではなくて、私自身《わたしじしん》なのだ**　本の内容について、「私」が記憶違いをしていたのではなく、「私」自身がかわったから本の意味がかわったように感じるのだということに気づいたことを表している。

9 **むすめ**　「私」自身をさす。「私」が過去の自分を客観的に振り返って表現している。

教58ページ

4 **この本《ほん》は私《わたし》といっしょに旅《たび》をしている**　「私」が世界各地を旅しているように、「この本」も人の手によって世界中の古本屋を移動していて、偶然にもたびたび「私」と同じ行程をたどっているということ。

7 **かわったりかわらなかったりする自分自身《じぶんじしん》と出会《であ》う**　同じ本を、時間をおいて再読することで、その本の解釈や印象の違いから、自分自身が以前に読んだときと比べてどう変化したのか、あるいは変化しなかったのかがわかるということ。

10 **売《う》ってはいけない**　前の「売ってはいけない」（教58ページ2行）を受けた表現。「この本」は「私」と縁の深い特別な本のため、

「売ってはいけない」のかもしれないと前置きし、そのうえであえて売ってみようとしている。

10 **不思議《ふしぎ》なくらい私《わたし》をわくわくさせる**　数年後、本当に「この本」と再びめぐりあうことができるのか、再読して自分自身の変化を知ることができるのかと考え、楽しみな気持ちになっている。

3 答

末尾の一文は、物語の構成上、どのような効果をあげているか。

本との夢のような不思議な体験から「私」が現実に引き戻されたことを表す効果。また、本から活力を得てこれからの人生を生きていこうとする「私」の様子を、店の活況と重ねて伝える効果。

手引き

学習の手引き

一　**「その本」（四六・1）を入手してから、売りに出すまでの状況、再会するまでの状況を、本文に即して整理してみよう。**

解答例　「その本」を入手したとき（高校時代）…「私」は「放課後のケーキを我慢して」（五三・12）「その本」を買い、友達に貸すときには、「絶対返してね、大切な本なんだからね」（同・13）と言って、「自分のイニシャルと絵を描いた」（同・14）。

「その本」を売りに出したとき（大学入学時）…「私」は東京でひとり暮らしを始めたが、「六畳とトイレしかない、ちいさな部屋」（四六・2）で、「実家から運びこんだもので部屋はさらにせまくなる」（同・3）ことや、「飲み会や映画で仕送りはすぐに消えてしまう」（同・3）ことから、「本やレコードを全部うっぱらってしまうことにした」（同・4）。

「その本」と一度目に再会したとき（大学卒業時）…「私」は「古本屋に本を売ったこと自体、きれいさっぱり忘れていた」（四九・7）が、卒業旅行先のネパールで、珍しく雨が降って暇をもてあましたため古本屋へいき、「その本」と再会する。迷った末に買い、夢中で読むが、荷物が重かったため再び売りに出す。

「その本」と二度目に再会したとき（現在）…「私」は「仕事で立ち寄って」（五五・4）いたアイルランドの学生街で、目当てのパブが開くまでの時間つぶしに古本屋にいき、「その本」と再会する。そのときも「学生のとき自分が売って、ポカラで見つけ、カトマンズで再び売ったその本のことを、私はすっかり忘れていた」（五六・1）が、迷わず買い、とばし読みする。

二　**「かわっているのは本ではなくて、私自身なのだ」（五七・9）とあるが、高校生、大学卒業時、現在（社会人）のそれぞれの時期における「私」の本の受け止め方をふまえ、次の二点について、想像を交えて整理してみよう。**

1　本の内容の解釈や受けたイメージ
2　そのときの「私」の境遇や状況

解答例　1　高校生…作品の主要人物にあたる女性を「主人公の友達の妹」（五三・11）だと思い、主人公とその女性は「ホテルを泊まり歩いている」（同・11）と思いこんでいた。そして、「おだやかな日常を綴《つづ》った青春系の本だという印象」（同・13）を持っていた。

大学卒業時…作品の主要人物にあたる女性は「安アパートを借りて住んでいた」（五三・11）で、主人公とその女性は「彼（＝主人公）の恋人」（同・12）ことに気づいた。そして、「途中からいきなりミステリの様相をおびはじめ、緊迫した場面がいくつも続く」（同・14）という感想を持った。表現的には、「若い作者のどこか投げやりな言葉で書かれた物語」（五七・4）のように感じていた。

現在（社会人）…「日々の断片をつづった静かで平坦《へいたん》な物語」（五七・4）だと感じた。表現的には「単語のひとつひとつが慎重に選び抜かれ、文章にはぎりぎりまでそぎ落とされた簡潔なうつくしさ」（同・5）があって、「言葉を目で追うだけでしっとりと心地よい気分」（同・7）になった。

2　高校生…「服も化粧品も雑貨もケーキも、全部我慢して」（四七・13）手に入れようと思うほど、本が「私」にとって大切なものであった。まだ恋も世界も知らず、親の庇護《ひご》のもとで、穏やかな日々を過ごしていたと考えられる。

大学卒業時…大学生になり、東京でひとり暮らしを始めて自由で刺激的な生活を送るとともに、本やレコードから心が離れていったと考えられる。また、恋愛や失恋、友達との出会いや別れなどを経験して、ものごとに対する考え方や感じ方も広がったのではないかと想像される。

現在（社会人）…社会に出て仕事の厳しさや大変さを味わううちに、うまくいかないものごとと折り合う術《すべ》を身につけ、克服できないものがあることも実感したと考えられる。そうした経験を重ねたことで、ものごとに対する考え方や感じ方も変わったのではないかと想像される。

三　「その本」が「私」にとって持つ意味を考え、本に対する思いがどのように深められているか、話し合ってみよう。

考え方　「その本」は、「私」とともに旅をする本で、本を再読し、解釈や印象が違うところ、同じところを知ることで、自分自身がどうかわり、どうかわらなかったかを知ることができるものである。そして、本から過去の自分を発見し、現在の自分を知ることで、これから生きていく自分を思い、その活力となっている。本は、自分自身を映し出し、自分の人生を思い起こさせるものであるという思いになっている。以上のことなどが考えられる。これらをふまえて話し合ってみよう。

活動の手引き

一　小説中の「その本」と「私」との関係のように、その時々で自分自身の変化を実感させる「もの」との出会いがないか、自分の経験を発表し合おう。

考え方　例えば、ずっと習っていたピアノを、ただ楽しく弾いていたときには友達のように感じていたが、コンクールでうまく弾かなければならないときには気難しい相手のように感じたなど、その時々によって感じ方がかわったという経験などがあげられる。ほかにも、幼いころから使っていた机や椅子などの家具、数年間身につけていた制服やかばん、部活動で使っていた道具など、ある程度の期間身の回りにあったものを思い浮かべるとよい。そのものと自分との関わりを振り返り、自分自身の変化が感じられる経験を具体的に述べよう。

現代は大量生産・大量消費社会で、たくさんのものを利用して生活しているため、ものへの思い入れやものとの関係が希薄になりがちである。ものとともに思い出される記憶があること、ものは人生に少なからず寄り添っているということを捉えられるとよい。

言葉の手引き

一　次のかたかなを、傍線部の字の違いに注意して、漢字に改めよう。

1　ヘイイ破帽の青年。
　　シヘイを数える。

2　キョウゲキ作戦を決行する。
　　キョウショウ住宅に住む。

解答　1　弊衣・紙幣　2　挟撃・狭小

二　次の語句の意味を調べてみよう。

1　身を切られるような（四七・12）
2　…はおろか（四九・7）
3　投げやり（五七・4）
4　性懲りもない（五八・5）

解答例　1　体を刃物で切られるほど、つらさが厳しくこたえるさま。
2　…は言うまでもなく。…はもちろん。
3　いい加減にものごとを行うさま。
4　同じ失敗などを繰り返しても少しも懲りないさま。

三　「そーんなに……と思ってた。」（四七・12〜15）に見られる表現上の特徴と、その効果を話し合ってみよう。

考え方　文体や用語などに注意して特徴を捉え、それによって「私」の心情がどのように伝わるのかを考えよう。

冒頭で「そんなに」ではなく、「そーんなに」と長音符号を用いて、口語のくだけた表現を用いている。それによって、このときの驚く「私」の心情や様子が生き生きと臨場感を持って伝わってくる。くだけた表現は、二文目の冒頭の「だって」や、三文目の文末の「安くなっちゃう」、四文目の冒頭の「古本屋って」と文末の「思ってた」にも使われている。

また、二文目の文末の「…なのだ」という強い調子や、三文目の文末の「…のか」（「か」は驚きを表す終助詞）といった文末表現からは、本の値段の安さに反発する「私」の様子がうかがえる。

これらの表現は、「私」にとって一つ一つ思い入れのある本が、わずかな金にしかならないという現実を知ったことへの驚きや反発を効果的に表していると考えられる。これらのことをふまえて話し合ってみよう。

富《ふ》嶽《がく》百《ひゃっ》景《けい》

中《なか》島《じま》京《きょう》子《こ》

教科書P.61〜73

●学習のねらい

さまざまな文芸的話題や引用が散りばめられた作品を読んで、小説の奥深さとおもしろさを味わう。

●主　題

「私」の友人の夫は「津軽富士《つがるふじ》」と呼ばれる岩木山を、アメリカの日系移民は「タコマ富士」と呼ばれるレーニエ山を、それぞれ郷土愛の対象としていた。「私」もまた富士山に小さなナショナリズムを感じる。太宰治《だざいおさむ》や夏目漱石《なつめそうせき》は、日本人の富士山自慢からナショナリズムを感じ取り、批判したが、「私」は、ほかに自慢するものがない自信喪失に近い感覚なのではないかと分析する。「私」のフランス人の義兄はまだ見ぬ富士山に強い憧れを持ち、趣味の絵にも常に「fuji」を登場させていたが、ついに現実の富士山をまともに目にできなかった。彼の「fuji」への熱はその後どうなったかわからないが、彼の娘の絵にも富士山が描かれていた。

太宰治の『富嶽百景』を元とする「パスティーシュ」(模倣)小説である。太宰のほうでは、時、場所によって異なるさまざまな富士山の姿が描かれているが、この小説では直接的に富士山の姿はほぼ描かれておらず、富士山に対する人々の思いや姿が描かれている。

●段　落

本文は場面の転換や内容から、四つの段落に分けられる。

一　教P61・上1〜P63・上3　友人の夫の岩木山(「津軽富士」)への思い

二　教P63・上4〜P64・上3　レーニエ山(「タコマ富士」)への現地の人々の思いと、「私」の富士山への思い

三　教P64・上4〜P66・上5　富士山に対する文豪の批判

四　教P66・上6〜P72・下16　富士山に強い憧れを抱く義兄

段落ごとの大意と語句の解説

第一段落　教61ページ上1行〜63ページ上3行

「私」は友人に誘われ青森の「ねぶた祭り」を見に行ったが、友人の夫が本当に「私」に見せたかったのは、弘前《ひろさき》の「ねぶた祭り」だったらしい。「私」は彼の郷土愛を知って驚いた。東京へ帰る「私」を新幹線の駅に送る途中の車内でも、彼は「岩木山が見えるよ。」と断固たる口調で「私」に言い、岩木山への思いを語った。岩木山の別名は「津軽富士」だそうだ。

教61ページ

上1　私《わたし》　小説の語り手が一人称の「私」であること、語りの時点を現在としていること、「私」は「将来『バブルばばあ』と呼ばれ

る」(教65ページ下10行)とあり、「私」が作者と同年代に設定されていることから、「私」は作者自身と重なるイメージを持つ。

上1**津軽《つがる》**　岩木山が「津軽富士」と呼ばれていることから、「○○富士」の一つとして話題に取り上げたと考えられる。また、この作品の元となったのは太宰治の『富嶽百景』だが、津軽は太宰の出身地でもある。

上2**つれあい**　連れになった人。夫または妻をさすことが多い。

上4**見本《みほん》**　代表となる例。手本。

上5**寡黙《かもく》**　口数が少ないこと。やや文章的な表現で、思慮深く周りを観察した結果、しゃべらないようにしている様子を表す。似た意味の「無口」(教61ページ上4行)は、単に必要以上にしゃべらない様子を表す。

対　**饒舌《じょうぜつ》**

上6**『北国《きたぐに》の春《はる》』に出《で》てくる、「あにきとおやじ」**　『北国の春』の歌詞に「あにきもおやじ似で無口」とある。

上8**サンプル**　実例。

下2**彼《かれ》が本当《ほんとう》に私《わたし》に見《み》せたかったのは、弘前《ひろさき》の「ねぷた祭《まつ》り」だったらしい**　青森の「ねぶた祭り」への対抗心や、郷里の祭りを誇りに思う、友人の夫の郷土愛が感じられる。

教62ページ

上2**張《は》りぼて**　木の骨組みの上に紙を張り重ねたもの。張り子。

上7**うん、うん、と深《ふか》くうなずいていた**　友人の夫の郷里の祭りへの愛着が感じられる。

上10**青森第五連隊《あおもりだいごれんたい》は全滅《ぜんめつ》してしまったが、弘前第三十一連隊《ひろさきだいさんじゅういちれんたい》はちゃんと帰《かえ》ってきた**　友人の夫の青森側への強い対抗心が感じられる。弘前ねぷた祭りは、青森ねぶた祭りに負けないという意識から、飛躍して連想したものと考えられる。

上13**目《め》を見張《みは》った**　目を大きく見開いた。とても驚いたことを表す慣用句。友人の夫の深い郷土愛については、「本当に驚いた」(教61ページ下8行)、「びっくりした」(教62ページ上15行)と、同意の表現が繰り返されている。

上16**一足先《ひとあしさき》に**　少しだけ先に。

下13**断固《だんこ》たる口調《くちょう》も耳《みみ》に残《のこ》っている**　口調から岩木山をぜひ見てほしいという友人の夫の強い思いがうかがえる。普段にはない口調だったので、記憶に残ったのだと考えられる。

「耳に残る」＝聞いた言葉が記憶に残っている。

下14**岩木山《いわきさん》を拝《おが》まないと心身《しんしん》が落《お》ち着《つ》かない**　「拝む」は「見る」の謙譲語。岩木山への畏敬・親愛が感じられる。

下16**稜線《りょうせん》**　山の峰から峰に続く線。

教63ページ

上2**岩木山《いわきさん》の別名《べつめい》は、「津軽富士《つがるふじ》」だそうだ**　岩木山は形状が富士山と似ているだけでなく、岩木山に対する津軽の人の思いは富士山に対する日本人のそれと通ずるものがあることが想像される。

第二段落　教63ページ上4行〜64ページ上3行

「○○富士」という呼び名で「私」になじみが深いのは、アメリカのワシントン州にある「タコマ富士」である。短い期間だが暮らしていたシアトルで見えたこの山はレーニエ山で、日系移民たちがこう呼んだ。小学校で日本文化を紹介する先生をしていた「私」は、レーニエ山よりも富士山はもっときれいだと思い、子供たちにもそう説明したい気持ちに駆られたりした。

教63ページ

上12 **日系移民**《にっけいいみん》　外国に移住し、国籍や永住権を獲得した日本人。

上14 **仰**《あお》**ぎ見**《み》**る**　見上げる。敬意を含む表現。

上14 **霊峰**《れいほう》　神仏をまつり信仰されている、神聖な山。

下1 **故国**《ここく》　自分の生まれた国。祖国。この場合、日本をさす。

下3 **荘厳**《そうごん》　気高くて厳かなさま。

下5 **ナショナリズム**　民族や国家の統一と独立、発展を求める思想や運動。ここでは、自国の文化・伝統を優れたものと考える思想、といった意味。

1 **「自分**《じぶん》**の中**《なか》**の小**《ちい》**さなナショナリズム」とは、どのようなものか。**

答　「タコマ富士」と呼ばれるレーニエ山への対抗心が湧き起こり、自国にある本物の富士山のほうがきれいだと誇る思い。

下8 **彼**《か》**の地**《ち》　あの土地。「彼」は遠く離れた事物をさす。ここでは、シアトルのこと。

下12 **なにか割**《わ》**り切**《き》**れない思**《おも》**い**　なんとなく納得できない思い。ここでは、富士山がレーニエ山よりも低いのは事実であるが、高さで山の優劣が決まるような問いに納得できないという思いを表す。

下13 **子供**《こども》**たちはヒャッホーと喜**《よろこ》**ぶ**　「ヒャッホー」は擬音語。シアトルの子供たちにもレーニエ山を誇る思いがあることがわかる。

教64ページ

上3 **むきになって**　ちょっとしたことですぐ本気になって。

第三段落　教64ページ上4行〜66ページ上5行

太宰治や夏目漱石は、富士山自慢に少し厳しい目を向けるが、「富士」に向けられるナショナリズムの胡散臭《うさんくさ》さを嫌ったとも言えそうだ。しかし「私」自身は、富士山自慢をしたい衝動にしばしば駆られる。それは、ナショナリズムというよりも、「ほかに自慢するものは何もない」という自信喪失に近い感覚かもしれない。

教64ページ

上5 **印度**《いんど》　「インド」の漢字表記。

上9 **俗**《ぞく》　卑しいさま。安っぽく、ありふれているさま。

対　**雅**《みやび》**・聖**《せい》

上10 **うつろな心**《こころ》　空っぽな心。固定観念や思い入れがない心持ち。

下2 **一等国**《いっとうこく》　国際的に優位な立場にあるいくつかの国。

下2 **高慢**《こうまん》　思い上がって、得意がるさま。

対　**謙虚**《けんきょ》

下2 **随所**《ずいしょ》　いたるところ。

下5 **文豪**《ぶんごう》　きわめて優れている文学者、作家。

下7 **日露戦争**《にちろせんそう》　一九〇四〜一九〇五年に行われた、日本とロシア（露《ろ》西亜《しあ》）による戦争。

下7 **沸**《わ》**いていた**　感情が高ぶっていた。熱狂していた。

下9 **日中戦争**《にっちゅうせんそう》　一九三七〜一九四五年に行われた、日本と中国による戦争。

下11 **「富士**《ふじ》**」に向**《む》**けられるナショナリズムの胡散臭**《うさんくさ》**さを、嫌**《きら》**った**　夏目漱石や太宰治は、日本人が富士山を自慢することの中に、日本という国を誇る気持ちや日本を優れた国とする風潮が潜んでいると感じ、翼賛体制へと向かう国家の動向のいかがわしさに対して嫌悪感を抱いていると考えられる。

「胡散臭い」＝どことなく怪しい。油断できない。

下15 **顔相応《かおそうおう》のところ**　顔にふさわしい、つりあいのとれたところ。ここでは、日本人の国際社会に向ける顔と同様に、日本の建物も庭園もたいしたものではないという意味。

教65ページ

上6 **おめでたい発言《はつげん》**　考えの甘い発言。見込みの甘い発言。

上7 **一刀両断《いっとうりょうだん》**　刀を一振りで物を真っ二つにすることから、物事を思い切りよく処置すること。

上8 **予見《よけん》**　物事が起こる前に知ること。

上12 **経済破綻《けいざいはたん》**　一九九一～一九九三年ごろの経済後退期、いわゆるバブル経済崩壊をさす。

上12 **来《きた》す**　招く。引き起こす。

上12 **軌跡《きせき》**　物事が移り変わってきた道筋。

下4 **私《わたし》も年《とし》取《と》ったってことか**　年を取ると物事を素直に受け取れなくなるもので、「私」自身もそうだと自覚している。

下5 **関東大震災《かんとうだいしんさい》と東京《とうきょう》大空襲《だいくうしゅう》**　関東大震災は、一九二三年九月一日に南関東に大きな被害をもたらした大地震。東京大空襲は、一九四五年三月十日の東京におけるアメリカ軍による空襲のこと。広く一九四四年十一月二十四日以降の東京への空襲のこともさす。

下5 **すっからかん**　中のものがすっかりない様子のくだけた言い方。

下6 **宵越《よいご》しの金《かね》は持《も》たない**　その日稼いだ金はその日のうちに使い果たす、という意味。江戸っ子の気質を表した言葉。「宵越し」は、一夜を越す、という意味。

下8 **バブルってのは、破裂《はれつ》するためにあンだろ**　「バブル」は英語で、泡、という意味。泡の破裂と、バブル経済の破綻を重ねた表現。まるで自分が物事を知り尽くしているかのように、何も知らない若者にあきれて説教する様子を、乱暴な口調で表現している。

下9 **こざかしく**　利口ぶって。

教66ページ

2　**「『おれの国《くに》には富士山《ふじさん》があるというようなばか』を言《い》ってみたい衝動《しょうどう》に、しばしば駆《か》られる」のは、なぜか。**

答　日本という国への自信を喪失している「私」は、唯一の自慢である富士山について述べることで、誇りを保つような思いがあるから。

上4 **自信喪失《じしんそうしつ》**　自分の能力や価値を信じる気持ちを失ってしまうこと。「私」は自分を含めた日本人が、さまざまな体験をした結果、自信を失っているのではないかと考えている。

第四段落　教66ページ上6行～72ページ下16行

「私」の義兄(姉の夫)はフランス人で、趣味で描く絵に必ず「fuji」を登場させていた。訪日の際、新幹線の窓から富士山を見損ねて車両中の乗客から同情され、「私」も日本人として彼に富士山を見せてやりたくなった。その年の夏、姉夫婦やその子供である姪《めい》と伊豆《いず》旅行をしたが、雨で富士山は見られなかった。彼らの帰国が迫ったある日、晴れたので急遽《きゅうきょ》、「私」は姉夫婦らを乗せて富士五湖の一つの山中湖へのドライブを敢行した。しかし、次第に雨が降り始め、「富士ビューホテル」にも行ったが富士山は見られなかった。それ以来、義兄は富士山を見たいと言わなくなった。いつかの滞在時に車の中からきれいに富士山が見えたこともあったが、山頂に雪がなかったため、あまり喜ばず、興味のなさそうな顔をしたのだった。その後義兄の「fuji」への熱が冷めたのかどうかわからないが、五年後、「私」は姫の絵に富士山が描かれているのを知った。

教66ページ

上8 **経営《けいえい》コンサルタントとか、事業《じぎょう》プランナーとか、なんとかエージェント**　経営コンサルタントは、経営について相談を受けて助言する人。事業プランナーは、事業についての企画・計画を立てる人。エージェントは、本人に代わって取り引き、契約をする代理人。

上12 **欲目《よくめ》**　自分に都合のよいように、実際よりよく見ること。

上15 **「fuji」**　絵に描かれた富士山に、ローマ字で「fuji」というサインを入れていたことから、漢字表記ではなく、このように表現している。

下1 **肉感的《にっかんてき》**　性的な欲望を感じさせるような様子。

下3 **ひゅんひゅんひゅん**　擬音語として使われることが多いが、ここでは擬態語。連続して素早く描いた様子を表す。何かのマークに近い感覚で描かれていることがわかる。

下7 **満面《まんめん》に笑《え》みをたたえる**　顔一面でほほえむ。うれしさなどの感情を顔に全体で表す様子。

下11 **雄姿《ゆうし》**　堂々とした立派な姿。

下12 **あいにく**　ちょうど具合が悪い様子。

下13 **下《くだ》り線《せん》**　ここでは、東京方面から名古屋・大阪方面に向かう路線。「上《のぼ》り線《せん》」(教66ページ下15行)はその反対の路線。

教67ページ

上1 **同情《どうじょう》を買《か》い占《し》めた**　そこにいるみんなから同情された。普通は、「同情を買う」というが、すべての人から同情されたことを強調して「買い占めた」と表現している。

上5 **善意《ぜんい》の渦《うず》**　善意の気持ちがあふれている様子をたとえた表現。

上10 **同胞《どうほう》**　自分と祖国が同じ人。ここでは、日本人をさす。

下1 **そっぽを向《む》かれてしまった**　まともにとりあわれなかった。「そっぽを向く」＝まともにとりあわないで無視する。正面から向き合わず、横を向く、という意もある。

教68ページ

上7 **彼《かれ》の瞳《ひとみ》の輝《かがや》きを。**　あとに「思い出した」などの言葉が省略されている。目の前で大仏を見たことへの感動を強調している。

上9 **のっけから**　物事が始まってすぐから。

上10 **「暗雲《あんうん》が垂《た》れ込《こ》め」ていた**　実際に黒い雲が低く広がっていることと、よくない結果になることへの予兆を重ね合わせた表現。「彼」が富士山を見られないことを暗示している。

下4 **…はおろか**　…は言うまでもなく。…はもちろん。

下16 **帰国《きこく》の途《と》につく**　帰国のために出発する。

教69ページ

上1 **敢行《かんこう》**　無理や悪条件を承知で、思いきって行うこと。

上9 **…ならずとも**　…でなくても。

教70ページ

上1**尊顔**《そんがん》　相手の顔を敬った言い方。ここでは、富士山の姿のこと。富士山の擬人化。

下6**エントランス**　正面玄関。

下7**仁王立ち**《におうだ》　仁王像のように、足を踏ん張って力強く立つこと。仁王は仏教における二神一対の守護神で、その像は寺院の山門などの両側に置かれる。

下14**目深**《まぶか》**にかぶり**　目が隠れるくらいに深くかぶり。

教71ページ

3　**「ここは、たしかに『富士**《ふじ》**ビューホテル』なんだね？」という発言には、どのような意味が含まれているか。**

答　ホテルの名前に反して、富士山が見られないではないかといった抗議の意味が含まれている。

上5**口**《くち》**ごもった**　言いにくいことなどを言うときに、口にこもったはっきりしない話し方をする様子。

上10**眉間**《みけん》**に皺**《しわ》**を寄**《よ》**せて**　ここでは、富士山が見たいという要望をかなえるのが難しくて困ったといった心情を表している。

上11**つかぬこと**　出し抜けのこと。突然なこと。

下2**例**《れい》**の定位置**《ていいち》　ホテルのエントランス正面の、ロータリーのあたり。パンフレットの富士山の写真を撮った場所。

下15**「見**《み》**て！　後**《うし》**ろ、振**《ふ》**り返**《かえ》**って！　富士山**《ふじさん》**よ！　あれが富士山**《ふじさん》**よ！」**　短い言葉を畳みかけ、「！」を四箇所も使っている。富士山をやっと義兄に見せられることへの「私」の興奮がうかがえる。

教72ページ

上8**富士**《ふじ》**は、イリュージョンなのか……日本人**《にほんじん》**の心**《こころ》**は、イリュージョンなのか**　富士山と日本人の心を重ね合わせている。願ったようには見えない富士山も、それを誇る日本人の心も、幻想なのかと問いかけている。

「イリュージョン」＝幻想。幻覚。芸術作品などでの意識的な錯覚。

下10**現在七歳**《げんざいななさい》**の姪**《めい》**は、今**《いま》**でも時々**《ときどき》**、自分**《じぶん》**の絵**《え》**の横**《よこ》**に当然**《とうぜん》**のごとく、ひゅんひゅんひゅんっと一筆**《ひとふで》**で富士山**《ふじさん》**を描**《えが》**く**　「私」の義兄も「ひゅんひゅんひゅんと、一筆で」（教66ページ下3行）富士山を描いていたように、娘である姪もまた同じように富士山を描いている。富士山への愛着が父親から受け継がれていることがわかる。

下13**富士**《ふじ》**には、月見草**《つきみそう》**がよく似合**《にあ》**う**　太宰治の『富嶽百景』の中に「三七七八メートルの富士の山と、立派に相対峙《たいじ》し、みじんも揺るがず、なんと言うのか、金剛力草とでも言いたいくらい、けなげにすっくと立っていたあの月見草は、よかった。富士には、月見草がよく似合う。」という一節がある。

手引き

学習の手引き

一　「津軽富士」（六三・上2）、「タコマ富士」（六三・上5）のエピソードが置かれた意図を説明してみよう。

解答例　「○○富士」も富士山の派生であり、そうした「○○富士」がいくつもあることは富士山の影響力の大きさを示す。さらに、それらの「○○富士」が人々の郷土愛の対象となっていることを示すことで、本物の富士山もまた日本人の誇りであり、ナショナリズムが投影されているものであることを示す意図がある。

二「私の義兄は、フランス人である。」(六六・上6)以降の展開において、元になった太宰治の『富嶽百景』が、作品にどのように生かされているか、両者を比較してみよう。

考え方 富士山の間近まで行ったのにもかかわらず、天候のため見られなかったときには、それぞれ次のような展開となっている。

太宰治の『富嶽百景』…井伏鱒二《いぶせますじ》と富士山の近くの三つ峠へ登ったが、濃霧で富士山は見えなかった。立ち寄った茶店の老夫婦が、霧が晴れればはっきり見えますと、見えたときの写真を見せて懸命に説明してくれたことから、それでよしとし、富士山が見えなくても残念にも思わなかった。

本作品…義兄は河口湖畔の「富士ビューホテル」まで行き、パンフレットでホテルの正面に富士山がある写真を見たが、濃霧で富士山は見えなかった。ホテルの人が見られる場所がないか電話をかけてあたってくれたが、あいにく見つからなかった。それ以降、義兄は富士を見たいと言わなくなった。

また、富士山に似合うものについて、それぞれ次のように説明されている。

太宰治の『富嶽百景』…「富士には、月見草がよく似合う。」(七三・下13)。雄大な富士山に対して、小さく可憐《かれん》な月見草が似合うとしている。大小の対比が明らかなものを、対等に並立させて、両者の美しさを表現している。

本作品…「たいていのものには、富士山がよく似合う。」(七三・下15)。義兄や姪が描く絵やコラージュには、富士山と全くつながりがないテーマの作品であっても、しばしば富士山が登場する。

解答例 二つの作品で、富士山の間近まで行ったのにもかかわらず、天候のため見られなかった際に、その場所で撮影した富士山の写真を見たことや、土地の人が気遣ってくれたことは共通しているが、『富嶽百景』の場合は、それでよしとする気持ちになったのに比べ、義兄の場合はそれでよしとはならず、以来口にすることもなくなるほど落胆する気持ちになったことで、対照的に義兄の思いの強さを際立たせている。また、富士山に似合うものについては、『富嶽百景』であげられている、「月見草」のような大小の対比が見られる自然物だけでなく、あらゆるものを自由に組み合わせる発想があると示すことで、富士山の人々からの受け止められ方の広がりを示している。

三「イリュージョンなんかじゃない。フジはニッポン一のヤマ。あるに決まってるじゃないの。」(六八・下14)と言い切っていた「私」が、「富士は、イリュージョンなのか。富士は、日本人の心は、イリュージョンなのか。」(七三・上8)と問わざるを得なくなったのはどうしてか、説明してみよう。

解答例 富士山に憧れ、執着していた義兄が、とうとう富士山を見られたのにもかかわらず、山頂に雪がなかったために「富士山のはずはない」(七三・上6)と思い、「あまり喜ばずに、興味なさそうな顔をした」(同・上3)ということから、義兄が憧れた富士山は、現実のものではない、幻想のものなのか、富士山を誇りに思い、ナショナリズムをかきたてられる日本人の心も、しょせん偶像崇拝のようなものなのか、という思いに駆られたから。

活動の手引き

一 本文中で話題として使われたり、引用されたりしている文芸関連の作品のうち、興味を持ったものを一つ選んで内容について調査し、わかったことを報告し合おう。

考え方 本文中で取り上げられている文芸作品は、太宰治『富嶽百景』、夏目漱石『現代日本の開化』(講演)、『三四郎』である。作品全体を読んで、その内容をつかむとともに、本文で引用された言葉がどこに出てくるかを確認して、どのような文脈で使われているかを捉える。

『富嶽百景』…一九三九年(昭和一四)に発表した短編小説。太宰治は、一九三八年九月、二十九歳のとき、執筆活動に専念するために、山梨県河口村御坂峠《みさかとうげ》の天下茶屋に行く。同年十一月井伏鱒二が親代わりになって甲府の石原《いしはら》美知子《みちこ》と婚約し、御坂峠を下りて甲府にしばらく住んだ。そのときの体験をもとに書いた作品。当時の生活ぶりや思いが、さまざまな姿を見せる富士山を背景にして、のびのびと書かれている。

『現代日本の開化』…一九一一年(明治四四)の八月に和歌山で行った講演。明治時代から始まった日本の急激で外発的な近代化は「上滑りの開化」で、人々は「滑るまいと思って踏張《ふんば》るために神経衰弱になる」として批判した。本文に引用されているのはこの講演の最後の部分。当時漱石は四十四歳。

『三四郎』…一九〇八年(明治四一)に発表された長編小説。東京の大学への進学のために熊本から上京した三四郎が、これまでとは異なる新しい世界の中で、先生、先輩、友人と出会って影響を受け、都会の女性である美禰子《みねこ》にひかれていく様子を、文明批判を交えながら描いた青春小説。本文で引用されているのは全十三段のうちの第一段の場面に出てくる部分。三四郎は東京へ上京する汽車の中で出会った男(広田《ひろた》先生)と、本文で引用されている内容の会話をする。三四郎は、熊本では、日本の現状を批判する人などいなかったので、大いに驚く。

言葉の手引き

一 次のかたかなを漢字に改めよう。

1 少数の大企業によるカセン。
2 レイホウとして扱われる。
3 アイマイな答え。
4 相手のミケンを狙う。
5 のりでハる。

解答 1 寡占 2 霊峰 3 曖昧 4 眉間 5 貼

二 次の文の傍線部の表現を、別の言い方に改めてみよう。

1 車両中の同情を買い占めた(六六・下18)
2 一車両分の同胞の、「外国人にニッポンのフジ、見せてやりてえ。」という思いに感染したのだ。(六七・上9)
3 まさに旅には「暗雲が垂れ込め」ていた。(六八・上10)

解答例 1 すべて集めた 2 影響を受けた 3 先々への不安が感じられていた

随想(一)〈芸術〉

花のいざない

観世《かんぜ》寿夫《ひさお》

教科書P.76〜81

●学習のねらい

日本の伝統文化を論じた文章に触れ、抽象的な内容がどのように説明されているか理解する。

●要旨

人間の心には花に寄せる感性がある。とくに自然の風物と関わりの深い生活をしている日本では、花が人の心に深く結びついている。世阿弥《ぜあみ》の説く「花」の概念は、舞台と観客との出会いによって生じるものである。自然は宇宙の法則に従って動き、流動しているという日本の自然観を背景とし、役者が自然に咲く花のように舞台に立ち、観客がその「花」にそれぞれの物語を紡ぎ出すことを理想としたものである。

●段落

本文は内容によって五つの段落に分けられる。

一 教P76・1〜P77・4 花に寄せる感性
二 教P77・5〜P77・17 世阿弥の説く「花」の概念
三 教P78・1〜P78・13 舞台と観客との関係
四 教P78・14〜P79・9 日本の自然観
五 教P79・10〜P80・9 舞台上で自然に咲く花

段落ごとの大意と語句の解説

第一段落 教76ページ1行〜77ページ4行

太古の昔から人間の心には、花に寄せる、ある感性のようなものが持ち続けられてきた。人と自然との触れ合いにおいては、「花」が最も自然を代表するものである。とくに日本では、自然の風物が人間の生活に密接な関わりを持っており、花にまつわる日本独特の習慣が数多く存在している。

教76ページ

1 **めづる** 古語「めづ」の連体形。かわいがる。愛する。現代語では「めでる」。
1 **事《こと》あるごとに** 何か出来事が起こるたびに。
1 **洋《よう》の東西《とうざい》を問《と》わず** 東洋と西洋の区別なく。世界中。
2 **花《はな》に寄《よ》せる** 花に対して好意などの気持ちを抱くこと。花に思いをかけること。

2 **感性《かんせい》**　物事を心に深く感じるはたらき。感受性。

1 **「いちばん大《おお》きな窓口《まどぐち》になる」とは、どういうことか。**

答 人と自然との触れ合いにおいて、「花」が最も自然を代表するものであり、人間は「花」を通して自然と関わりを持つことが多いということ。

10 **たけなわ**　物事の勢いが最も盛んなこと。真っ盛り。

12 **かこつけて**　口実にして。ことよせて。

教77ページ

1 **魔性《ましょう》**　悪魔のように人を惑わす性質。

第二段落　教77ページ5行～17行
演技者の肉体を通して発顕《はつげん》するあらゆる魅力を花にたとえる世阿弥の「花」論は、ごく自然に受け入れられてきたが、世阿弥の説く「花」の概念は、観客が反応するもののことであり、どのように感じるかは、観客次第である。舞台に立つ演技者は観客の多様な受け取り方と対峙《たいじ》することになる。

8 **概念《がいねん》**　物事の概括的な意味内容。

8 **観客《かんきゃく》が反応《はんのう》するもの**　世阿弥の説く「花」の概念は、演技者の発顕しようとする魅力が、観客一人一人の感じ取り方によってさまざまに現れ出るものだということ。

10 **いとも**　程度の甚だしいさま。全く。

12 **種々雑多《しゅじゅざった》**　いろいろなものが多く入りまじっていること。

15 **不可能《ふかのう》だと言《い》って投《な》げ出《だ》して**　不可能だと言ってあきらめてやめて。「投げ出す」＝途中であきらめてやめる。放棄する。

16 **背負《せお》う**　負担になることや責任のあることを引き受ける。

第三段落　教78ページ1行～13行
世阿弥の「花」においては、自然の花が宇宙的時空の絶対的必然の瞬間に咲くように、役者も誰かに向けて見せようとは思わずに、かつ観客の要求に応えて演技するものでなければならない。自然の花と人との出会いが一期一会であるように、舞台と観客との協調と闘争を繰り返すような関係も、そのような出会いになるべきではないだろうか。

教78ページ

3 **おのずからしかるべきところ**　自然にそのようにあるべき場所。

4 **しかるべき時節《じせつ》**　そのようにあるべき時期や季節。

2 **「宇宙的時空《うちゅうてきじくう》の絶対的必然《ぜったいてきひつぜん》の瞬間《しゅんかん》」とは、どういうことか。**

答 花が咲くときの場所や時間において、まさにそうあるべきであったような瞬間ということ。

7 **多岐《たき》にわたる観客《かんきゃく》**　好みや求めるものがさまざまに違う観客。「多岐」＝道が行く筋にも分かれていること。物事が多方面に分かれていること。

3 **「ここのこと」とは、何をさすか。**

答 能役者が誰かに向けて見せようとは思わずに、かつ観客の要求に応えて演技するように、舞台と観客との間で必要なものが要求されるときに生まれ出るという呼応関係。

11 一期一会《いちごいちえ》　一生に一度しかない出会い。

12 両者《りょうしゃ》は協調《きょうちょう》したかと思《おも》うと闘争《とうそう》しているようなもの　役者が「花」となり作り上げる舞台と観客との間の常に流動的で緊迫感に満ちた関係を表現している。

第四段落　教78ページ14行〜79ページ9行

日本語の「自然」という語には「フト」という意味があるが、「フト」には偶然の意と、必然の意が含まれる。その「自然」は、「自然にそうなった」のように現代語としても使われる。無常観につながる考え方で、常ならず流動するところに、存在の真理を観ずるものである。

教78ページ

15 **フト**　何とはなしに。不意に。

4 「**偶然**《ぐうぜん》**の意**《い》**と、必然**《ひつぜん》**の意**《い》**が含**《ふく》**まれる**」とは、どういうことか。

答 意図しないものでありながら、そうなるべくしてなったという意味が含まれるということ。

教79ページ

3 **先刻**《せんこく》**から私**《わたし》**もこの文中**《ぶんちゅう》**で使**《つか》**っている**　「ごく自然に」（教77ページ6行）や「つまり自然に」（教78ページ4行）のように、「自然」という語に「に」をつけて「当然の結果として、おのずから」といった意味で副詞的に使っていることをさす。「自然」だけの場合、一般に英語のnatureの訳語にあたる「自然」の意味で名詞として使うが、とくに中世では副詞的にも使っていたと述べている。

6 **無常観**《むじょうかん》　一切のものは無常であるとする見方。

7 **常**《つね》**ならず**　一定せず。定まりなく。

第五段落　教79ページ10行〜80ページ9行

自然の中で咲く花も、咲く側と見る側が意図せず「フト」出会うときに、「花」の美しさが際立つものである。舞台においても役者は自然に咲いている花のように、観客一人一人がさまざまなイメージを育み持てる、ひともとの花のようにありたいものである。舞台はその花の物語を語っている。

教80ページ

1 **色香**《いろか》　色と香り。女性の美しくあでやかな容貌を表す意もある。

1 **見**《み》**る人**《ひと》**の描**《えが》**く夢**《ゆめ》**もまちまちなのだ**　見る人が花から引き出される「夢」（教79ページ16行）を受けている。

3 **舞台中央**《ぶたいちゅうおう》**に正面**《しょうめん》**を向**《む》**いて、ただ黙**《だま》**って動**《うご》**かずにいる**　主語は「演者」（教80ページ2行）である。

手引き

学習の手引き

一 「世阿弥の説いている『花』の概念」（七七・8）はどういうものだと筆者は述べているかまとめよう。

解答例 「世阿弥の説いている『花』の概念」とは、演技者の肉体を通して発顕する魅力に対して観客が反応するもののことである。「非常に新しい美しさを求める客もあれば、伝統的な美を好む人もいる」（七七・13）ように、「花」の概念は観客のそれぞれの感覚に委ねられているものである。

二 **「観客対舞台という、永久の難しさを背負うことになる。」（七七・16）と筆者が述べる理由を、「永久の難しさ」とは何かを明らかにして説明してみよう。**

解答例 「永久の難しさ」とは、不可能であることにあえて挑むということをさしており、観客の数だけ「おもしろい」とするものが違っていたとしても、観客のすべてに「おもしろい」と思ってもらえるような舞台を目ざすという一見不可能なことに挑むことになるから。

三 **舞台と観客との関係は、世阿弥の「花」の概念をもとに、どのように捉えられているか確認しよう。**

解答例 世阿弥の説く「花」とは、演技者の肉体を通して発顕するあらゆる魅力が観客の反応によって現れ出るものと言える。舞台と観客との関係は、「花」が生まれ出るために協調し、闘争しているような関係であり、「花」と人との一期一会の出会いでもある。咲く側と見る側が意図せず、必然であったかのように出会うとき、その「花」の美しさは際立つのであり、舞台上で自然に咲く「花」に観客一人一人がそれぞれのイメージを育み持つことができるのが理想である。

四 **「舞台はその花の物語を語っている。」（八〇・9）とはどういうことか。「その花」と「物語」がそれぞれ何をさしているかをふまえて説明してみよう。**

解答例 「その花」とは、舞台上の役者が、観客一人一人がさまざまなイメージを育み持てるような、ひともとの花としてあることをさしており、「物語」とは、観客がその役者(花)を見ながらそれぞれに感じ取ったことをさしている。つまり、「舞台はその花の物語を語っている。」とは、舞台が自然に咲く花のように役者を存在させ、観客それぞれに思い思いの物語を紡ぎ出させるということである。

五 **筆者が理想とする舞台上での能役者の姿が「自然に咲いている花」（八〇・7）と表現される理由を、本文中の表現を使いながら説明してみよう。**

解答例 自然の花は、見せるために咲いているのではなく、おのずからしかるべきところに、しかるべき時節に自然に花開く。役者も同じように、見せようと思って舞台に上がるのではなく、自然に演じることによって、それを観客がさまざまな見方を通じてそれぞれに楽しむのである。このように、そこにあるのが当然だとして、咲くともなく咲いている自然の花の姿が、舞台上の能役者の姿として理想のイメージになるからである。

活動の手引き

一 **「とくに日本では、自然の風物は、四季の移り変わりという形で、人間の生活に密接な関わりを昔から持ち続けてきた。」（七六・8）と述べて、花が身近な生活に関わっている例があげられている。それらの花が、人の心にどのような影響をもたらしているか、考えたことを発表してみよう。**

考え方 本文では、花に関わる習慣やその花の例として、「春の七草」、「花見」（桜）、「月見」の「すすき」、「秋の七草」などがあげられている。「春の七草」は七草粥《ななくさがゆ》の食材であり、新春の若菜の生命力にあやかってこれらを摘み、食べる風習をもたらしている。桜は人間の喜怒哀楽と密接なつながりを持ち、和歌や俳句などに歌われ、死生観にまでも強い影響を与えている。「月見」の「すすき」は、魔よけとしての効果や、稲の収穫を願って供える風習をもたらしている。「秋の七草」は、秋に咲く草花の中で秋を代表するものとして数え上げられ、古来観賞用として親しまれてきた。以上のことなどが考えられる。

言葉の手引き

一　次のかたかなを漢字に改めよう。

1　クッタクのない笑顔。
2　オウカンを授けられる。
3　ヒショにぴったりの環境。
4　ジアイに満ちた笑み。

解答　1　屈託　2　王冠　3　避暑　4　慈愛

二　次の言葉の意味を調べ、短文を作ってみよう。

1　発顕(現)(七七・5)
2　ひともと(八〇・8)

解答例

1　意味…あらわれ出ること。あらわし出すこと。
短文…この絵画には彼の力量がいかんなく発顕している。
2　意味…草や木などの一本。
短文…庭園に鮮やかに映えるひともとの松。

三　「『自然にそうなった』などと現代語としても使うわけだ。」(七九・1)とあるが、この意味の「自然(に)」を使った短文を作ってみよう。

考え方　この「自然(に)」は、当然の結果として、おのずから、という意味。

解答例　学校を卒業して別々の進路に進んだため、仲の良かった友人たちとも自然に会わなくなっていった。

四　「十人十色」➡「十人いれば十色」(七七・12)のように、次の四字熟語を二つに分解して言い換えてみよう。

1　大器晩成　2　二束三文
3　初志貫徹　4　思慮分別

解答例　1　大器は晩成する　2　二束でわずか三文
3　初志を貫徹する　4　思慮も分別も備える

五　舞台上での役者のあり方を「花」にたとえることには、読者の理解を促すうえでどういう効果があるか、話し合ってみよう。

考え方　「花」は私たちにとって身近なものであるが、興味を抱く人は強い親しみを抱く一方、関心を持たない人は意識を向けることがあまりない。そのように「花」は自らを押しつけがましく示すということがない。同じように能という演芸において役者は、繊細な動きの中で、興味を抱く人には深い色とりどりの世界を示し、関心を持たない人にはそれとなくひっそりと存在する。そのように役者と「花」を重ね合わせることで、能への理解が深まるという効果がある。これらのことをふまえて話し合ってみよう。

真珠の耳飾りの少女

原田《はらだ》マハ

教科書P.82～90

●学習のねらい

フェルメールの絵画を紹介する文章を読んで、読み手の関心を引きつけるための工夫について考える。

●要旨

筆者は東京都美術館でフェルメールの「真珠の耳飾りの少女」と一対一で対面する機会を得た。筆者は「少女」を現実の人であるかのように感じ、その微妙で複雑な表情に引き込まれた。筆者は、「少女」のみずみずしさや情感あふれる表情は、瞳や唇、そして耳飾りの白い点描によるハイライトによって与えられた「永遠の命」からくるものであることを理解する。

●段落

本文は一行空きによって、三つのまとまりに分けられる。

一 教P82・1～P86・1 「真珠の耳飾りの少女」との対面
二 教P86・2～P89・10 フェルメールの経歴と技法
三 教P89・11～P89・13 フェルメールの思い

段落ごとの大意と語句の解説

第一段落 教82ページ1行～86ページ1行

筆者は以前から気になり、憧れていた、マウリッツハイス美術館所蔵のヨハネス・フェルメール作「真珠の耳飾りの少女」と東京都美術館の無人の会場で一対一で対面する機会を得た。筆者は「少女」の顔には微妙で複雑な表情が広がっていて、哀願するような一途《いちず》で切ない思いがあると感じた。「少女」はなぜそんなにも切なそうな表情をし、誰に向かって思いをこめたまなざしを向けているのだろうか。

教82ページ

2 **所蔵《しょぞう》** 自分のものとしてしまってあること。また、そのしまってあるもの。

3 **コレクション** 美術品や書籍などを趣味として集めること。また、その集めたもの。ここでは、美術館の所蔵品のこと。

3 **盛況《せいきょう》** 催し物などにたくさんの人が集まって、活気にあふれている様子。

4 **押《お》し寄《よ》せた** ここでは、「真珠の耳飾りの少女」を見ようとして、大勢の人々が美術館にやってきたということ。

5 **来場者《らいじょうしゃ》の目当《めあ》ては、もちろん「真珠《しんじゅ》の耳飾《みみかざ》りの少女《しょうじょ》」である** 来場者のほとんどの人の期待を集めていたことがわかる表現。

9 **同展《どうてん》に関連《かんれん》する記事《きじ》を新聞《しんぶん》に寄稿《きこう》する仕事《しごと》** 美術館の催しを広く

アピールするために、先行して鑑賞し、印象などを記事にしてまとめる仕事。

11 **それはまさしく一期一会《いちごいちえ》の**　筆者にとって誇張ではなく、一生に一度の出会いであることを表している。

「一期一会」＝一生に一度の出会いと考え、その出会いを悔いのないよう大切にすべきだということ。「茶の湯」における、どの茶会も一生に一度だという思いをこめて客に尽くすべきだという心構えによる。

教84ページ

4 **ミステリアス**　謎が多いこと。フェルメールのほかの作品と比べても特別な特徴があること。筆者はあとにも再度この作品を「特別にミステリアスな作品」（教88ページ1行）と紹介している。

5 **同作《どうさく》をモティーフにした**　フェルメールの「真珠の耳飾りの少女」を題材としているということ。

「モティーフ」＝創作の動機となった主要な思想や題材のこと。音楽の楽曲を構成する最小単位となる旋律、編み物などで模様を構成する最小単位、という意味もある。

8 **ところが、なんと、彼女《かのじょ》のほうから日本《にほん》へ来《き》てくれる**　「真珠の耳飾りの少女」の中の「少女」を現実の人であるかのように表した表現。筆者の「彼女」（＝「少女」）への思いがあふれていることがわかる。

10 **心躍《こころおど》らせるな、と言《い》われても無理《むり》な話《はなし》だ**　胸の高鳴りを抑えきれない筆者の喜びの気持ちを表している。

14 **退却《たいきゃく》**　戦いに敗れてあとへしりぞくこと。物事の成り行きが悪くなり、引き下がること。ここでは、筆者以外の人間がいったん美術館の控え室に待機することを表している。

対　**進撃《しんげき》**

15 **正真正銘《しょうしんしょうめい》**　うそ偽りのないこと。本物であること。

16 **館内《かんない》はしんと静《しず》まり返《かえ》り、空調《くうちょう》の音《おと》だけがかすかに響《ひび》いていた**　筆者が「真珠の耳飾りの少女」と向き合うことに集中している様子と緊張感が表現されている。

教85ページ

1 **漆黒《しっこく》の暗闇《くらやみ》**　「漆黒」は、うるしを塗ったように黒くてつやがあるように感じられる黒色。周囲が真っ暗である様子を表す。

「背筋《せすじ》にすうっと冷《つめ》たいものが走《はし》った」とは、どのような感情か。

1　**答**

会場には誰もいないはずなのに、一人の少女がいて、その少女が人の気配を感じて振り向いた瞬間に居合わせてしまったような、「見てはいけないものを見てしまった」（教85ページ5行）ような気がして、一種の恐怖を覚えてぞっとする感情。

5 **偶然《ぐうぜん》**　なんの因果関係もなく、予期しないことが起きること。思いがけないことが起きること。ここでは、筆者が「真珠の耳飾りの少女」の絵の中の少女が振り向いた瞬間に居合わせたことが全くたまたまのことであるということ。

対　**必然《ひつぜん》**

7 **微妙《びみょう》で複雑《ふくざつ》な表情《ひょうじょう》が広《ひろ》がっている**　「筆舌に尽くしがたい体験」（教82ページ11行）の要因の一つ。

10 **ほんの一秒前《いちびょうまえ》には、彼女《かのじょ》は私《わたし》のほうを見《み》てはいなかった**　筆者にとって絵の中の「少女」が静止画ではなく、現実に生きている人として感じられていることがわかる。

14 **一途**《いちず》　ひたすら打ち込むさま。ひたむきであるさま。

15 **切**《せつ》**なさ**　悲しさや恋しさで胸がしめつけられるようであること。やりきれない思い。

第二段落　教86ページ2行〜89ページ10行

フェルメールはオランダに生まれ、十代のときに画家を志した。経済的にあくせく売り絵を描かなくてもいい状況だったため、制作した作品数は少なく、作品には思う存分高級な画材が使われた。画題の多くは風俗画に属するものであり、日常の瞬間を写真のように切り取っている。中でも「真珠の耳飾りの少女」は、特別にミステリアスであり、ほんの一瞬の感情の揺らぎを巧みに切り取り、絵に封じ込めたように見える。「一瞬」の命のみずみずしさを感じさせるのは、潤んだ瞳、濡《ぬ》れた唇と真珠の耳飾りで、それらに白い点描をハイライトとして入れることで生々しさや情感を表現している。フェルメールはそれによって少女に永遠の命を授けたのである。

教86ページ

2 **生**《せい》**を享**《う》**けた**　生まれた。

「享ける」＝ほかから与えられる。身に授かる。

4 **師事**《しじ》　師として尊敬し、教えを受けること。

5 **経緯**《けいい》　縦糸と横糸、縦と横、南北と東西、経度と緯度、物事のいきさつなどの意味がある。ここでは、フェルメールが画家を志したいきさつのこと。

5 **詳細**《しょうさい》　細かい点まで詳しいこと。

6 **立**《た》**ち位置**《いち》　人が立って何かをするときの位置。人が置かれた立場。ここでは、十七世紀オランダの、世界やヨーロッパにおける立場のこと。

類　**立脚点**《りっきゃくてん》

7 **スペインとの八十年戦争**《はちじゅうねんせんそう》　オランダ独立戦争とも呼ばれる。一五六八年〜一六四八年にかけてスペイン領ネーデルラントがスペインに抗して争い、ネーデルラント連邦共和国を建国するに至った戦争のこと。

8 **隆盛**《りゅうせい》**を極**《きわ》**めた**　勢いが頂点に達した。

「隆盛」＝勢いが盛んなこと。その様子。

対　**衰退**《すいたい》

12 **ジャンル**　種類や領域のこと。特に文芸をはじめとする芸術作品の様式や形態上の分類をさす。

12 **多岐**《たき》**にわたった**　ここでは、絵画のジャンルが多方面に分かれていたということ。

教87ページ

1 **寡作**《かさく》　芸術家などが作品を少ししか作らないこと。

9 **所作**《しょさ》　身のこなしや立ち居振る舞いのこと。

14 **未来**《みらい》**の産物**《さんぶつ》　将来うみ出されるもの。

15 **このような視覚的効果**《しかくてきこうか》　カメラやムービーで撮影したかのように見える効果のこと。

教88ページ

3 **逸脱**《いつだつ》　本筋や一定の枠から外れること。

類 脱線《だっせん》

2 「逸脱《いつだつ》」しているのはどういう点か。

答 ほかのフェルメール作品のような「状況設定」がこの作品には一切ない点。また、作品に描かれた少女がよくある肖像画のように正面を向いてポーズをとっているのではなく、たった今誰かに呼びかけられて、うつむけていた顔を上げたとか、人の気配に気がついて、思わず振り返ったとでもいうように見える点。

4 **状況設定《じょうきょうせってい》** 「誰が何をしているところか」（教88ページ6行）というある程度の情報が示されること。

10 **気配《けはい》** 感覚的に漠然と感じられる様子。

11 **そこにいる誰《だれ》かに何《なに》かを訴《うった》えかけるような切《せつ》なさ** 「そんな一途な思い、切なさ」（教85ページ14行）と呼応した表現。

12 **揺《ゆ》らぎ** 揺らぐこと。動揺すること。

12 **凍結《とうけつ》** 凍りつくこと。凍らせること。資産や資金などの使用や移動を一時禁じること。ここでは、少女の感情の揺らぎが見えるままの状態に留め置くこと。

14 **みずみずしさ** 新鮮で生き生きしていること。つやがあって若々しいこと。

16 **点描《てんびょう》** 点で描く、または点を描くときに近い筆のタッチで描く絵画の技法。人物や物事の特徴的な部分を捉えて簡潔に描写する「スケッチ」に近い意味もある。

教89ページ

2 **彼女《かのじょ》の表情《ひょうじょう》が情感《じょうかん》にあふれて見《み》える** フェルメールの白い点描によるハイライトが功を奏していることを表している。

「情感」＝人の心に訴えるようなしみじみとした感じ。

3 **生気《せいき》** 生き生きとした感じ。活気。

3 「永遠《えいえん》の命《いのち》」とは、どういうものか。

答 今、ここにいて生きているかのようなみずみずしさ、生々しさを感じさせるもの。

6 **諸説《しょせつ》** いろいろな説や意見。

8 **恋慕《れんぼ》** 恋い慕うこと。恋い焦がれること。

第三段落 教89ページ11行〜13行

東京都美術館の一室で、「真珠の耳飾りの少女」と見つめ合った十分間、筆者はフェルメールその人であったと感じた。少女に永遠の命を与えて画布に閉じ込めようとしたフェルメールの心情に自らを重ね合わせたのである。

教89ページ

4 「その間、私《わたし》は、フェルメールであった。」とは、どういうことか。

答 絵の中の少女と見つめ合っていたとき、筆者は、愛《いと》しい少女に永遠の命を与え、画布に閉じ込めようと、切ない思いを絵筆にこめているフェルメールその人になりきっていたということ。

13 **白《しろ》を灯《とも》した** ハイライトによって「永遠の命を授けた」（教89ページ5行）ことを意味する表現。

手引き

学習の手引き

一　一行空きで区切られた最初のまとまりについて

1　「真珠の耳飾りの少女」の絵を現実の人であるかのように表した表現を抜き出し、そこにこめられた筆者の気持ちを説明してみよう。

2　「真珠の耳飾りの少女」の絵と向き合った後の記述から、筆者のこの絵に対する解釈の内容を整理してみよう。

解答例　1　・「ところが、なんと、彼女のほうから日本へ来てくれる、ということになったのである。しかも一対一で会うことになってしまった。ずっと憧れていた人と、念願かなってついに二人きりでデートすることになった……という感じである。心躍らせるな、と言われても無理な話だ。」（㈣・8〜11）

→「真珠の耳飾りの少女」と一対一で対面するにあたって、まるで憧れていた人と初めて会うときのように興奮し、心躍らせている。

・「漆黒の暗闇を背景に、ふとこちらを振り向いた――あるいは、はっと顔を上げた『少女』と目が合った」（㈥・1）

・「美術館の壁に開いた窓の中に一人ぼっちの少女がいて、ふいに人の気配を感じて振り向いた。」（同・4）

→絵の中の「少女」が振り向いた瞬間を見てしまったかのような気まずさを感じている。

2　「真珠の耳飾りの少女」の絵の中の「少女」の顔には、驚きのような悲しみのような、微妙で複雑な表情が広がっていて、潤んだ瞳とうっすら開けた唇には、哀願するような気配があり、何かを訴えているような一途な思いや切なさがある。誰かに思いをこめたまなざしを向けているように見える。

二　一行空きで区切られた二つ目のまとまりについて

1　最初のまとまりと比較して、このまとまりにおける記述方法の特徴を指摘してみよう。

2　「真珠の耳飾りの少女」の絵の特徴として、最初のまとまりとは異なる記述内容を整理してみよう。

考え方　2　最初のまとまりと共通する記述内容としては、少女の顔や表情、姿勢の描写と、表情の理由や状況の不明さについての言及などがあげられる。これらを除いて考えよう。また、二つ目のまとまりでは、フェルメールの作品の背景や技法などが説明されていることから、どのような特徴を取り上げているかを考えるとよい。

解答例　1　最初のまとまりでは、筆者は「真珠の耳飾りの少女」と一対一で対面することになった経緯について説明したあと、「少女」と対面したときに実際に感じた印象に沿って具体的に記述している。二つ目のまとまりでは、フェルメールという画家について、経歴やほかの作品について事実に基づいた紹介をし、「真珠の耳飾りの少女」についても、構図や技法などについての説明を交えて、自分の最初の印象を分析的に記述している。

2　最初のまとまりとは異なる記述内容として、「真珠の耳飾り」(八八・15)についてと、それを含めて「瞳」や「唇」にも入れている「ハイライト」についての言及がある。筆者は二つ目のまとまりで、フェルメールが「少女の瞳や唇や耳飾りに白い点描をハイライトとして入れること」(同・15)で、「少女」の顔や表情に「今、ここにいて生きているかのような」(八九・1)生々しさや情感を与えることに成功していると述べている。

三　「少女の気持ちに寄り添っている」(八九・9)筆者と、「その間、私は、フェルメールであった。」(八九・12)と述べる筆者の、両方の気持ちを想像して発表してみよう。

解答例　「少女の気持ちに寄り添っている」では、少女はいったい誰なのかと実在の少女を想像するうちに、少女の「切ない思い」(八九・7)の内容にまで具体的に思いめぐらせている。「その間、私は、フェルメールであった。」では、少女に永遠の命を与えて画布に閉じ込めようとしたフェルメールの「切ない思い」(同・13)に自らの心情を重ね合わせている。

言葉の手引き

一　次のかたかなを漢字に改めよう。

1　後方へタイキャクする。
2　シッキの取り扱いに注意する。
3　著名な画家にシジする。

解答　1　退却　2　漆器　3　師事

二　次の慣用表現の意味を調べ、それぞれを使った短文を作ろう。

1　黒山の人だかり(八二・5)
2　筆舌に尽くしがたい(八二・11)
3　あくせく(八六・15)

解答例　1　意味…大勢の人が群がり集まっている様子。
短文…公園の大道芸人の前には黒山の人だかりができていた。
2　意味…文章や言葉ではとても言い表すことができない様子。
短文…決勝で敗れた悔しさは筆舌に尽くしがたい。
3　意味…目先のことにとらわれて気持ちが落ち着かない様子。休む間もなく動き回る様子。
短文…小さなことにあくせくしてもしかたがない。

三　「真珠の耳飾りの少女」の絵を、「フェルメール作品の中でも最もミステリアスな一作」(八四・4)、「特別にミステリアスな作品」(八八・1)と二度繰り返して紹介することは、読み手に対してどのような効果を与えているか、説明してみよう。

解答例　一度目に紹介したときは、「真珠の耳飾りの少女」の絵を筆者の「長いこと気になっていた作品」(八四・5)として取り上げ、実際に対面する場面へと続けている。二度目に紹介したときは、フェルメールや当時の時代背景について説明したあと、この絵を改めて取り上げ、構図や技法をもとにした絵の謎の解明へと続けている。一度目ではどのような作品かに注目して読ませ、二度目ではさらにその詳しい説明に注目して読ませるというように、読み手の期待を高め、文章に引き込む効果がある。

言語活動 読み比べ フェルメールの技を読む

朽木《くちき》ゆり子
福岡《ふくおか》伸一《しんいち》

教科書P.91～94

語句の解説

教91ページ

上1**遠近法**《えんきんほう》　奥行きや遠近など、立体を平面上に表現する絵画技法。

上3**デルフト焼**《や》**きタイル**　オランダ西のデルフトを中心に製造された陶器製のタイルで、屋内の装飾や清潔さを保つために使われた。

上4**カメラ・オブスクーラ**　暗い部屋で壁に小さな穴を空け、太陽の光を通すと、反対側の壁に外の風景が逆さまに映る仕組みを、箱とレンズを使って実現した装置。絵の下描きに使われた。

上8**意図的**《いとてき》**な演出**《えんしゅつ》**が見受**《みう》**けられます**　フェルメールがカメラ・オブスクーラを全面的に利用して描いていたとは言えないということ。

上13**偉大**《いだい》**なアマチュア科学者**《かがくしゃ》　レーウェンフックは元は織物商人であり、専門的な教育を受けていたわけではないことをさしている。

上15**探究**《たんきゅう》**心旺盛**《しんおうせい》**な人物**《じんぶつ》　フェルメールが写実的手法と緻密な空間構成、光による巧みな質感表現などを特徴としていることを表す。

上17**必須**《ひっす》　どうしても必要であること。欠かせないこと。

類　不可欠《ふかけつ》

下4**シンプルに説明**《せつめい》**すると**　簡潔に説明すると。

下8**輪郭**《りんかく》　ここでは、物の外形を形作っている線のこと。

下9**ニュアンス**　ここでは、色彩の微妙な差異のこと。

下13**驚愕**《きょうがく》　とても驚くこと。

類　仰天《ぎょうてん》・驚嘆《きょうたん》

下14**斬新**《ざんしん》　今までにないくらいに新しいさま。

教92ページ

上14**マリア様**《さま》**でも紙**《かみ》**で貼**《は》**ったみたいな感**《かん》**じ**　直前の「フラットなぺったんこの肖像」を言い換えた表現。

上17**通**《とお》**り過**《す》**ぎた光**《ひかり》**がその暗**《くら》**い部分**《ぶぶん》**をもう一度**《いちど》**照**《て》**らしている**　光のグラデーションの繊細さを具体的に表現している。

下4**「近**《ちか》**いモナリザと遠**《とお》**い背景**《はいけい》**」**　「モナリザ」の遠近の程度が大ざっぱなものであることを示した表現。

下6**ダ・ヴィンチからフェルメールまで百年**《ひゃくねん》**ぐらいあります**　遠近法の連続性が十分に表現されるまでにかかった時間を表している。

下14**一種**《いっしゅ》**の偶像崇拝**《ぐうぞうすうはい》　フェルメールが機械に頼ることをするはずがないと考えることは、フェルメールを盲信することだということを表現したもの。

「偶像崇拝」＝実質の伴わない対象物を信じて尊重すること。

下20**職能化**《しょくのうか》　その職業が社会や組織の中で一定の役割を担うようになること。

教93ページ

上9**精巧**《せいこう》　仕組みが細かくよくできているさま。

類　精妙《せいみょう》・巧緻《こうち》

上13**余地**《よち》　ここでは、何かをすることのできる部分のこと。

上19**ハーフミラー**　入射する光の一部を反射し、一部を透過する鏡。

下7**福岡《ふくおか》さんの推測《すいそく》**　「かなり光学的ないろいろな当時の最先端のテクノロジーを駆使して、……方法を編み出そうとしていたのではないか」(教92ページ下10〜13行)とある部分をさす。

下15**消失点《しょうしつてん》**　ある視点から見て、遠くのものを小さく、近くのものを大きく描く透視図法(遠近法)において、それぞれのものの線を延ばしていくと、線どうしが交わる点。この点に収束するように各線を描くと遠近が表現できる。

活動の手引き

一　『フェルメールの技を読む』における、対談形式であることの特徴や効果について、本文の具体的な箇所を指摘しながら説明してみよう。

解答例　まず、読者もその場に参加している感覚になり、臨場感を味わうことによって、より興味を持てるということがあげられる。また、個人による論の展開よりも、多面的な視点が取り入れられやすいということがあげられる。朽木さんから福岡さんへ説明を求める形を軸に展開しているが、朽木さんは、「映画『真珠の耳飾りの少女』」(九一・下12)に話題を転じて視点を変えたり、「その当時に?」(九三・上5)と、福岡さんの発言を引き取って、さらに強調する役割を果たしたり、「ただ、フェルメールの遺品リストにカメラ・オブスクーラは、残念ながら入っていませんでした。」(九三・下2)と福岡さんの発言内容を補足説明したりしている。

二　対談での福岡伸一の、フェルメールやフェルメール作品への向き合い方には、どのような特徴があるか。本文の具体的な

下21**ファンタジー**　空想。幻想。幻想曲。幻想的テーマの文学作品。ここでは、フェルメールを「天才」として空想的に捉えること。

教94ページ

上1**ディテール**　全体の中の細かい部分。細部。

上3**軌跡《きせき》**　車輪の通った跡。先人の行いの跡。ここでは、フェルメールがたどってきた跡のこと。

上9**大《おお》いなるオタク**　モンティアスとステッドマンが美術に関して専門家ではないが精通していることを、親しみやすく表現している。

箇所を指摘しながら説明してみよう。

解答例　福岡伸一は最初の発言で「カメラ・オブスクーラ」の仕組みを説明し、フェルメール作品の「奥行きの深さ」(九一・下10)に通じる美しさを生み出すものであることを指摘している。そして、二度目の発言では、目で見たように「奥行き感」(九二・上3)を出し、「立体感」(同・上15)を出すには、「光のグラデーション」(同・上20)を絵の中に再現することが必要であるが、フェルメールは「かなり光学的ないろいろな当時の最先端のテクノロジーを駆使して、何とかリアルに見えるためにはどうしたらいいかと工夫して、方法を編み出そうとしていたのではないか」(同・下10)と述べている。また、三度目の発言では、当時の「カメラ・オブスクーラ」には現代の一眼レフカメラに近いものがすでにあり、フェルメールはそれを「改良しながら使って描いていた」(九三・上21)のではないかと述べている。このように福岡伸一は科学者らしいものの見方で当時の技術に着目し、フェルメール作品についても技術的な観点から捉え、フェルメールは「クラフトマンシップがあって、ディテールにこだわった科学者、実験者」（五四・上1）だとしている。

三　右でまとめた福岡伸一の向き合い方と、原田マハの向き合い方とを比較して、両者にどのような違いがあるか、説明してみよう。

解答例　福岡伸一はフェルメールやその作品の技術的な側面に着目し、客観的に分析しようとしているが、原田マハは全身で「真珠の耳飾りの少女」と向き合いながら、直観的にフェルメールやその作品に迫ろうとしている。また、原田マハは、「真珠の耳飾りの少女」のみずみずしさが、「白い点描」（八八・16）の「ハイライト」（同・16）によるものであるという絵画技法にも着目している。

四　『真珠の耳飾りの少女』と『フェルメールの技を読む』の二つの文章から得られた、フェルメールとフェルメール作品に関する情報をまとめてみよう。

考え方　『真珠の耳飾りの少女』では、フェルメールがオランダ生まれで十代のときに画家を志したこと、経済的にあくせく売り絵を描かなくてもよい状況だったため制作した作品数は少なく、高級な画材も使っていたこと、画題の多くは風俗画に属するものであり、日常の瞬間を写真のように切り取っていることなどがあげられている。また、「真珠の耳飾りの少女」には「状況設定」（八八・4）がないこと、「全身像ではなくバストショットである」（八八・7）こと、「白い点描をハイライトとして入れ」（八八・16）ていることなどがあげられている。

『フェルメールの技を読む』では、フェルメールが「遠近法を学んでいたこと」（九一・上1）や「カメラ・オブスクーラという機械を知っていたこと」（同・上12）、作品に奥行き感や立体感を出し、リアルに見えるようにするため、「光学的ないろいろな当時の最先端のテクノロジーを駆使して」（九二・下11）いたのではないかということなどがあげられている。作品には「奥行きの深さ」（九一・下10）があり、「遠近法における消失点」（九三・下15）と見られるピンの穴が残っていることなどがあげられている。

五　『フェルメールの技を読む』の中で言及されている次の三人の人物について調べ、フェルメールとフェルメール作品にどのような関わりがあるのか、わかったことを報告しよう。

1　レーウェンフック　2　ステッドマン　3　モンティアス

解答例　1　オランダの商人・科学者。単眼式顕微鏡を自作し、世界で初めて原生生物やバクテリアなどを観察・記録した。レーウェンフックが顕微鏡用に作成したレンズは、カメラ・オブスクーラ用のレンズとして使えたのではないかと想像される。また、フェルメールの「天文学者」や「地理学者」という作品のモデルはレーウェンフックではないかという説がある。

2　イギリスの建築学者。フェルメールの絵に描かれたものから実際の部屋の三次元的再現を試みて、その正確さからフェルメールがカメラ・オブスクーラを使って絵を描いていたことを主張した。

3　アメリカの経済史学者。フェルメール関連の古文書を調査するうち、財産目録、遺言書、訴訟や金銭貸借など、フェルメールの家族や周辺人物に関わる重要史料を発見した。また、フェルメールのパトロンであったと思われる人物の存在も突き止めた。モンティアスの調査と社会経済史的アプローチにより、フェルメール研究は進展した。

近代の小説㈡

こころ

夏目《なつめ》漱石《そうせき》

教科書P.96〜122

●学習のねらい

物語の展開と出来事を整理しながら、「私」と「K」それぞれの心情をつかむ。

●主　題

下宿先の「お嬢さん」への恋心を自覚していた「私」は、ある日友人の「K」から「お嬢さん」への恋を打ち明けられた。「私」は自分の行為を卑怯《ひきょう》と認めつつ、「K」の信条につけ込んで「K」の恋を妨げ、先んじて「お嬢さん」との結婚を決めた。「私」と「お嬢さん」の結婚を知った数日後、「K」は自殺した。机の上には「私」宛の手紙があったが、「私」が恐れたようなことは書かれていなかった。「私」はわざと人目につくように手紙を置いた。そして振り返って、襖《ふすま》にほとばしる血潮を初めて見た。

一人の女性をめぐって起こった「私」の友人との葛藤を通して、人間は他者との関係の中で生きていて、それによって「心」と裏腹な行動を取ったり、「心」の及びもしないことをしてしまったりするという、人間存在やその「心」の不可思議さを見つめた作品である。

●段　落

本文は空白行によって、十二の段落に分けられる。さらに、「起承転結」の四つにも分けられる。それぞれの段落の場面展開にも注意して読もう。

〈起〉一 教 P98・上1〜P98・上8 「K」のいつもに似合わない話
二 教 P98・上10〜P100・上8 「K」の告白
三 教 P100・上9〜P102・上15 「私」の動揺
〈承〉四 教 P102・上17〜P104・上16 「K」の迷い
五 教 P104・上18〜P106・上15 「私」の利己心
六 教 P106・上17〜P108・上15 「K」への追い打ち
七 教 P108・上17〜P110・上16 「私」の安心と疑惑
〈転〉八 教 P110・上18〜P112・上12 「私」の決断
九 教 P112・上14〜P114・上5 「私」の結婚の約束
十 教 P114・上7〜P116・上11 「私」の良心の復活
十一 教 P116・上13〜P118・上8 「私」の「K」に対する苦しみ
〈結〉十二 教 P118・上10〜P120・下8 「K」の死

段落ごとの大意と語句の解説

第一段落　教98ページ上1行〜上8行

「K」はいつもに似合わず、「奥さん」と「お嬢さん」を話題にし、二人がどこへ、なぜ出かけたのかを「私」にしつこく尋ねる。

教98ページ

上3 **おおかた**　おそらく。

上5 **細君**《さいくん》　ここでは、他人の妻のこと。

第二段落　教98ページ上10行〜100ページ上8行

「K」は重い口を開いて「私」に「お嬢さん」への恋を打ち明けた。「私」は衝撃を受けて身体《からだ》が固まったように感じた。一瞬の後に人間らしい気分が戻ってきたとき、先を越されたと思った。「私」は「K」の告白を聞きながら「K」の強さに恐怖さえ感じ、何も言えなかった。

教98ページ

下1 **注視**《ちゅうし》　気をつけてじっと見つめること。

下1 **元来**《がんらい》　もともと。

下1 **平生**《へいぜい》　ふだん。

下5 **声**《こえ》**が口**《くち》**を破**《やぶ》**って出**《で》**る**　声に力がこもっている様子。

下10 **予覚**《よかく》　予感。前もって暗示的に感じること。

下12 **想像**《そうぞう》**してみてください**　手紙の読み手である「青年」（教96ページ1行）に語りかけている言葉。

1　「魔法棒《まほうぼう》のために一度《いちど》に化石《かせき》された」という表現は、どのような効果をあげているか。

答　強い衝撃で「私」の身体がこわばり、動かなくなったことを、具体的なイメージによって想像させ、強調する効果。

教99ページ

上1 **弾力性**《だんりょくせい》　ここでは、呼吸をするのに必要な身体の伸縮性をさす。

上4 **先**《さき》**を越**《こ》**された**　「お嬢さん」への恋を、「K」に先に打ち明けられてしまったことを表す。

上6 **分別**《ふんべつ》　ここでは、考え、の意。

上10 **重**《おも》**い口**《くち》**を切**《き》**って**　決心して口を開いた様子を表す。

「口を切る」＝ここでは、言い始める、の意。ほかに、最初に発言する、ふたや封を開ける、などの意味がある。

上12 **大**《おお》**きな広告**《こうこく》**のように**　心の中の苦しさがはっきりと顔に表れているかのように。「広告」は、「私」の顔の様子をたとえた表現。

下2 **自白**《じはく》　自分から打ち明けること。

下3 **容易**《ようい》**なことでは動**《うご》**かせない**　「K」の気持ちが固い様子。

下8 **彼**《かれ》**の口**《くち》**に出**《だ》**す言葉**《ことば》**の調子**《ちょうし》**だけは強**《つよ》**く胸**《むね》**に響**《ひび》**きました**　言葉の調子から「K」の思いの強さは伝わったということ。

「胸に響く」＝強く心に感じる、痛切に感じる、の意。

2　「相手《あいて》は自分《じぶん》より強《つよ》いのだ……始《はじ》めたのです。」とは、どのような気持ちか。

答　「K」に対して日ごろから劣等感を抱いていることに加え、「K」の言葉の調子から動かしがたいものを感じて圧倒され、自分の力ではどうにもできない恐ろしさを覚える気持ち。

下11**きざし始《はじ》めた**　生まれ始めた。「きざす」は、心の中に考えや気持ちが生じる、という意味。

下14**同《おな》じ意味《いみ》の自白《じはく》**　自分の「お嬢さん」への恋を「K」に打ち明けること。

教100ページ

上1**得策《とくさく》**　利益のあるはかりごと。うまいやり方。

上6**口《くち》をききませんでした**　話しませんでした。「口をきく」＝話す。ものを言う。ほかに、間を取り持つという意味もある。

第三段落　教100ページ上9行〜102ページ上15行

「私」は自分の心を「K」に打ち明けるべきだと思ったが、もう遅い気もした。「K」が襖を開けて来てくれればいいと思うが、襖が開くことはなく、自分から襖を開けることもできなかった。「私」はいたたまれず外へ出て、正月の町をむやみに歩き回った。「私」には「K」が一種の魔物のように思えた。

教100ページ

上15**手《て》ぬかり**　不注意からくる失策。

下14**切《き》り出《だ》す**　ここでは、話や相談事を言い出す、の意。

下15**思案《しあん》**　思いめぐらすこと。

下15**この不自然《ふしぜん》に打《う》ち勝《か》つ方法《ほうほう》を知《し》らなかった**　話が一段落ついたあとで、同じ話を持ち出すのは不自然で、もうどうしようもないということ。周囲の状況や流れを気にし、物事の時機を重んじる「私」の性質を表している。

下16**悔恨《かいこん》**　後悔して残念に思うこと。

教101ページ

上1**突進《とっしん》**　脇目もふらず突き進むこと。前に「再び」とあり、恋を打ち明けたときの「K」の様子を意識した表現。

上3**不意打《ふいう》ち**　思いもしないときに起こること。

上4**午前《ごぜん》に失《うしな》ったもの**　「お嬢さん」への恋を打ち明ける機会のこと。

上5**下心《したごころ》**　前もってのたくらみ。心の中に隠し持つ考え。

上7**永久《えいきゅう》に静《しず》か**　「K」の沈黙を強調すると同時に、それに圧倒されている「私」の様子も暗示している。

上12**不断《ふだん》**　ここでは、平生、平常、の意。

上12**仕切《しき》り一枚《いちまい》を間《あいだ》に置《お》いて**　「仕切り」は、ここでは、「私」と「K」の部屋を隔てる「襖」のこと。本文中ではさまざまな場面で、襖が二人の関係を暗示する象徴的な道具として用いられている。

上15**そのときの私《わたし》はよほど調子《ちょうし》が狂《くる》っていた**　静かであればいつもは存在を忘れるのに、このときは静かさに心をかき乱され、「K」のことが気になってしかたがないのである。

下7**回避《かいひ》する**　物事を恐れて避ける。

下7**こんなふうに自分《じぶん》を往来《おうらい》の真《ま》ん中《なか》に見《み》いだした**　気づくと往来の真ん中にいた。行動が無意識だったことをうかがわせる表現。

下13**Kを振《ふ》るい落《お》とす気《き》で**　「K」を頭の中から消し去ろうとして。

下14**咀嚼《そしゃく》**　よく考え味わうこと。「K」のことをあれこれ考えていることを表す。元々は、食物をよくかみくだくこと。

下16**解《げ》しがたい男《おとこ》**　理解しにくい男。

教102ページ

上5**彼《かれ》についてきかなければならない多《おお》くを持《も》っている**　「K」を理解しようとする気持ちがあることを示す。

上7 変《へん》に気味《きみ》が悪《わる》かった　あとの「一種の魔物のように思えた」(教102ページ上11行)も同じ。理性で理解できないものを、感覚的に異様なものと感じて恐れ、遠ざける気持ちを表す。

上8 容貌《ようぼう》　顔つき。

上10 彼《かれ》を動《うご》かすことはとうていできない　「K」の存在についての表現。「K」に圧倒されている。

上12 私《わたし》は永久《えいきゅう》彼《かれ》に祟《たた》られたのではなかろうか　「K」から逃れられないと思う気持ちを表し、「私」の今後の運命を予感させる。

上14 依然《いぜん》　もとのままであること。

第四段落　教102ページ上17行〜104ページ上16行

「私」が学校の図書館にいると、「K」に声をかけられ、二人で上野の公園へ行った。「K」は「私」に、恋に陥った自分をどう見るかと尋ね、進むか退くかに迷うのだと言った。「私」が、退こうと思えば退けるのかときくと、「K」は言葉に詰まり、苦しいと言った。相手が「お嬢さん」でなければ「私」は「K」に同情して優しい言葉をかけただろうが、そのときの「私」は違っていた。

教102ページ

上18 窓《まど》から差《さ》す光線《こうせん》　明るい日中であることを示す表現。

下6 一心《いっしん》に　心を一つに集中して。

下11 ご承知《しょうち》のとおり　手紙の読み手である「青年」に語りかけている言葉。

下13 所作《しょさ》　振る舞い。ここでは「K」の顔を近づける動作をさす。

下14 一種変《いっしゅへん》な心持《こころも》ち　不安な心情。あとの「談判でもしに来られたように思われてしかたがない」(教103ページ上5行)につながる表現。

教103ページ

上3 気《き》が散《ち》って　気が散漫になって。

「気が散る」＝気持ちが集中できない。

上4 Kの胸《むね》に一物《いちもつ》があって　「K」の心に何かたくらみがあって。

「胸に一物」＝心中にたくらみを秘めていること。

上5 談判《だんぱん》　ある事柄についてどうするか議論すること。

上6 やむを得《え》ず　しかたがなく。

「やむを得ない」＝納得できないが、しかたがない。

上11 例《れい》の事件《じけん》　「K」が「お嬢さん」に恋したこと。

上12 向《む》こうから口《くち》を切《き》りました　「K」から話し始めました。

下1 実際的《じっさいてき》の方面《ほうめん》　「お嬢さん」に対して具体的にはたらきかけること。

下2 漠然《ばくぜん》　ぼんやりしてはっきりしないさま。

下3 恋愛《れんあい》の淵《ふち》　「淵」は比喩的に、たやすく抜けられない苦しい境遇のこと。恋に陥って抜け出せない事態をたとえた表現である。

3 **「彼《かれ》の平生《へいぜい》と異《こと》なる点《てん》」とは、どのような点か。**

答　「K」はいつもは人の考えを気にしない強い意志を持っているが、今は「私」に自分についての見解や批判を求めている点。

下8 天性《てんせい》　生まれつきの性質。

下8 人《ひと》の思《おも》わくをはばかる　他人の意見に気がねする。

下11 その特色《とくしょく》　「こうと信じたら一人でどんどん進んでゆく」(教103ページ下9行)という、「K」の度胸や勇気のある性格。

教104ページ

上1 悄然《しょうぜん》　しょんぼりしているさま。

上4**公平《こうへい》な批評《ひひょう》**　偏りのない、客観的な意見。

上5**私《わたし》はすかさず迷《まよ》うという意味《いみ》を聞《き》きただしました**　「K」が「迷っている」（教104ページ上3行）と言ったのを、「私」は抜け目なく聞き止めて、その意味を問うたのである。

上6**進《すす》んでいいか退《しりぞ》いていいか**　「お嬢さん」との恋を成就させようと動く方向に向かって進むべきか退くべきか。

上7**一歩先《いっぽさき》へ出《で》ました**　「K」の迷いを知って「私」は強気になり、「退」くという点を突いて「K」に攻勢をかけたのである。

上9**そこで不意《ふい》に行《ゆ》き詰《づ》まりました**　「退こうと思えば退けるのか」（教104ページ上8行）という「私」の問いに、「K」が答えることができない様子。

上13**渇《かわ》ききった**　答えを求めて苦しんでいる「K」の顔の形容。

上13**慈雨《じう》のごとく**　「慈雨」は日照りのときに降る雨。「K」の安らぎや慰めとなるような言葉をたとえた表現。

上16**そのときの私《わたし》は違《ちが》っていました**　「K」に同情するどころか、「K」を打ち負かすような態度に出たのである。

第五段落　教104ページ上18行〜106ページ上15行

「私」は「K」を観察し、理想と現実の間に彷徨《ほうこう》しているのを発見すると、策略から彼の虚につけ込み、「精神的に向上心のない者はばかだ。」と言い放った。それは二人で房州旅行をしたとき「K」が「私」に言った言葉であり、それを「K」に投げ返すことで「私」は「K」の恋の行く手を塞ごうとしたのである。単なる利己心の発現であったが、同じ言葉を繰り返すと、やがて「K」は「僕はばかだ。」と言って立ち止まった。

教104ページ

上18**他流試合《たりゅうじあい》**　武術などで他の流派の人と対戦する試合。

下2**五分《ごぶ》の隙間《すきま》もないように**　意識を集中しているさま。

下3**穴《あな》だらけ**　ここでは、無用心で油断しているさま。

4　**「彼《かれ》の保管《ほかん》している……眺《なが》める」とは、どのような意味か。**

答　「K」の置かれている状況を、弱点も含めてすべて見渡すことができる、という意味。

下8**理想《りそう》と現実《げんじつ》の間《あいだ》に彷徨《ほうこう》してふらふらしている**　ここでは、「理想」は道を求める生き方を貫くこと、「現実」は恋に陥ったこと。「K」は今、この二つの間で悩み、苦しんでいるのである。

下9**ただ一打《ひとう》ちで……という点《てん》にばかり目《め》をつけました**　「一打ち」は武術のイメージによる表現。「精神的に向上心のない者はばかだ。」（教104ページ下15行）という言葉を「K」に投げ返すことで、「K」に致命傷を与えられることに気づいたのである。「目をつける」＝とくに興味を向ける。目星をつける。

下11**虚《きょ》につけ込《こ》んだ**　相手の油断に乗じて攻めた。「虚」は、「穴だらけ」や「無用心」と同じ。「…につけ込む」＝…につけ入る。

下11**厳粛《げんしゅく》な改《あらた》まった態度《たいど》**　おごそかで姿勢を正した態度。

下12**策略《さくりゃく》**　はかりごと。計略。

下14**滑稽《こっけい》だの羞恥《しゅうち》だのを感《かん》ずる**　友人の恋を妨げるために策をめぐらせ、「厳粛な改まった態度」（教104ページ下11行）を示したり、訓戒めいた言葉を言ったりすることは、平常時であれば滑稽に感じられ、恥ずかしく思うような行為であるということ。
下15**向上心《こうじょうしん》**　理想を実現しようと上を目ざして努力する心。

教105ページ

上1**復讐《ふくしゅう》**　房州旅行で批判されたことへの仕返し。
上1**復讐《ふくしゅう》以上《いじょう》に残酷《ざんこく》な意味《いみ》を持《も》っていた**　恋の行く手を塞ぐことは、「K」にとっては仕返しよりもむごい仕打ちだった。
上2**自白《じはく》します**　手紙の読み手である「青年」に語りかけている言葉。
上3**恋《こい》の行《ゆ》く手《て》を塞《ふさ》ごうとした**　「K」に恋を断念させようとした。
上6**生家《せいか》の宗旨《しゅうし》**　ここでは、生まれた寺の宗派の教義のこと。
上10**精進《しょうじん》**　身を清め、心を慎むこと。
上11**禁欲《きんよく》**　欲望を禁じ、抑えること。
上12**それよりもまだ厳重《げんじゅう》な意味《いみ》が含《ふく》まれている**　「精進」の中には「禁欲」だけでなく、「欲を離れた恋そのもの」(教105ページ下2行)、つまり恋の感情自体の否定も含まれているのである。
下5**いきおい**　その結果として当然。必然的に。
下7**侮蔑《ぶべつ》**　あなどってさげすむこと。
下9**こういう過去《かこ》**　「K」は道のために生きることを信条とし、「私」がそれに反対すると、軽蔑するような顔をした、という出来事をさす。
下12**せっかく積《つ》み上《あ》げた過去《かこ》**　禁欲的な生き方をしてきたこと。
下13**かえってそれを……積《つ》み重《かさ》ねてゆかせようとした**　「K」に恋を断念させ、これまでと同じ道を歩ませようとした。

教106ページ

上2**Kが急《きゅう》に生活《せいかつ》の方向《ほうこう》を転換《てんかん》して**　「K」がそれまでの禁欲的な生活を捨てて、恋のほうに進もうとして。

上2**私《わたし》の利害《りがい》**　「私」も「お嬢さん」に恋をし、成就を願っていることをさしている。
上4**利己心《りこしん》の発現《はつげん》**　自分の利益だけを考える気持ちの表れ。こうした利己主義(エゴイズム)は、「私」の内面に元来あったものではなく、「K」の行動が自分の「利害と衝突するのを恐れた」(教106ページ上2行)ために生じたものとも読み取れる。
上7**Kの上《うえ》にどう影響《えいきょう》するか**　優位に立って「K」を観察している様子。

5　**「僕《ぼく》はばかだ。」と言ったのは、どのような気持ちからか。**

答　「私」の言葉を受けて、道の妨げとなる恋に陥った自分のおろかさを再認識し、自分自身を見失う気持ち。

上11**刹那《せつな》**　きわめて短い間。瞬間。
上11**居直《いなお》り強盗《ごうとう》**　盗みに入った者が家人に発見され、急に強盗になること。開き直って前より態度が強くなる様子をたとえたもの。

第六段落　教106ページ上17行〜108ページ上15行
さらに「K」を攻撃しようとしていた「私」は、もうその話はやめてくれと言う「K」に対して、残酷にも、やめるには君にその覚悟がいると言い、日ごろの主張との違いを責めた。すると「K」は「覚悟?」とときき返し、「覚悟ならないこともない。」とつぶやいた。

教106ページ

上18**腹《はら》の中《なか》**　心の中。
上18**待《ま》ち伏《ぶ》せ**　たくらみをもって「K」が何か言うのを待つことをさす。
下2**だまし打《う》ち**　だまして不意にひどい仕打ちをすること。

下3 **私《わたし》にも教育《きょういく》相当《そうとう》の　良心《りょうしん》はありますから、……我《われ》にたち返《かえ》ったかもしれません**　「良心」があるにもかかわらず、卑怯な行動をしようとした自分を抑えられなかったということ。
「良心」＝善を勧め悪を退ける個人の道徳意識。
「卑怯」＝心だての卑しいこと。卑劣なこと。
下7 **赤面《せきめん》**　恥ずかしくて顔を赤らめること。
下9 **目《め》のくらんだ私《わたし》**　「K」を打ち負かすことに心を奪われている「私」。
「目がくらむ」＝心を奪われて見さかいがなくなる。
下10 **そこに敬意《けいい》を払《はら》うことを忘《わす》れて、……打《う》ち倒《たお》そうとしたのです**　「K」の正直で善良な人柄を尊重せず、逆にそれを利用して彼を打ち負かそうとした。自分の卑劣さと「K」の善良さを対比した表現。
下18 **狼《おおかみ》のごとき心《こころ》を罪《つみ》のない羊《ひつじ》に向《む》けた**　自分の残忍な態度を「狼」にたとえ、善良な「K」を「羊」にたとえている。

教107ページ
上3 **変《へん》に悲痛《ひつう》なところ**　「K」の目や言葉に表れた悲しく痛ましい感じが、「私」には異様に感じられるのである。
上6 **そのとき**　「K」が「やめてくれ。」と言ったとき。
上6 **狼《おおかみ》がすきをみて羊《ひつじ》の咽喉笛《のどぶえ》へ食《く》らいつくように**　「私」が残酷なことを言って「K」に致命傷を与えたことをたとえた表現。
上11 **それ**　「お嬢さん」への恋。
上12 **平生《へいぜい》の主張《しゅちょう》**　道のためにはすべてを犠牲にすべきだという主張。
上14 **萎縮《いしゅく》**　萎えしなびて縮こまること。「K」に対する勝利感から「K」を自分より小さく貧弱なものに感じた表現。そのように感じて「私」は「ようやく安心」（教107ページ下4行）したのである。
下5 **卒然《そつぜん》**　出し抜けなさま。突然。
下6 **「覚悟《かくご》、――覚悟《かくご》ならないこともない。」**　話の流れから「お嬢さん」への恋を断念する覚悟のように見えるが、「K」の遺書には「もっと早く死ぬべきだのに」（教120ページ下2行）ともあり、このとき「K」自身がどのように考えていたかは明示されていない。
下12 **霜《しも》に打《う》たれて蒼《あお》みを失《うしな》った……寒《さむ》さが背中《せなか》へかじりついたような心持《こころも》ちがしました**　「私」の目に映った冬の夕暮れの寂しい情景。「私」と「K」の暗い未来を予感させる。「寒さが背中へかじりついた」は、「私」の感覚で捉えた表現で、「かじりついた」は擬人法的な表現。

第七段落　教108ページ上17行〜110ページ上16行
上野から帰った日の晩、「私」は得意な気持ちで穏やかな眠りに落ちたが、名を呼ぶ声で目を覚ますと、襖が開いていて、そこに「K」が黒い影法師のように立っていた。「K」は「私」にもう寝たのかときいて襖を閉じた。翌日理由を追究してみたが、恋の話ではないと言う。それを聞いて「私」は、前日「K」が言った「覚悟」という言葉が気になり始めた。

教108ページ
上17 **覚醒《かくせい》**　迷いからさめること。
上18 **古《ふる》い自分《じぶん》**　ここでは、「K」の信条に従って生きる生き方をさす。
下1 **一意《いちい》に**　一つのことだけに集中して。一心に。
下3 **尊《とうと》い過去《かこ》**　信条に従って生きてきた「K」のこれまでの人生。
下6 **猛進《もうしん》**　勢い激しく進むこと。

下7熾烈《しれつ》　勢いが盛んで激しいさま。

下8前後《ぜんご》を忘《わす》れるほどの衝動《しょうどう》　物事がわからなくなるほど激しく突き動かされること。「衝動」は突き動かされるような心の動き。

下11過去《かこ》がさし示《しめ》す道《みち》　「K」のこれまでの禁欲的な生き方。

下13強情《ごうじょう》と我慢《がまん》　意地が強く忍耐強いことを表している。

下14この双方《そうほう》の点《てん》　「K」には「尊い過去」があるために、むやみには動けず、過去に沿った道を歩き続けなければならない点と、自分の意志を貫こうとする「強情と我慢」がある点。

6　「比較的安静《ひかくてきあんせい》」であったのはなぜか。

答　「K」のこれまでの生き方と強情な性格、そして「K」の発した「覚悟」という言葉から見て、「K」は「お嬢さん」への恋を断念するだろうと考えたから。

下18とりとめもない　たわいのない。

教109ページ

上1わざと彼《かれ》にしむけました　「K」に勝った気分で得意になっている。

上4火鉢《ひばち》に手《て》をかざした　暖をとるために火鉢に手をさしかけた。

上6そのとき　上野から帰った晩をさす。

上6恐《おそ》るるに足《た》りない　恐れる必要はない。

上9間《あいだ》の襖《ふすま》　「私」と「K」の部屋を仕切る襖。

上10黒《くろ》い影《かげ》　あとの「黒い影法師」（教109ページ上16行）とともに、明かりを背にして「K」の姿が黒く見えるさま。不吉な印象を与え、後の自殺の伏線となっている。

下6彼《かれ》の声《こえ》は不断《ふだん》よりもかえって落《お》ち着《つ》いていた　顔が陰になって見えないだけに、声の印象が鮮明なのである。落ち着いているのは心が決まっているからであろう。

下10私《わたし》はそれぎり何《なに》も知《し》りません　「私」が熟睡したことを示す。

下12ことによると　ひょっとすると。もしかすると。

下15そんなこと　夜に「K」が襖を開けて「私」の名を呼んだこと。

教110ページ

上2私《わたし》はなんだか変《へん》に感《かん》じました　「K」の様子から奇妙な印象を受けた。ここでの「変に」や、「変に・変な」（教102ページ上7行）（教同ページ下14行）（教113ページ上18行）という表現が、重要な場面で「私」が感覚的に感じる違和感や不安を表している。

上8あの事件《じけん》について……と念《ねん》を押《お》してみました　「私」は「K」が「お嬢さん」への恋のことで話があったのかと思い、確かめたのである。「念を押す」＝確かめる。

上12そういう点《てん》　言ったことは実行するという点。「その話はもうやめよう。」と言った以上、「K」はその話はしないということ。

上13自尊心《じそんしん》　自分を尊重する気持ち。プライド。

上13ふとそこに気《き》のついた私《わたし》　「K」は自分のプライドにかけて言ったこと（決めたこと）は実行するということに「私」が気づいたことを示す。

上14彼《かれ》の用《もち》いた「覚悟《かくご》」という言葉《ことば》　「覚悟、――覚悟ならないこともない。」（教107ページ下6行）と言ったことを受けている。

第八段落　教110ページ上18行～112ページ上12行

「私」は「K」の「覚悟」という言葉を見直し、「K」は恋の方向へ進もうとしていると思い込んだ。すると自分にも最後の決断が必要だと思い、勇気を振り起こして、「K」より先に事を進める覚悟を決めた。一週間後、「私」は仮病をつかい、「K」も「お嬢さん」もいなくなるのを見計らって寝床を出、「奥さん」に話したいことがあると言った。

教110ページ

上18 **果断《かだん》に富《と》んだ**　物事を思い切って行うさま。

下1 **この事件《じけん》についてのみ優柔《ゆうじゅう》なわけも……のみ込《こ》めていた**　「K」が恋をめぐってのみぐずぐずしているのは、日ごろの信条と相容《あいい》れないからだということが、「私」にはわかっていた。「のみ込む」＝了解する。納得する。

下2 **一般《いっぱん》を心得《こころえ》たうえで、例外《れいがい》の場合《ばあい》を……捕《つら》まえたつもり**　「一般」は「K」が何事にも果断であること。「例外」は恋に優柔であること。それをふまえて、「私」は「K」は恋を断念すると考えたのである。

下5 **色《いろ》を失《うしな》って**　顔色が青ざめるさま。

下7 **この場合《ばあい》も……例外《れいがい》でないのかもしれない**　「お嬢さん」への恋についても、普段の果断な性格が発揮されるかもしれない。

下8 **疑惑《ぎわく》、煩悶《はんもん》、懊悩《おうのう》**　疑問や迷い、わずらい、悩み、苦しみなど。

下10 **そうした新《あたら》しい光《ひかり》で……はっと驚《おどろ》きました**　恋も「例外」ではないという見方に立てば、「K」が「すべての疑惑、煩悶、懊悩を一度に解決する最後の手段」(教110ページ下8行)を考えた場合、「覚悟」は恋を断念することではなく、逆に恋に突き進むことを意味するのではないかと思い当たったのである。

教111ページ

上1 **私《わたし》にも最後《さいご》の決断《けつだん》が必要《ひつよう》だ**　「K」が恋に突き進むとすれば、先手を打って、「お嬢さん」を獲得しなければならないということ。

上6 **それ**　事を運ぶ機会。具体的には、「K」と「お嬢さん」のいないときに、「奥さん」と、「お嬢さん」との結婚の話をする機会。

上14 **生返事《なまへんじ》**　はっきりしない返事。気のない返事。

下9 **そればかりに屈託《くったく》していた**　「奥さん」にどう話すかということばかりを気にしていた。「屈託」は、気にしてくよくよすること。

教112ページ

上4 **奥《おく》さんの調子《ちょうし》は……軽《かる》いものでしたから**　「私」は決心して臨んでいるが、何も知らない「奥さん」はいつもの調子なのである。

上7 **言葉《ことば》のうえで、いいかげんにうろつき回《まわ》った末《すえ》**　目的の話をストレートに切り出すことができず、いいかげんな話題でごまかしていることを、歩く動作にたとえた表現。

第九段落　教112ページ上14行～114ページ上5行

あとにひけなくなった「私」は、突然「奥さん、お嬢さんを私にください。」と言った。「奥さん」はそれほど驚いた様子もなく、その話を承諾し、「お嬢さん」の意向も確かめなくてよいと言う。あまりに簡単に進行したので、かえって変な気もしたが、未来の運命がこれで決まったと思うと気分が一新した。「お嬢さん」には今日伝えてもらうことにして、外へ出た。

教112ページ

上16 **自分《じぶん》のうそを快《こころよ》からず感《かん》じました**　「私」は「K」から話を聞いているが、「奥さん」には聞いていないと言った。求婚も「K」を欺いてのことなので、我ながらいやな気持ちがしたのである。

上17 **別段何《べつだんなに》も頼《たの》まれた覚《おぼ》えはないのだから**　自分のついたうその言

い訳である。「別段」は、格別、とりわけ、の意。

下3**奥《おく》さんは……驚《おどろ》いた様子《ようす》も見《み》せませんでしたが**　「本人が不承知のところへ、……」(教113ページ上15行)なども考え合わせると、「奥さん」と「お嬢さん」は「私」の求婚を予期していたとも見える。

下7**頓着《とんじゃく》**　深く心にかけること。気にすること。

下18**普通《ふつう》の女《おんな》と違《ちが》って**　「私」の女性観を表す表現。

教113ページ

上2**いばった口《くち》のきける**　偉そうにものの言える。

上11**学問《がくもん》をした私《わたし》のほうが、かえって形式《けいしき》に拘泥《こうでい》する**　「奥さん」は日本の古い慣習の中にいるが、「私」は新しい時代の価値観に合わせて、個人の意向を尊重するという形式を取りたいと思う。「拘泥」はこだわること。

上18**かえって変《へん》な気持《きも》ちになりました**　覚悟を決めて臨んだのに、あまりに簡単に進んだので、ちぐはぐな感じがした。

下3**私《わたし》の未来《みらい》の運命《うんめい》は、……という観念《かんねん》が私《わたし》のすべてを新《あら》たにしました**　恋わずらっていた「お嬢さん」との結婚が決まったことで、それまでの鬱屈していた感情が晴れ、新しい気分に包まれた。「観念」は、考え。

下9**相手《あいて》のほうが男《おとこ》みたようなので**　「奥さん」のほうが、「私」よりさっぱりしていて男のようだと感じている。

教114ページ

上1**なんにも知《し》らないお嬢《じょう》さんは**　「お嬢さん」は「私」が病気で寝ていると思っているので、坂の下で「私」を見て驚いたのである。

第十段落　教114ページ上7行～116ページ上11行

「私」は歩きながら「奥さん」と「お嬢さん」のことを考え、「K」のことは考えなかった。「K」に対する良心が復活したのは、帰って「K」の部屋を抜けようとした瞬間であった。「K」に「病気はもういいのか」ときかれたその刹那、「私」は手をついて謝りたい衝動にかられたが、そうすることはできなかった。何も知らない「K」は少しも「私」を疑っていない。「私」は鉛のような飯を食い、「K」に説明することを放棄した。

教114ページ

上8**界隈《かいわい》**　あたり。近所。

上9**ひやかす**　買う気がないのに見たり値段を尋ねたりする。

上9**手摺《てずれ》のした書物《しょもつ》**　手があたってすれた書物。古本のこと。

上13**この二《ふた》つのもので歩《ある》かせられていた**　「さっきの奥さんの記憶」(教114ページ上12行)と、「お嬢さんがうちへ帰ってからの想像」(教同ページ上12行)で頭がいっぱいで、行動が無意識な様子。

上16・18**あの話《はなし》**　「私」が「お嬢さん」に結婚を申し込んだこと。

下3**三区《さんく》にまたがって、いびつな円《えん》を描《えが》いた**　直後の「が、」(教114ページ下5行)という逆接とそのあとの内容に注目すると、「三区」やそこに描かれる「いびつな円」は「K」に関連する内容を示していると考えられる。「三区」の「三」には、「奥さん」、「お嬢さん」、「K」の三人が、「いびつな円」には、「私」を含む人間関係の破綻が暗示されていると読み取れる。「いびつ」はゆがんだ形のこと。

下4**…いわれるでしょうが**　手紙の読み手である「青年」に語りかけている言葉。

下6 **そのときの私《わたし》を回顧《かいこ》して、……不思議《ふしぎ》に思《おも》うだけです。……私《わたし》の良心《りょうしん》がまたそれを許《ゆる》すべきはずはなかったのですから**　散歩の間、「K」のことを考えなかったことを不思議に思い、本来なら「良心」の呵責《かしゃく》があるはずなのに、それがなかったと客観視している。

「回顧」＝過去を顧みること。

下11 **良心《りょうしん》が復活《ふっかつ》した**　「K」に対してすまなく思う気持ちが戻った。

下14 **いつものとおり……言《い》いませんでした**　「K」は、「私」の病気が仮病であるとは少しも思わず、心配していたのである。

教115ページ

上1 **そのときの衝動《しょうどう》**　「K」に「病気はもういいのか、……」(教114ページ下17行)ときかれたとき、謝りたい気持ちに強く突き動かされたこと。

上3 **曠野《こうや》**　広々とした野原。

上5 **私《わたし》の自然《しぜん》**　良心から生まれた、謝罪したいという強い欲求。奥にいた人(「奥さん」「お嬢さん」)の目を気にして果たされなかった。

7 **「鉛《なまり》のような飯《めし》を食《く》いました。」とは、どのような気持ちを表しているか。**

答　「K」を出し抜いて「お嬢さん」との結婚を決めたという秘密を隠し持っていることで、食事がのどを通らないほどうしろめたい気持ち。

下5 **きまりが悪《わる》い**　なんとなく恥ずかしい。

下9 **事《こと》のなりゆき**　「私」と「お嬢さん」との結婚を、「奥さん」が「お嬢さん」に話し、「お嬢さん」も承諾したこと。

下12 **そのくらいのこと**　婚約の経過をすっかり話してしまうこと。

教116ページ

上7 **いろいろの弁護《べんご》**　「K」を出し抜いて結婚を決めたことの言い訳。

上9 **卑怯《ひきょう》な私《わたし》**　「K」を欺き、自分自身で説明することもしない「私」自身のありようをさす。

第十一段落　教116ページ上13行～118ページ上8行

「私」は「K」に話さなければと思い、「奥さん」に話してもらおうかとも考えたが、どちらにも進むことができなかった。そして、迷っているうちに、「奥さん」から「K」に話したことを知らされた。そのときの「K」の様子を聞いて、「私」は胸が塞がるような苦しさを感じた。

教116ページ

上14 **Kに対《たい》する絶《た》えざる不安《ふあん》**　「K」への申し訳なさと婚約を知られる恐れ。

下2 **すっぱ抜《ぬ》かないとも限《かぎ》りません**　「私」が「お嬢さん」に結婚の申し込みをしたことを、「奥さん」が「K」に突然話してしまうかもしれない。

「すっぱ抜く」＝突然、人の隠し事などをあばく。

下3 **挙止動作《きょしどうさ》**　立ち居振る舞い。

下5 **私《わたし》とこの家族《かぞく》との間《あいだ》に成《な》り立《た》った新《あたら》しい関係《かんけい》**　「私」と「お嬢さん」との間に婚約が成立したことをさす。

下7 **倫理的《りんりてき》に弱点《じゃくてん》を持《も》っている**　「K」を出し抜いて「お嬢さん」と婚約したことで、「K」に対して良心の痛みや負い目を持っている。

下8 **至難《しなん》のこと**　このうえなく難しいこと。

下13 **面目《めんぼく》のないのに変《か》わりはありません**　同じように面目がない。

「面目がない」＝人に合わせる顔がない。顔向けができない。

下17 **自分《じぶん》の弱点《じゃくてん》**　ここでは、「K」を欺いていること。

教117ページ

8 **「つい足《あし》を滑《すべ》らした」とは、どのようなことか。**

答 (両親を失ったあと、財産の管理を委ねていたところ、裏切った)叔父のような卑劣な人間にはなるまいと心に決めて生きてきたのに、「K」の信頼を裏切り、「K」を欺くようなことをしてしまったということ。

上4 **足《あし》を滑《すべ》らした**　ここでは、自分の意思に反してまちがいを犯したということ。

上5 **狡猾《こうかつ》**　悪がしこくずるいさま。

上11 **この間《あいだ》に挟《はさ》まって**　「K」を欺いていることを隠したい気持ちと、「K」に話して謝りたい気持ちとの間で身動きができなくなって。

上12 **立《た》ちすくみました**　立ったまま身動きができなくなった。「立ちすくむ」＝恐怖や驚きによって、立ったまま動けなくなる。

上16 **なじる**　問い詰めて責める。

下13 **最後《さいご》の打撃《だげき》**　「私」が「K」を出し抜いて「お嬢さん」と婚約したこと。

下13 **最《もっと》も落《お》ち着《つ》いた驚《おどろ》き**　動揺を抑えて平静を保っている様子。

教118ページ

上8 **胸《むね》が塞《ふさ》がる**　心配などで胸がつまるように感じる。

第十二段落　教118ページ上10行～120ページ下8行

「私」は「K」を立派だと思い、策略で勝っても人間としては負けたのだと思った。「K」に謝罪するかどうか迷い、翌日まで待とうと決心したその晩、「K」は自殺してしまった。「私」は立ちすくみ、取り返しのつかないことになってしまったという思いに貫かれたが、「私」を忘れることはできなかった。「私」は机の上にあった手紙を読み、自分を責めるような内容がないことを確かめたあと、それを人目につくように机の上に置いてから初めて、襖に飛び散る血潮を見たのである。

教118ページ

上10 **勘定《かんじょう》してみると**　数えてみると。

上13 **超然《ちょうぜん》**　物事にこだわらず、ゆうゆうとしているさま。

上14 **敬服《けいふく》に値《あたい》すべき**　感心、尊敬すべき。

9 **「策略《さくりゃく》で勝《か》っても人間《にんげん》としては負《ま》けた」と感じたのはなぜか。**

答 「私」は策略を用いて「お嬢さん」を獲得したが、「K」は「私」の裏切りを知っても超然として責めることもしない。比べれば、「K」のほうが人間として立派なことは明らかだから。

上17 **私《わたし》の胸《むね》に渦巻《うずま》いて起《お》こりました**　「私」の心に押し寄せてきた。「胸に渦巻く」＝心に激しく湧き起こる。

下4 **進《すす》もうかよそうか**　「お嬢さん」との結婚を進めるために、「K」に自分のしたことを謝罪するかどうかということ。

下9 **因縁《いんねん》**　めぐりあわせ。

下11 **この間《あいだ》の晩《ばん》**　上野の公園の散歩から帰った晩のこと。

下13 **暗示《あんじ》を受《う》けた人《ひと》のように**　感覚的に何かを感じたさま。

教119ページ

上8 **それとほぼ同《おな》じ** 「K」から「お嬢さん」への恋を打ち明けられたとき、「私」は「魔法棒のために一度に化石された」(教98ページ下13行)と感じた。そのときの硬直する感じが、ここでは「ガラスで作った義眼」(教119ページ上9行)、「棒立ちに立ちすくみました」(教同ページ上10行)と表現されている。また、動けなくなったあと、「しまった」と後悔する点も「同じ」である。

10 **「もう取《と》り返《かえ》しがつかない……ものすごく照《て》らしました。」とは、どのような心の状態か。**

答 「K」の死と己の卑劣さを一生背負って生きていくのだという思いに強く襲われた状態。

11 **「私《わたし》」の「予期《よき》」とは、どのようなものか。**

答 「私」の裏切り、倫理的な誤りを責めるような、「私」にとって「つらい文句」(教119ページ下6行)が書かれているのではないかということ。

下10 **まず助《たす》かった** 「奥さん」や「お嬢さん」に軽蔑されずにすむという思い。「世間体の上だけで助かった」(教119ページ下10行)とあり、「K」の死に際しても世間体を第一に気にする「私」のエゴイズムが表れているが、「奥さん」や「お嬢さん」との関わりを案ずるがゆえと考えられる。

下10 **世間体《せけんてい》** 世間の人に対する体面や体裁。

下14 **薄志弱行《はくしじゃっこう》** 意志が弱く、我慢や実行のできないこと。

教120ページ

上8 **わざと回避《かいひ》した** 「お嬢さん」のことにはわざと触れなかった。

下2 **もっと早《はや》く死《し》ぬべきだのに** 信条に反して恋をした自己を否定した表現で、「薄志弱行」と同様、自分自身の弱さのせいだと言っていると、このときの「私」は解釈している。

下8 **血潮《ちしお》** 襖に飛び散った血潮として表現されていることに注意したい。「私」はその「K」の命の叫びともいうべき血潮に、自分の安全を確かめたあとでしか気づくことができなかったのである。

手引き

学習の手引き

一 **「お嬢さん」をめぐって、「私」の「K」に対する心情はどのように変化していくか。以下の場面ごとにそれぞれ説明しよう。**

1 「お嬢さんに対する切ない恋」(九八・下11)を「K」が打ち明けたとき

2 散歩の途中で「私」が「K」に対して「精神的に向上心のない者はばかだ。」(一〇四・下15)と言ったとき

3 「私」が「新しい光で覚悟の二字を眺め返してみた」(一一〇・下11)とき

4 「彼の部屋を抜けようとした瞬間」(一一四・下13)

5 「五、六日たった後」(一一七・上13)

考え方 出来事に従って変化する気持ちの動きを捉えよう。

解答例 1 しまったと思い、先を越されたなと思った。「K」は自分より強いのだという恐怖の念がきざし始めた。

2　敵対する気持ちで観察し、打ち負かそうと思った。「K」が急に生活の方向を転換して、自分の利害と衝突するのを恐れた。

3　「K」の「覚悟」とは、彼が「お嬢さん」に対して進んでゆくという意味であると思い込み、「K」より先に、知られずに事を運ばなくてはならないと覚悟した。

4　自分が「K」を出し抜いたことを謝りたいと思ったが、人に聞かれるのがいやでできなかった。これから「K」に対してとるべき態度を考えたが、自分で自分を「K」に説明するのがいやになった。

5　「K」は「私」が「お嬢さん」に結婚を申し込んだという「最後の打撃」を最も落ち着いた驚きをもって迎えたらしく、お祝いをあげたいが金がないのでできないと言ったということを聞いて、胸が塞がるような苦しさを覚えた。

二　「K」と「私」のそれぞれの性格はどのように描かれているか、本文を指摘しながらまとめてみよう。

考え方　人柄を表す言葉と、生き方や行動の様子からも考えよう。

解答例　○「K」の性格…正直で善良であり、自らの信条に従って生きようとする意志の強さと果断な実行力を持つが、それゆえに排他的となり、他者との関係をたやすく結ぶことができない。

・「人の思わくをはばかる」（一〇三・下8）ことなく、「こうと信じたら一人でどんどん進んでゆく」（同・下9）。
・「道のためにはすべてを犠牲にすべき」（一〇五・上14）という信条を持つ。
・「あまりに正直で……単純で……人格が善良」（一〇六・下8〜9）
・「すこぶる強情」（一〇七・下1）な一方、「人一倍の正直者」（同・下2）。
・「自分の矛盾などをひどく非難される場合には、決して平気でいられない」（同・下2）
・「果断に富んだ性格」（一一〇・上18）

○「私」の性格…本来は情に厚く良心的な人物だが、他者との間で利己心や競争心が芽生え、卑怯さや狡猾《こうかつ》さが出てくる。また、自尊心が強く、体面を第一に考え、優柔不断なところがある。

・本来は「美しい同情」（一〇四・上14）や「教育担当の良心」（一〇六・下3）を持つ。
・自分の「利害と衝突するのを恐れ」（同・上2）て、「K」を打ち負かすことに目がくらみ、「K」の弱点を突いて牽制《けんせい》する。
・「K」を出し抜いたあと、良心が復活するが、人の目を気にして「卑怯」（一一六・上9）にも謝罪できない。
・「結婚する前から恋人の信用を失うのは、……堪えきれない不幸」（一一七・上2〜3）として、「奥さん」や「お嬢さん」に事情を隠そうとする。
・「正直な道を歩くつもりで、つい足を滑らしたばか者……狡猾な男」（同・上4〜5）
・「自尊心」（一一八・下2）から、「K」の前に出て恥をかきたくない。
・「K」の死を目の当たりにしても我を忘れることができず、「世間体」（一一九・下10）を気にして保身に走る。

三　遺書の中に「お嬢さんの名前だけは」（一二〇・上6）書かなかった「K」の心情を考え、議論してみよう。

考え方　「お嬢さん」に対する自分の思いを明らかにすることで、「お嬢さん」に負い目を感じさせることになるのを避けたという一般的な心情もあるだろうが、「お嬢さん」についての強い意識を悟られないようにわざと避けたということも考えられる。また、自殺を含めた「覚悟」が「K」自身の生き方だけの問題であれば、「お嬢さん」は関係がなく、書く必要がなかったのだとも考えられる。これらのことを中心に考えて議論してみよう。

活動の手引き

一 **「奥さん」が「K」に「私」と「お嬢さん」の婚約を話した場面を、想像を交えて「K」の視点から書き換えてみよう。書いたものを互いに読み合い、批評しよう。**

考え方 「私」が学校を休んだ日に突然「奥さん、お嬢さんを私にください。」と言い出したこと、「奥さん」は「あげてもいいが、あんまり急じゃありませんか。」と答えたが、「私」は「急にもらいたいのだ。」と答えたこと、「奥さん」は、自分も「お嬢さん」も「不承知」ではないので、「どうぞもらってください。」と返事をしたこと、これらの事実に基づいて、自分の想像も交えながら、「K」の視点で書き換えてみよう。

言葉の手引き

一 **次のかたかなを、訓読みの語は送り仮名もふくめて、漢字に改めよう。**

1 セツナテキな生き方。　2 胸がフサガル。

解答 1 刹那的　2 塞がる

二 **次の語の語感の違いを踏まえ、読み手に与える印象の違いを考えよう。**

1 たち―性格―気性
2 一意に―一直線に―いちずに―一心に
3 平生―いつも―不断―普通

解答例 1 「たち」は生まれつき、「性格」はその人特有、「気性」は情緒的という印象を与える。

2 「一意に」は理性的、「一直線に」は脇目もふらない感じ、「いちずに」は情緒的、「一心に」は集中しているという印象を与える。

3 「平生」はやや古風、「いつも」は口語的、「不断」は途切れることのない強い感じ、「普通」は一般的という印象を与える。

三 **次の語句の意味を調べ、短文を作ってみよう。**

1 他流試合（一〇四・上18）
2 虚につけ込む（一〇四・下11）
3 居直り強盗（一〇六・上11）
4 果断に富む（一一〇・上18）

解答例 意味…省略（「語句の解説」を参照）

短文…1 学外交流活動を他流試合に見立てる。
2 敵の虚につけ込む作戦をとる。
3 自分の企みを暴かれて居直り強盗のように開き直る。
4 果断に富んだ決断力を発揮して成果を収める。

四 **次の比喩が表すイメージを説明してみよう。**

1 石か鉄のように頭から足の先までが急に固くなったのです。（九八・下18）
2 あたかもガラスで作った義眼のように、動く能力を失いました。（一一九・上9）

解答例 1 強い衝撃を受けて全身が硬直してしまった様子。

2 あり得ない光景を前にして何も考えられなくなっている様子。

葉桜と魔笛

太宰《だざい》　治《おさむ》

教科書P.124〜135

●学習のねらい

小説の展開において、「私」の語りの特徴がもたらしている効果を把握しながら読む。

「老夫人」の独白体を用いて、その目線から見た妹、また「老夫人」自身が回想する若かりしころの心の葛藤を淡々とした語り口で描き出し、読者に深い余情を残す作品である。

●主　題

今から三十五年前、病気でもう長くないと言われていた妹が、「M・T」という人物と文通していたらしい手紙の束を見つけた「私」は、妹の了解なくその手紙を読んでしまう。そして、「M・T」が卑怯《ひきょう》にも妹の病気を知るとともに去ったらしいことに胸を痛めた「私」は、「M・T」になりかわり、妹にあてた手紙を書く。ところが、妹はその手紙を「私」が書いたものだと言い当て、自分の秘密を打ち明ける。胸がいっぱいになった「私」が妹を抱いたとき、手紙の内容どおりに、庭から口笛が聞こえてくる。

●段　落

本文は現在の「老夫人」の回想から始まり、その中で過去の話が語られていく。途中教130ページ8行から132ページ2行までの書簡体をはさみ、再び「老夫人」が語る場面へと戻っていく。

一　教P124・1〜P127・2　「老夫人」の回想
二　教P127・3〜P130・7　「あの日」のこと①
三　教P130・8〜P132・2　妹への手紙
四　教P132・3〜P134・2　「あの日」のこと②
五　教P134・3〜P134・12　「老夫人」の現在の心境

段落ごとの大意と語句の解説

第一段落　教124ページ1行〜127ページ2行

「老夫人」(＝「私」)は三十五年前の思い出を語る。当時二十歳の「私」は、腎臓結核を患い余命百日と宣告された十八歳の妹と、頑固で学者気質《かたぎ》の父と三人で暮らしていた。五月半ばの「あの日」、「私」が死にゆく妹のことなどを思って苦しい気持ちで野道を歩いていると、土の底から恐ろしい音が響いてきた。「私」は恐怖のあまり座り込んで泣いてしまった。その音は日本海大海戦の軍艦の大砲の音だったが、そんなことは知らずにいた「私」には、地獄の底で打ち鳴らしている太鼓の音のように聞こえたのだった。

教124ページ

1 **葉桜《はざくら》**　花が散って若葉が出始めたころの桜。

7 **拝借《はいしゃく》** 借りることをへりくだって言う言い方。
10 **頑固一徹《がんこいってつ》** かたくなに自分の意思を押し通すこと。
10 **世俗《せぞく》** 世の中。世間。
11 **切《き》り回《まわ》し** 物事をうまくやりくりすること。
11 **まるで駄目《だめ》になる** すっかり駄目になる。

教125ページ
9 **手《て》の施《ほどこ》しようがない** どうすることもできない。
11 **終日《しゅうじつ》** 一日中。
13 **総身《そうしん》** 体全体。全身。

教126ページ
2 **うなだれて** うつむいて。力なく首を垂れて。
3 **身《み》もだえしながら** 苦しみやいらだちから体をよじらせるように動かしながら。
5 **おどろおどろした** 異様で気味が悪い。
8 **凝結《ぎょうけつ》して** こり固まって。
11 **命令一下《めいれいいっか》** 命令が出されること。
14 **生《い》きた空《そら》がなかった** 生きている気持ちがしなかった。
「生きた空がない」＝生きた心持ちがしない。

第二段落 教127ページ3行～130ページ7行
「私」が帰宅すると、妹から手紙について尋ねられる。「私」が妹の眠っている間に置いておいた妹あての手紙について、差出人の「M・T」を知らないと妹は言う。しかし、五、六日前に妹のたんすを整理していたときに手紙の束を見つけ、こっそり見てしまった「私」は、妹が貧しい歌人の「M・T」という男と文通していたこと、さらには恋愛関係にあったことを知っていた。そして、彼が妹の病気を知るとともに去っていったことに、自分自身のことのように胸を痛め、苦しんでいたのだった。妹は、その日届いた手紙を「私」に読むように促す。

教127ページ
4 **うすうす** はっきりとではないが、何となくわかっているさま。
5 **無理難題《むりなんだい》** 行うことが難しい注文。無理な言いがかり。
8 **胸《むね》を突《つ》かれ** 思いがけないことを言われ、はっとして。
「胸を突かれる」＝はっとさせられる。びっくりさせられる。
8 **顔《かお》の血《ち》の気《け》がなくなった** 驚き、顔が青ざめた。
10 **無心《むしん》** 何も考えていないこと。
10 **気《き》を取《と》り直《なお》して** 考え直して元気を出して。
「気を取り直す」＝考え方を変えて、気持ちを持ち直す。
13 **夕闇《ゆうやみ》** 夕方の薄暗さ。
13 **白《しろ》く美《うつく》しく笑《わら》って** 病状が進行し、精気を失っている妹の顔が、薄暗い部屋の中で「白く」浮かび上がる様子を表している。同時に、妹の可憐《かれん》な若さをも感じさせ、十八歳の美しい女性の姿を思い描かせる表現でもある。

1 **「知《し》らないことがあるものか。……ちゃんと知っていたのでございます。」という部分には、どのような効果があるか。**

答 妹は「M・T」と文通していたことを姉に隠そうとして「知らない」としらばっくれているようだが、自分はそのことを知っているのだと、もどかしく思う「私」の気持ちを表す効果。

教128ページ

8 **文通《ぶんつう》** 手紙をやり取りすること。
10 **用心深《ようじんぶか》く** よく注意して。警戒心が強く。
12 **大胆《だいたん》さ** 物事を恐れないさま。
12 **舌《した》を巻《ま》き** 非常に驚き。
15 **他愛《たあい》なさ** 思慮分別がなく子供じみているさま。とりとめのないさま。「他愛ない」は当て字で、「たわいない」と同じ意味。

教129ページ

5 **のけぞる** 上半身があおむけになるほど反り返る。
7 **歌人《かじん》** 和歌を作る人。あとに出てくる歌（教132ページ1行）のように、和歌を作っていることが手紙から読み取れたのだとわかる。
11 **胸一《むねひと》つに収《おさ》めて** 心に秘めておいて。
「胸一つに収める」＝自分の心に秘めて隠しておく。
13 **奇怪《きかい》** 常識では考えられないほどけしからぬさま。
13 **胸《むね》がうずく** 心がなんとなくずきずき痛む。
14 **生《い》き地獄《じごく》** 生きたまま受けるつらい苦しみ。
15 **憂《う》き目《め》に遭《あ》った** つらく悲しい目にあった。
「憂き目に遭う」＝つらく悲しい思いをする。

教130ページ

2 **「私《わたし》」が「妹《いもうと》の不正直《ふしょうじき》をしんから憎《にく》く思《おも》」ったのはなぜか。**

答 妹が厳格な父に隠れて、男の人と文通をしていただけでなく、大胆にも醜い恋愛関係にまで進展していたことや、悲しい別れをしたことを知り、「私」は一人で苦しんでいたのに、妹は何もなかったかのように知らないそぶりをしているから。

4 **当惑《とうわく》する** どう対処したらよいかわからず、迷いとまどう。
5 **文句《もんく》** ここでは、文章中に出てくる字句、の意。
6 **何食《なにく》わぬ顔《かお》** 何事も知らないような顔。すました顔。
7 **ろくろく見《み》ずに** ほとんど見ないで。ちゃんと見ないで。

第三段落 教130ページ8行～132ページ2行

手紙には妹への謝罪が書かれていた。貧しく無能なために妹をどうしてあげることもできないことがつらくて別れたが、それは間違いだったとわび、せめて言葉だけでも贈ること、小さな贈り物でも恥じずに差し出すことが勇気ある男らしい態度だとして、これから毎日歌を作って送ること、毎晩六時に庭の外で軍艦マーチの口笛を吹いてあげることを約束するとあった。

教130ページ

9 **無能《むのう》** 役に立たないさま。
12 **無力《むりょく》が、いやになった** 「M・T」は、妹の病気を知るとともに、「もうお互い忘れてしまいましょう」（教129ページ8行）などと手紙に書いていたが、実はそのようなことは本意ではなく、自分自身が何もできない、何も持たないことがつらく別れを選択したのだと弁明している。
15 **あなたの不幸《ふこう》が大《おお》きくなればなるほど、……近《ちか》づきにくくなる** 「あなた」（＝妹）の病気が進行して状態が悪くなればなるほど、また妹を愛すれば愛するほど、自分自身が「どうしてあげることもできない」（教130ページ10行）ことを強く意識することになり、会いにくくなると述べている。

教131ページ

2 **正義《せいぎ》の責任感《せきにんかん》**　自分が何もできないのであれば、いっそかかわらない方がよいという考え方。かかわらないことで妹の負担にならないようにすることが正義だと考えていたということ。

2 **解《かい》して**　理解して。思って。

4 **我欲《がよく》を張《は》って**　自分の利益になることだけを考えて。

「我欲を張る」＝自分の利益になることだけを考えて行動する。

5 **僕《ぼく》たち、さびしく無力《むりょく》**　病気のためほかに何かできるわけではない妹と、妹のために何かしてあげたいが、力も金もない「僕」のこと。

6 **誠実《せいじつ》**　私利私欲を交えず、真面目に物事や相手と向き合うこと。

6 **謙譲《けんじょう》**　へりくだり、ゆずること。相手を尊敬すること。

7 **成《な》し遂《と》げる**　物事を最後までやり終える。

13 **それだけが**　毎日歌を作って贈ることと、毎晩六時に庭の塀の外で口笛を吹くことだけが。

13 **わけなく**　簡単に。容易に。

13 **奉仕《ほうし》**　相手のために尽くすこと。

14 **お笑《わら》いになってください**　「僕」にできることは、全く実利のない奉仕だということを自嘲的に表している。しかし、それで妹の元気が出るのであればうれしいという気持ち。

16 **寵児《ちょうじ》**　とくに愛されている子供。

教132ページ

1 **待《ま》ち待《ま》ちて……**　妹にあてた歌。「M・T」は貧しい歌人だということになっている（教129ページ7行）。「待ちに待って、今年やっと咲いた桃の花（だ）。白桃の木だと聞いたのに、花は紅（色）だなぁ」の意。心がようやく通じ合ったことを、花が咲く様子と「美しい結婚」をイメージさせる紅白の色によって表している。

第四段落　教132ページ3行〜134ページ2行

手紙を読み終わると、妹は「ありがとう、姉さん、これ、姉さんが書いたのね。」と言った。実はその手紙は、妹の苦しみを見かねた「私」が書いたものだった。「私」が恥ずかしさに動揺を隠せないでいると、妹は、あの手紙の束は自分が書いたものだと告白する。大事な青春を思いどおりに過ごせずに死んでいく自分がかわいそうだと嘆く妹に、「私」はさまざまな感情がこみあげ、たまらず妹の痩せた頬に自分の頬をつけると、涙を流しながら妹を抱いた。そのとき、庭から軍艦マーチの口笛が聞こえてきた。時計は六時で、手紙に書いたとおりになったことに「私」と妹は恐怖を覚え、抱き合ったまま身じろぎもせずに耳を澄ましていた。それから三日目に妹は穏やかに死を迎えた。「私」は驚かず、何もかも神様のおぼしめしだと信じていた。

教132ページ

5 **千々《ちぢ》に**　粉々に。跡形もなく。

6 **いても立《た》ってもおられぬ**　心が騒いで落ち着いていられない。「いても立ってもいられない」の文語表現。

3　**「私《わたし》」が「手紙《てがみ》」を書いたのはなぜか。**

答　当初は妹の苦しみは病苦によるものだと思っていたのだが、妹が隠していた「一束の手紙」を発見したことにより、妹が恋をし、しかも相手に捨てられたことにも苦しんでいるのだと思って、妹の苦しみを見かねたから。加えて、病により死にゆく妹に、自分は愛されているのだという希望を与えたかったのだと考えられる。

8 **苦心《くしん》して**　いろいろと試みたり、考えたりして。苦労して。

10 **恥《は》ずかしかった**　「M・T」の筆跡をまねて手紙を書き、和歌まで作ることで、妹のためになればと思ったことを、妹に見透かされていたことによる恥ずかしさ。

10 **身《み》も世《よ》も、あらぬ思《おも》い**　自分のことも世間の手前も考えていられないほど取り乱した思い。「身も世もない」の文語表現。

12 **崇高《すうこう》**　気高く尊いさま。

4 **「妹《いもうと》」が「手紙《てがみ》」を書いたのはなぜか。**

答 病気になって死を目前にしたとき、これまで厳格な父のもとで真面目に生きすぎて、大事な青春を過ごせなかったことを後悔し、よその男の人と話してみたこともなかった自分があまりに寂しいと感じて、せめて疑似的にでも恋愛をして自分を慰めたかったから。

15 **投函《とうかん》して**　手紙をポストに入れて。

教133ページ

2 **あさましい**　情けない。見苦しい。品性が卑しい。

3 **大胆《だいたん》に**　思い切りよく。ずうずうしく。

6 **利口《りこう》**　聞き分けがよいこと。物わかりがよいこと。

6 **あたしの手《て》が、指先《ゆびさき》が、髪《かみ》が、かわいそう**　妹が自分の手で男性に触れたり、男性から髪に触れてもらったりしたことがなく、また、これから生きている間にそうした機会もないであろうことを悲しく、もったいなく感じていることの表現。

11 **耳《みみ》を澄《す》ましました**　注意を傾けて(音を)聞きました。
「耳を澄ます」＝聞こうとして意識を集中する。

12 **言《い》い知《し》れぬ**　なんとも言えない。言い表せない。

13 **身《み》じろぎもせず**　じっとして少しも体を動かさず。恐怖で体が動かせないでいる様子を表す。

16 **息《いき》をひきとった**　死んでしまった。
「息をひきとる」＝呼吸が止まる。死ぬ。

教134ページ

5 **「何《なに》もかも神様《かみさま》の、おぼしめしと信《しん》じ」たのはなぜか。**

答 「私」が妹のために書いた手紙の内容どおり、本当ならば聞こえるはずのない軍艦マーチの口笛が庭から聞こえ、「私」と妹に驚きと安らぎを与えたことから、神様の存在や、その力によって物事がなされるということを強く信じるようになったから。

「おぼしめし」＝ここでは、神のご意向、の意。

第五段落　教134ページ3行～12行

現在の「老夫人」は語る。年をとった今、もろもろの物欲が出てきてしまっている。あの口笛も、ひょっとしたら父の一世一代の狂言だったのではないかという思いも出てきている。だが、やはり神様のお恵みだったのだろう。そう信じて安心したいが、年をとると物欲が起こり、信仰も薄らいでいけないことだ、と。

教134ページ

3 **もろもろの**　さまざまの。多くの。
3 **物欲**《ぶつよく》　財物に対する執着。
3 **信仰**《しんこう》　神仏などを信じてあがめること。
5 **仕業**《しわざ》　したこと。行い。
6 **ふびんに思**《おも》**い**　かわいそうに思い。
7 **厳酷**《げんこく》　非常に厳しいこと。
7 **一世一代**《いっせいちだい》　一生涯にただ一度であること。
7 **狂言**《きょうげん》　人を欺くために仕組むこと。たくらみ。
8 **在世中**《ざいせいちゅう》　存命中。
9 **かれこれ**　おおよそ。そろそろ。
12 **存**《ぞん》**じます**　「思う」の謙譲語「存じる」と丁寧語「ます」が組み合わさった敬語表現。

手引き

学習の手引き

一　小説中に語られる出来事について、「私」と「妹」ごとに時系列順に並べ、その構造がどのような効果を生み出しているか、話し合ってみよう。

考え方　「老夫人」(一三四・2)として物語る「私」の立場と、「妹」とのやりとりに注目し、時間の前後関係に注意しながらまとめる。

○出来事(「私」)

年齢	時季	出来事
十三歳		・母が他界する。
十八歳		・父が島根県の城下町の中学校長として赴任する。
二十歳		・妹が腎臓結核で余命百日と宣告される。
	・五月の半ば (「あの日」の五、六日前)	・妹あての「M・T」からの手紙の束を見つけて読む。妹の苦しみを見かねて、「M・T」なる人物の筆跡をまねて妹あての手紙を書く。
	・あの日	・眠っている妹の枕もとに自分が書いた手紙を置く。 ・「不吉な地獄の太鼓」(一三六・16)のような音を聞く。 ・手紙の差し出し人を知らないという妹に促され、手紙を読み上げる。 ・妹に「姉さんが書いたのね」(一三三・4)と言われ、手紙の束は妹の創作だったと告げられる。 ・手紙に書いたとおり、六時に「軍艦マーチの口笛」(一三三・11)が聞こえてくる。
	・三日後	・妹が死ぬ。
二十四歳	秋	・結婚する。
四十歳		・父が亡くなる。
五十五歳		・「老夫人」として物語る。

○出来事（妹）

年齢　時季	出来事
十一歳	・母が他界する。
十六歳	・父が島根県の城下町の中学校長として赴任する。
十八歳	・腎臓結核で余命百日と宣告される。 ・架空の「M・T」という男性からの自分あての手紙を創作し、投函する。
・五月の半ばのあの日	・覚えのない「M・T」からの手紙が届き、「私」に「姉さんが書いたのね」とお礼を言って、手紙の束は自分の創作だったことを告げる。 ・手紙に書かれたとおり、六時に「軍艦マーチの口笛」が聞こえてくる。
・三日後	・死ぬ。

五十五歳の「老夫人」として語る「私」の出来事の中に、妹のかけがえのない娘時代を埋め込むことによって、ともに純真であった青春時代の輝きを浮き彫りにして印象づけるとともに、「私」の主観を通した語りによって、自分の主観でははかりきれない人間の複雑さが存在することに気づかせる効果を生み出していると考えられる。これらのことをふまえて話し合ってみよう。

二 「一束の手紙」（一二八・2）と「私」が読み上げた「この手紙」（一三七・7）のそれぞれについて

1　どのような「ウソ」（一三二・14）であり、真実はどのようなものだったのかまとめよう。

2　誰のために、どのような考えから書かれた手紙なのかまとめよう。

考え方　それぞれの「ウソ」の中からどのような「真実」が生じているかということを主眼として考えてみよう。

解答例　1　「一束の手紙」…「M・T」が妹にあてて書いたものではなく、妹が一人で書いて自分にあてて投函したもの。

「この手紙」…「M・T」が妹にあてて書いたものではなく、「私」が「M・T」から妹への手紙のように見せかけて書いたもの。

2　「一束の手紙」…妹が自分のこれまでの生真面目な人生を寂しいものに感じ、せめて空想の中で疑似恋愛をすることによって自分を慰めようとする考え。

「この手紙」…「私」が「一束の手紙」を読んだことにより、妹の報われない恋愛を気の毒に思い、「M・T」からの手紙という形で「M・T」を心ある人間として描くことによって、死にゆく妹を少しでも慰め、励ましたいという考え。

三 「老夫人」が「今から三十五年前」の出来事を語るという設定には、どのような効果があるか、話し合ってみよう。

考え方　時間が経過するとともに、人生経験を経て人物の考え方も変わるため、思い出の捉え方に差異が起こる。「今から三十五年前」の当時には、「私」は妹と自分の身に起こった出来事を「神様」の仕業と信じて疑わなかった。しかし、年月を経て改めて考えてみると、「父の仕業」（一三四・5）ではなかったかという疑いも持ち始めている。若いときは物事を信じる純真さや、強い信仰心を持つことができたということと、年を重ねて父の思いにも考えが及ぶようにまで成長したということとを表す効果があると考えられる。これらのことをふまえて話し合ってみよう。

活動の手引き

一 聞こえてきた「軍艦マーチの口笛」は何であると考えるか、自分の考えを述べ合ってみよう。

考え方 自由な発想で考えてよいが、なるべく根拠を明らかにするようにする。六時に口笛を吹くことのできる人は、「私」が音読している手紙の内容を盗み聞きできる人でなければならない。「老夫人」が推測するように、勤めから帰った「父の仕業」（一三四・5）、通りがかりの人の行為などが考えられる。あるいは、当時、「私」が信じていたように「神様の、おぼしめし」（同・1）ということも考えられるので、現実的な解釈をするにしろ、物語的な解釈をするにせよ、それなりの妥当性のある説明を考えて、述べ合ってみよう。

言葉の手引き

一 次の傍線部を読み分けてみよう。

1 赴く・赴任
2 凝る・凝視
3 厳か・謹厳

解答 1 おもむく・ふにん
2 こる・ぎょうし
3 おごそか・きんげん

二 「一世一代」のように、同じ漢字を二度用いる四字熟語を集めてみよう。

解答例 一喜一憂・一長一短・百発百中・十人十色・一挙一動・一期一会・海千山千

三 次の語句を言い換え、短文を作ってみよう。

1 舌を巻く（一二六・12）
2 他愛ない（一二六・15）
3 身も世もない（一三三・10）

解答例 1 言い換え…言葉が出ないほど驚く。
短文…委員長の見事な采配に舌を巻く。
2 言い換え…とりとめのない。
短文…放課後に友達と他愛ない話をして時間をつぶす。
3 言い換え…自分のことも世間の手前も考えていられない。
短文…訃報を聞いて身も世もなく泣き崩れた。

四 「今から三十五年前、父はそのころまだ在命中でございまして、私の一家、……」（一二四・2）のように、一文が長く、読点が多い文体にはどのような効果があるか、説明してみよう。

解答例 「老夫人」が昔の記憶をたどりながら思いつくままに話している様子や、ぽつりぽつりと言葉を区切ってゆっくり話している様子を表す効果。

戦争と文学㈠

バグダッドの靴磨き

米《よね》原《はら》万《ま》里《り》

教科書P.138～154

●学習のねらい

登場人物同士の関係や心情を把握しながら読み、「僕」の発言の背景にあるものを理解する。

●主　題

アフメドは戦争で家族を失い、孤児院で過ごしながら靴磨きで金を稼いでいる。自分の話をして「お客さん」から高額な金を得た彼は、それで占領者や侵略者を殺すための拳銃を買うと言う。平穏な生活が戦争や侵略によって破壊される不条理さと人々の苦しみ悲しみを描き、復讐や第三者の介入によって暴力が連鎖する今日の世界情勢に問題を投げかけている。

●段　落

本文は場面の展開から、六つの段落に分けられる。

一　教P138・1～P139・9　靴磨きの少年アフメド(「僕」)
二　教P139・10～P145・4　「僕」の家族と防空壕《ぼうくうごう》での日々
三　教P145・5～P148・6　アメリカ軍の侵攻
四　教P148・7～P151・5　「叔父さん」の死
五　教P151・6～P152・12　母の死
六　教P152・13～P153・7　今の「僕」

段落ごとの大意と語句の解説

第一段落　教138ページ1行～139ページ9行

靴磨きの少年のアフメド(＝「僕」)は、日本人の「お客さん」に話を聞きたいと頼まれ、十ドルをもらって話し始める。「僕」は金を貯《た》めたいけれど、足が悪いため、靴磨きで稼いでいた。四月九日にアメリカ軍がバグダッドに入ってきたとき、家でいさかいを起こして街に飛び出し、足を撃たれたのだ。

教138ページ

3口癖《くちぐせ》みたいに　常に言って癖となっている言葉のように。

3腕《うで》のいい　技量が優れている。

5ジャーナリスト　新聞・雑誌などの編集者・記者などの総称。

7……あっ、三《さん》ドルでもいいよ。……二《に》ドルでもいい　「五ドル」(教138ページ7行)では欲ばりすぎたと思って言い直したのである。

多くの金がほしいが、結局もらえなくなっては困るという気持ち。

11 **恩《おん》に着《き》る**　恩を受けたのをありがたく思う。

11 **差《さ》し当《あ》たって**　今のところ。当面。

12 **何《なん》のために？**　理由は本文の最後の場面で明かされる。

教139ページ

1 **それくらい**　三十ドルくらい。

3 **五《いつ》つ星《ぼし》ホテル**　最高級のホテル、の意。「星」は階級を表す。

5 **こんなだから**　右足が不自由なので、物乞いには行けないということ。

5 **あのとき**　四月九日、アメリカ軍がバグダッドに入った日。

6 **いさかい**　言い争い。口論。けんか。

8 **貫通《かんつう》**　貫き通ること。ここでは、銃弾が膝を撃ち抜いたこと。

8 **反発《はんぱつ》**　反抗して受け入れないこと。

9 **自業自得《じごうじとく》**　自分の作った原因によって、自分の身に報いを受けること。自分のした結果だから、やむを得ないということ。

第二段落　教139ページ10行～145ページ4行

「僕」は、母と祖母、妹二人と、長持ち一つを持って防空壕へ避難していた。空襲で家を失い、「僕」の家に転がり込んできていたムニール叔父さんもいっしょだった。「叔父さん」は父の弟で、母に夢中だったため、気を揉《も》んだ父が、戦争で前線に送られる日に、母にそうしないよう誓わせていたにもかかわらず、ひと月もたたないうちに母は「叔父さん」を住み込ませてしまったのだ。「叔父さん」は物語が上手で、妹もなつき、防空壕の中でも評判だった。ふだんは靴磨きに出かけ、母にも家事手伝いの仕事を紹介してくれた。「僕」は癪《しゃく》に障るが、生活のため我慢するしかなかった。

教139ページ

11 **「アフメド、あんたには……」**　ここから回想となる。第二段落は防空壕での日々が中心である。時制の転換に注意して読もう。

教140ページ

7 **とか言《い》っちゃって**　「叔父さん」の言葉を、ばかにしている表現。

7 **見舞《みま》われた**　「見舞われる」は、災害などに襲われる、の意。

8 **むしろ**　比べる意を表す副詞。空襲に遭った状況を考えれば悲しいはずなのに、どちらかと言えば、うれしそうだった、ということ。

8 **それも癪《しゃく》に障《さわ》った**　「叔父さん」が長持ちの取っ手を持つことも気に入らないが、空襲に見舞われてうれしそうにしていることにも、「僕」は腹が立った。「癪に障る」＝腹が立つ。

9 **華奢《きゃしゃ》**　姿形がほっそりとしているさま。ここでは、痩せて弱々しいこと。

10 **風采《ふうさい》の上《あ》がらない男《おとこ》**　見栄えがよくない、ぱっとしない男。「風采」は、外見上の様子、容貌。

13 **音信不通《おんしんふつう》**　便りが来なくなること。

14 **はねられる**　ここでは、不合格にされる、の意。

15 **それがこうじて**　本好きが募って。

15 **露天商《ろてんしょう》**　露天で商売を営む商人。「露天」は屋根のないところ。

16 **亡命《ぼうめい》**　政治上などの理由で外国に逃れること。

16 **二束三文《にそくさんもん》**　数が多くて値段の極めて安いこと。

教141ページ

1 **父《とう》さんが置《お》いていった道具《どうぐ》を使《つか》って**　「僕」の父は「腕のいい靴職人」(教138ページ3行)だったのである。

2 **つなぎ**　ここでは、次の仕事にかかるまで仮に行う仕事、の意。

2 **不器用《ぶきよう》で気《き》が利《き》かない**　仕事が下手で気配りもできない。

8 **つっかかりそうになって**　ぶつかりそうになって。

1　**「母《かあ》さんには言《い》えない」のはなぜか。**

答　「叔父さん」は「母さん」が好きなので、「疲れた」などと言って自分の弱みを見せたくないから。

13 **父《とう》さんもよく……**　ここから時間をさかのぼり、父が家にいたころの回想となる。「……と耳元に囁《ささや》いてくれた。」(教143ページ2行)まで。「叔父さん」の様子からよみがえった思い出。

13 **気《き》を揉《も》んでいた**　心配して、やきもきしていた。

14 **美貌《びぼう》**　美しい容姿。「僕」の母が美しい人だったことは、ほかにも「堂々たる美女」(教142ページ1行)、「派手で陽気な美女」(教151ページ2行)、「美しくて陽気で誇り高かった母さん」(教152ページ1行)と描写されている。「僕」の自慢だったのであろう。

14 **もてあそんで**　慰みものにしておもしろがって。

教142ページ

1 **堂々《どうどう》たる**　態度や容姿などが立派で気品があるさま。また、公然としているさま。ここでは、母の美しさが、ということ。

1 **一笑《いっしょう》に付《ふ》してしまう**　軽く考えて取り上げない。

3 **円満《えんまん》**　穏やかなさま。

13 **駄々《だだ》をこねる**　わがままを言ってすねる。

15 **成《な》り行《ゆ》き**　物事が移り変わってゆく過程。また、そのさま。

16 **罵《のの》っていた**　口汚なく非難していた。

16 **気《き》が晴《は》れる**　胸のつかえがとれて、すっきりする。

17 **自己嫌悪《じこけんお》**　自分自身に嫌気がさすこと。

教143ページ

3 **防空壕《ぼうくうごう》に入《はい》って……**　ここから、防空壕の場面に戻る。「……涙が出てきそうになるんだ。」(教143ページ8行)まで。

6 **託《たく》す**　ここでは、「叔父さん」に、妹や祖母の手をとって、無事にはしごを下りられるように支えてもらう、の意。

6 **そのときも……忘《わす》れない**　「僕」が、「叔父さん」から目を離さず、「叔父さん」の様子をじっと観察している描写。

6 **瓶《びん》の底《そこ》みたいな分厚《ぶあつ》いレンズ越《ご》しに**　「叔父さん」は「ど近眼」(教140ページ13行)で、レンズの分厚い眼鏡をかけている。

7 **不快感《ふかいかん》**　気持ちがよくないこと。嫌な感じ。

9 **とうとう戦争《せんそう》が……**　ここから「……非常事態があったにしてもだ。」(教144ページ2行)までが、再び父がいたころの回想。

9 **前線《ぜんせん》**　戦場で敵と直接接触する最前列。

教144ページ

2 **非常事態《ひじょうじたい》**　国家的に重大な事件が起こること。

3 **防空壕《ぼうくうごう》の暗闇《くらやみ》に……**　ここから、再び防空壕の場面に戻る。

4 **一心不乱《いっしんふらん》**　一つのことに心を注いでほかに心を移さないさま。

6 **いつの間《ま》にか、祖母《ばあ》ちゃんが……**　祖母はいつも、「僕」の気持ちが高ぶると、「柔らかく包み込むように」(教147ページ7行)抱きしめて、落ち着かせてくれるのである。

8 **「叔父《おじ》さん、お話《はな》しして。」** 妹のライラの言葉。

11 **本《ほん》の虫《むし》** 本が好きで読書ばかりしている人のこと。

11 **尽《つ》きない泉《いずみ》のように湧《わ》き出《で》てくる** 話が次から次へと出てくる様子を、水がこんこんと湧き出る泉にたとえている。

13 **僕《ぼく》でさえ、……始末《しまつ》だ** 「叔父さん」を嫌だと思っている「僕」までも、「叔父さん」の話には引き込まれてしまうということ。

13 **耳《みみ》を傾《かたむ》けている** 聞き入っている。

17 **目抜《めぬ》き通《どお》り** 町の中心的な通り。

教145ページ

2 **これ** 「叔父さん」の紹介先に母が仕事に出向くことで、一家の生計が立てられていること。

3 **癪《しゃく》のタネ** 怒りの原因。

第三段落 教145ページ5行〜148ページ6行

四月二日、「僕」が出かけていた間にアメリカのミサイルが落ち、「僕」の家は瓦礫《がれき》と化した。「僕」は祖母や妹たちを探したが、三人はバラバラに砕け散っていた。「叔父さん」は帰ってくると呆然《ぼうぜん》と立ちすくみ、それから三人の破片を集め、黙々と瓦礫を片づけてバラックを作った。暗くなってから帰ってきた母はその場にへたりこみ、「叔父さん」が集めた破片を抱きかかえて一晩中語りかけた。母は必死に堪《こら》えていたが、ある日、「叔父さん」に抱きついて泣き崩れた。それを見た「僕」は腹が立って「叔父さん」に心ないことを口走り、家を飛び出した。それがアメリカ軍がバグダッドを陥落させた四月九日で、そのとき「僕」は膝を撃たれたのだった。「叔父さん」は「僕」の世話をこまめにしてくれたが、「僕」は「叔父さん」につらく当たるようになった。

教145ページ

5 **あの日《ひ》** 四月二日、家が爆撃され、祖母と妹が殺された日。

12 **一目散《いちもくさん》** 脇目もふらず急ぎ走るさま。

13 **瓦礫《がれき》** かわらと小石。破壊された建造物の残骸のこと。

14 **突進《とっしん》** 脇目もふらずに突き進むこと。

教146ページ

2 **足手《あしで》まとい** 手足にまつわりついて行動の邪魔になるもの。

3 **置《お》いてけぼり** それまでいっしょにいた者を置き去りにすること。

5 **むずかる** 子供が不機嫌で泣く。

7 **止《と》めどなく** とどまるところがないさま。

8 **呆然《ぼうぜん》と立《た》ちすくんでいた** あっけにとられて立ち続けていた。

2 **「叔父《おじ》さん」が「僕《ぼく》とはひと言《こと》も言葉《ことば》を交《か》わさなかった」のはなぜだと考えられるか。**

答 悲惨な現実に言葉を失っていたためだと考えられるが、さらに、「僕」だけ出かけていたそのときの状況を問いただしても無意味だとわかっていたことや、居候の身でふだんからよく思われていない「僕」に遠慮し、余計な言葉をかけることをためらう気持ちもあったことなどが考えられる。

15 **へなへなとその場《ば》にへたり込《こ》んでしまった** 気力を失い、その場に崩れ落ちるように座り込んでしまった。

16 **正視《せいし》** まっすぐに正面から見ること。

教147ページ

2 **雨露《あめつゆ》をしのぐ**　雨や露がかからないだけの最低限の暮らしをする。

8 **心《こころ》ないことを口走《くちばし》ってしまった**　ひどいことを軽率に言ってしまった。「心ない」は思いやりのない様子。
「口走る」＝軽率に言う。言ってはならないことを言う。

3　**「居《い》たたまれなくなっ」たのはなぜか。**

答　母の心細い気持ちを理解していたのに、自分勝手で不用意な発言で母を悲しませ、「叔父さん」からは怒りではなく悲しみに満ちた目で見られて、それ以上その場にいることが耐えがたくなったから。

教148ページ

13 **陥落《かんらく》**　要地・要所などが攻め落とされること。

15 **のたうちまわる**　苦しみもがいて転げ回る。

17 **関《せき》の山《やま》**　なし得る限度。それ以上はなし得ないこと。

教148ページ

2 **こまめ**　労苦を嫌がらずによく働くさま。

第四段落　教148ページ7行～151ページ5行

六月になり、アメリカ軍への抵抗組織のチラシを見たことから、「僕」はその手伝いをするようになった。ある日、持ち帰るなと言われていたチラシをバラックに持ち帰ってしまい、押し入ってきた米兵に見つかってしまう。「僕」は覚悟を決めたが、「叔父さん」が何かを申し出て、「僕」に母を頼むと言ったまま連行されていった。二週間後、「叔父さん」は遺体になって戻ってきた。

教148ページ

8 **侵略者《しんりゃくしゃ》**　他国の領分に侵入して他国のものを奪い取る者。

10 **八《や》つ当《あ》たり**　関係のない人にまで怒りをぶつけること。

10 **嫌悪感《けんおかん》**　憎み嫌う気持ち。

15 **処分《しょぶん》**　ここでは、見つからないように始末すること。

教149ページ

2 **相次《あいつ》ぐ……テロに手《て》を焼《や》いた**　占領軍当局は、次々に起こるアメリカ兵に対する攻撃をどうすることもできないでいた。
「手を焼く」＝持て余す。手に余る。対処できない。

2 **抜《ぬ》き打《う》ち**　予告なしに物事を行うこと。もともとは、刀を抜くと同時に切りかかることや、突然襲いかかることをいう。

3 **掃討作戦《そうとうさくせん》**　ここでは、抵抗組織のメンバーを探し出す計画を実行したこと。「掃討」は、敵などを払い除くこと。

6 **泣《な》く子《こ》も黙《だま》る**　泣いている子供も泣きやむほど恐ろしいことのたとえ。

6 **歯向《はむ》かう**　抵抗する。

8 **拷問《ごうもん》**　肉体に苦痛を与えて問いただすこと。

9 **金縛《かなしば》り**　ここでは、恐ろしさのために動けなくなること。

14 **ほくそ笑《え》んでいる**　うまくいったと笑っている。
「ほくそ笑む」＝思いどおりになって、ひそかに笑う。

15 **水入《みずい》らず**　ごく親しいものだけで、中に他人を交えないこと。

教150ページ

6 **連行《れんこう》**　犯人などを連れて行くこと。

12 **僕《ぼく》を守《まも》るために逮捕《たいほ》されていった**　「叔父さん」は「僕」をかばって、チラシを持ち帰ったのは自分だと名乗り出たのであろう。

12 **ひと言《こと》も告《つ》げられなかった**　「僕」は「逮捕されるべきは僕なのに」（教150ページ10行）と言いたかったが、言えなかった。

答 4 「僕《ぼく》が悪《わる》い」とは、誰に対して何について「悪い」と言っているのか。

母や「叔父さん」に対して、自分の身代わりで「叔父さん」を死なせてしまったことや、「叔父さん」に母のことを頼まれていたにもかかわらず、自分が「叔父さん」ほど稼げないせいで母が働き続けることになり、結果、米軍の襲撃に巻き込まれて死んでしまったことについて「悪い」と言っている。

第五段落　教151ページ6行〜152ページ12行

十一月二十八日、ラマダン最後の日、母の仕事先の邸をアメリカ兵が取り囲み、人々が殺された。母はその中にいて、「僕」が駆けつけると息を引き取った。「僕」は「叔父さん」との愛を認めてあげなかったことを後悔し、涙が枯れるまで泣いた。

教151ページ

12 **不穏《ふおん》**　穏やかでないさま。
13 **拘束《こうそく》**　つかまえて自由を奪うこと。
17 **虫《むし》の息《いき》**　ほとんど死にそうな状態で弱り切っている呼吸。

教152ページ

答 5 「さらにとげとげしくつらいものにしてしまった」とは、具体的にどういうことか。

「僕」が「叔父さん」との愛を認めず、反発したりつらく当たったりしたことや、ついには「僕」の身代わりになって「叔父さん」が殺されてしまったことで、家族を失ってただでさえ悲しく心細い日々を送っていた母を、よりどころもなく気の休まらない状態にさせてしまったということ。

第六段落　教152ページ13行〜153ページ7行

「僕」の話を聞き終わった「お客さん」に尋ねられると、「僕」は今、孤児院に住んでいて、食べ物と屋根には困っていないが、金がいるので学校を抜け出して稼いでいると言う。感傷的になった「お客さん」からさらに五十ドルをもらった「僕」は、その金で拳銃を買い、占領者や侵略者たちを殺すのだと言った。

教152ページ

13 **今《いま》、僕《ぼく》が……**　「僕」と「お客さん」の会話の場面に戻る。

手引き

学習の手引き

一 「僕（アフメド）」の家族について「叔父さん」と「母さん」、「僕」を中心に、次のことを時間軸に沿って整理しよう。

1 彼らの身に起こったこと。
2 彼らのお互いに対する心情の変化。

解答例 1 ○開戦前…「母さん」に気がある「叔父さん」は、よく「僕」の家を訪れ、「母さん」を誘い出そうとするが、「僕」に阻まれる。
○開戦直前…父が兵隊として前線に送られる。（その後、音信不通）
○開戦後…空襲で家を失った「叔父さん」が「僕」の家に転がり込んでくる。「僕」と「母さん」、祖母、妹、「叔父さん」とで防空壕に避難する。「叔父さん」は父の道具を使って靴磨きの仕事を始め、「母さん」は「叔父さん」の紹介で家事手伝いの仕事を始める。

○四月二日…「僕」の家が爆撃を受け、祖母と妹が亡くなる。「叔父さん」は遺体を集め、瓦礫を片づけてバラックを作る。
○四月九日…バラックで雨露をしのぐようになったある日、「僕」はいさかいを起こして家を飛び出し、アメリカ兵に足を撃たれる。
○六月…「僕」はアメリカ軍への抵抗組織の活動を手伝うようになる。掃討作戦が行われ、「叔父さん」は「僕」の身代わりに連行されると、二週間後に遺体になって戻る。「母さん」は家事手伝いの仕事を続け、「僕」は「叔父さん」の道具を譲り受けて靴磨きを始める。
○十一月二十八日…「母さん」は勤め先で銃撃に巻き込まれ亡くなる。
○今…「僕」は孤児院に住み、占領者や侵略者を殺すための拳銃を買うことを目標に、街に出て靴磨きをしている。

2　「叔父さん」は「母さんに夢中」で「大好きだった」が、「僕」や父が近寄らせまいとしていたことや、居候となったことで遠慮して、「母さん」が泣き崩れそうなときも「肩に手をかけてあげること」もできずにいた。「母さん」は父の手前、「叔父さん」に気はないと言っていたが、父の出兵後、家に住み込ませ、家族を失ったときには「抱きついて泣き崩れた」ように、心の支えとなっていた。「僕」は「美しくて陽気で誇り高かった母さん」が自慢で、「風采の上がらない男」の「叔父さん」が「母さん」に好意を寄せるのが嫌だったが、「叔父さん」が自分の身代わりになって亡くなり、「母さん」との愛を認めてあげなかったことを後悔している。

二 **本文中に現れる、さまざまなドルの金額はどのような意味を持つか。「僕」と「お客さん」のそれぞれの立場から説明してみよう。**

解答例　・「えっ、一ドルもくれるの！」(一三八・1)…「僕」にとっては、靴磨き一回の額としては十分な額。ジャーナリストの「お客さん」にとっては、少しはずんだ程度でなんでもない額。
・「五ドルの価値はあると思うよ」(一三八・7)…「僕」にとっては、自分の話の値段としては少し高い設定だが、できれば得たい額。「お客さん」にとっては、ネタになる話が聞けるなら高くない額。
・「えーっ、十ドルも！」(一三八・9)…「僕」にとっては、信じられないほどの大金。「お客さん」にとっては、少し奮発して話に期待する額。
・「差し当たって三十ドル」(一三八・11)…「僕」にとっては、当面の目標とする額。第六段落に「三十ドルでコルト拳銃が手に入る」(一五三・3)とある。「お客さん」にとっては、「僕」が何のために貯めようとしているのか興味をひかれる額。
・「これ、もしかして五十ドル紙幣じゃない」(一五二・16)…「僕」にとっては、目標額をはるかに超えており、偽札かと疑うような額。「お客さん」にとっては、「僕」の話に感傷的になり奮発した額。
・「さっきのと合わせて六十ドル」(一五三・4)…「僕」にとっては、最初にもらった十ドルと合わせて六十ドルになるので、拳銃が二丁買えることになりうれしい額。「お客さん」にとっては、思いがけない使い道に驚き、とまどう額。

三 **「いや、僕は人は殺さない。絶対に人間は殺さないってば。僕が殺すのは、占領者たち、侵略者たちだけだよ。」(一五三・6)という「僕」の発言の中で、「人」と「占領者たち」はそれぞれどのような存在をさすか、説明してみよう。**

解答例　「人」は、自分の家族や身内などをはじめとするバグダッドの市民や自分たちの味方、あるいは無関係な人々などで、人としての心を持ち、自分たちを殺したりしない存在をさし、「占領者たち」は、バグダッドに侵攻したアメリカ軍のことで、非情に人を殺し、自分たちの命をおびやかす存在をさす。

四 **この小説において、「お客さん」の存在はどのような効果を生み出しているか。「僕」の体験談だけの場合と比較して、考えたことを話し合ってみよう。**

考え方 少年の言葉をそのまま伝えて臨場感を出す効果や、少年の「叔父さん」に対する態度への反省的視点を示す効果などが考えられる。

活動の手引き

一 **受け取った六十ドルで「コルト拳銃」を買おうとしている「僕」に対する自分の考えを、「お客さん」のせりふとして書いてみよう。書いたものを互いに読み合い、工夫したことを話し合ってみよう。**

考え方 「三十ドルが拳銃の値段だとは思わなかったよ。君の言う占領者や侵略者を殺しても、君は人殺しになってしまう。私は君の将来のために使ってほしいと思っているんだよ。そのほうが叔父さんたちも喜ぶんじゃないかな。」などと具体的に想像して書いてみよう。

言葉の手引き

一 **次のかたかなを漢字に改めよう。**

1 フウサイが上がらない。 2 ロテン風呂に入る。
3 ジコケンオに襲われる。 4 立派なテイタク。
5 ソウトウ作戦を開始する。 6 カンゴクにぶち込まれる。
7 ゴウモンの傷がある。

解答 1 風采 2 露天 3 自己嫌悪 4 邸宅 5 掃討 6 監獄 7 拷問

二 **次の空欄に漢数字を当てはめてみよう。**

1 □束□文 2 □笑に付す
3 □心不乱 4 □目散

解答 1 二・三 2 一 3 一 4 一

三 **次の表現の意味を調べ、短文を作ってみよう。**

1 癪に障る(一四〇・8) 2 のたうちまわる(一四七・15)
3 関の山(一四七・17) 4 泣く子も黙る(一四九・6)
5 ほくそ笑む(一四九・14)

解答例 意味…省略(「語句の解説」を参照)

短文…1 人の揚げ足を取る言い方が癪に障る。
2 激しい腹痛に襲われてのたうちまわる。
3 いくら頑張ってもこれくらいが関の山だ。
4 泣く子も黙るほどの恐ろしい妖怪。
5 自分の思いどおりに事が運んでほくそ笑む。

四 **本文中から「気」を用いた慣用表現を抜き出し、それぞれの意味を調べてみよう。**

解答例 ・気が利かない(一四一・2)=配慮が行き届かない。
・気を揉む(同・13)=心配でやきもきする。
・気が晴れる(一四二・16)=つかえがとれてすっきりする。

わたしが一番きれいだったとき

茨木《いばらぎ》のり子

教科書P.156〜158

●学習のねらい

詩の構成の意図を考え、過去と後半生に対する「わたし」の心情をつかみ、詩の主題を理解する。

●主題

「わたし」は、青春時代を戦争と敗戦という社会の激動期に過ごさなければならなかった。そのとまどいや悔しさ、よるべない思いを心に深く抱きながらも、自分をいたわり、励まして、これからの人生を豊かなものにしたいという願いをうたった詩である。

●技法

・第一〜七連の最初の一行に「わたしが一番きれいだったとき」というフレーズを繰り返す反復法を用いている。

・「そんな馬鹿なことってあるものか」（第五連）など思い切った口語表現を用いることで、歯切れのよいリズムを刻んでいる。

●構成

一連が四行から成り、全体が八連で構成されている。内容のうえから大きくまとめると〈第一〜四連〉〈第五・六連〉〈第七・八連〉の三つに分けられる。

第一連 教P156・1〜P156・4

戦時中の「わたし」…空襲で街が崩れていく情景。

第二連 教P156・5〜P156・8

戦時中の「わたし」…戦争で人が死に、おしゃれのきっかけをなくす。

第三連 教P156・9〜P157・2

戦時中の「わたし」…贈物《おくりもの》をくれる人もいない。男たちは戦争へ。

第四連 教P157・3〜P157・6

戦時中の「わたし」…頭はからっぽ、心はかたくな、手足だけ光る。

第五連 教P157・7〜P157・10

敗戦後の「わたし」…ブラウスの腕をまくり卑屈な町をのし歩いた。

第六連 教P157・11〜P157・14

敗戦後の「わたし」…ラジオから流れる異国の甘い音楽をむさぼった。

第七連 教P158・1〜P158・4

青春時代の「わたし」…ふしあわせ、とんちんかん、さびしかった。

第八連 教P158・5〜P158・8

これからの「わたし」…長生きすることに決めた。

語句の解説

教156ページ

1 **わたしが一番《いちばん》きれいだったとき**　作者は終戦時十九歳。必ずしも実年齢で考えなくてもよいが、この詩では青春時代の「一番きれいだったとき」が戦争に重なったのであるから、やはり十代後半の青春時代と考えるのが内容的にも合っている。

3・4**とんでもない……見《み》えたりした**　爆撃で建物や建物の屋根が吹き飛んで、空がのぞいているのである。「とんでもないところ」「青空なんかが」という言葉の使い方によって、悲惨な状況に不思議な明るさをもたらしている。

6・7**まわりの人達《ひとたち》が……島《しま》で**　軍需工場への空襲や、海や南方の小さな島での戦いなどで多くの人々が死んでいった。

8**おしゃれのきっかけを落《お》としてしまった**　ちょうどおしゃれをし始める年ごろだったのに、戦争中おしゃれをすることは許されなかった。人が大勢死んで、おしゃれをしても見てくれる人もいなかった。戦争でおしゃれをする機会を失ったことを残念に思う気持ち。

教157ページ

1**男《おとこ》たちは挙手《きょしゅ》の礼《れい》しか知《し》らなくて**　「挙手の礼」は、右手を額の横に上げる軍隊式の敬礼。「しか知らなくて」には、女性に贈物をすることも知らないで、という思いが暗に含まれている。

2**きれいな眼差《まなざし》だけを残《のこ》し皆発《みなた》っていった**　「きれいな眼差」は、純粋で汚れのないまなざし。「男たち」が戦争で潔く死ぬことを美徳として教えられ、戦地へ旅立っていった(戦死した)ことを表している。彼らに対する作者の愛惜の気持ちがこめられている。

4〜6**わたしの頭《あたま》は……栗色《くりいろ》に光《ひか》った**　第四連は前の三つの連と比べると形が少し異なり、「わたし」に焦点を合わせている。一番きれいなときであれば、「頭」には柔軟な思考が宿り、「心」には優しい感受性が育ってほしいのに、「わたし」は精神性を失って、日焼けした健康的な肢体とは対照的に、ねじけた心で世の中を見ていたのである。

9**そんな馬鹿《ばか》なことってあるものか**　戦争に負けただけではなく、一番きれいだったときを奪われた、その犠牲が報われなかったことに怒りや徒労感を感じている。

10**ブラウスの腕《うで》をまくり卑屈《ひくつ》な町《まち》をのし歩《ある》いた**　「卑屈な町」は敗戦で一変した町の表情。その町を歩きながら、「わたし」はこれまで奪われてきたものを取り返してやろうと意気込んでいる。

13・14**禁煙《きんえん》を破《やぶ》ったときのように……むさぼった**　「禁煙を破った」とは、戦時下の禁止ずくめの生活が一変した状況の比喩であろう。「異国の甘い音楽」は「ジャズ」のこと。敗戦とともに流れ込んできたジャズとの衝撃的な出会いを、「くらくらしながら」「甘い音楽をむさぼった」と身体感覚豊かに表現している。

教158ページ

2〜4**わたしはとても……さびしかった**　第七連は第四連と似た構成で「わたし」に焦点を合わせている。「とんちんかん」はつじつまが合わずまぬけなこと。「めっぽう」は、とても、という意。ここでは「わたし」や「とても」の繰り返し、「とんちんかん」「めっぽう」などのくだけた表現によって、不幸が明るくリズミカルに表現されていることに注意したい。くじけまいとして自分を支えているのである。

5**だから決《き》めた**　これまでの回想を受けて、未来への決意を述べている。「決めた」は一字空きでつながる、下の「できれば長生きすることに」と倒置になっていて、下の語句が強調されている。

6年《とし》とってから凄《すご》く美《うつく》しい絵《え》を描《か》いた　一番きれいで美しく生きられるはずだった青春を取り戻し、この先の人生を悔いなく生きていきたいという願いを「ルオー爺《じい》さん」の人生に重ねて表明している。

手引き

学習の手引き

一　「わたし」が生きてきた時代はどのようなものだったかを考え、「わたしが一番きれいだったとき」という表現の繰り返しの効果を説明してみよう。

考え方　時代を表す表現に注目して考えよう。また、詩全体の構成において「わたしが一番きれいだったとき」という表現が置かれている連の内容を簡潔にまとめ、この表現が置かれていない最後の連との対比によってどのような効果を生んでいるかに注目して説明しよう。

解答例　時代…第二次世界大戦下、また敗戦直後の混乱の時代で、貧しい生活は変わらず続いていたものの、軍国主義から民主主義への転換やアメリカ文化の流入によって社会の価値観が大きく変わった時代。

効果…「わたしが一番きれいだったとき」という表現が置かれている連では、一行目にこの表現が置かれ、残りの三行でその「きれい」さを発揮できなかった時代状況や「わたし」の思いが語られている。対して、この表現が置かれていない最後の連では、こうした状況や思いをふまえて、「わたし」の今後の決意が語られている。対比によって最後の連での決意を強調する効果があると考えられる。

二　第七連での「わたし」の気持ちを説明してみよう。

考え方　言葉の意味だけでなく言葉遣いやリズムにも注意しよう。

解答例　かけがえのない青春を暗い時代に翻弄されて過ごしたことを嘆きつつも、「わたしは」「とても」の繰り返しや、「めっぽう」「とんちんかん」というくだけた表現を用いて明るくリズミカルに表現しているように、絶望的にならず希望を持って生きようとする気持ちだったと考えられる。

三　この詩の中で第八連の持つ意味を考え、最後の「ね」という表現の効果を説明してみよう。

考え方　最後の「ね」という表現の効果については、三行目の文末に置いた場合との違いを考えてみるとよい。

解答例　第八連は、「わたし」の最も伝えたい決意がこめられていると考えられる。その決意の内容が三行目までで語られたあと、最後の「ね」が一呼吸置いて確かめるように置かれている。自分に言い聞かせ、読者にもわかってほしい、そんな思いをこめて大事なものをそっと差し出すような味わいがある。押しつけがましくなく、かわいらしい表現によって読者の同意を誘う効果がある。

死んだ男の残したものは

谷《たに》川《かわ》俊《しゅん》太《た》郎《ろう》

教科書P.159～161

学習のねらい

ベトナムの平和を願う反戦詩として書かれた背景をふまえ、作品に託された思いを読み取る。

主題

戦争で人々は次々と死んでいき、兵士もこわれた武器や焦土となった地球を残しただけで、平和ひとつ残せず死んでいった。私たちはかれらの死という歴史をどのように受け止め、希望を持って生きていくのかと問いかけている。

技法

・一行が七音＋七音で構成されていて（第四連の最終行の「平和ひとつ」だけが六音）、リズムを生み出している。
・第一連から第四連までと、第五連と第六連がそれぞれ対句的な構成になっている。

構成

一連が四行から成り、全体が六連で構成されている。大きくまとめると〈第一～三連〉〈第四連〉〈第五・六連〉の三つに分けられる。

第一連　**教P159・1～P159・4**
死んだ男の残したものと残さなかったもの

第二連　**教P159・5～P159・8**
死んだ女の残したものと残さなかったもの

第三連　**教P159・9～P160・3**
死んだ子どもの残したものと残さなかったもの

第四連　**教P160・4～P160・7**
死んだ兵士の残したものと残せなかったもの

第五連　**教P160・8～P160・11**
生きてるわたしと生きてるあなた

第六連　**教P160・12～P161・2**
死んだ歴史が残した輝く今日とまた来る明日

語句の解説

教159ページ

4 **墓石《はかいし》ひとつ残《のこ》さなかった**　誰にも弔われることもなく死んでいったという意味。

8 **着《き》もの一枚《いちまい》残《のこ》さなかった**　生活が困窮していたことを表している。

教160ページ

1 **ねじれた脚《あし》と乾《かわ》いた涙《なみだ》**　子どもの遺体の悲惨な様子。

3 **思《おも》い出《で》ひとつ残《のこ》さなかった**　よい思い出がないまま死んでいった様子。また、記憶すらも失われ、無と化した様子。

5 こわれた銃《じゅう》とゆがんだ地球《ちきゅう》　視点を広げ第三連までを俯瞰《ふかん》している。

13 輝《かがや》く今日《きょう》とまた来《く》る明日《あした》　「死んだかれら」（教160ページ8行）が残した「死んだ歴史」（教同ページ12行）を受け止め、希望のある日々を歩まなければならないことを示している。

手引き

学習の手引き

一　この詩の音感とリズムに留意しながら、繰り返し音読してみよう。

考え方　この詩は全体的に一行が七音＋七音で構成されている。例外として第四連の最終行の「平和ひとつ」だけが六音となっている。

第一連から第四連までは「死んだ○○の残したものは／○○と○○／他には何も残さなかった（残せなかった）／○○ひとつ（一枚）残さなかった（残せなかった）」、第五連と第六連は「死んだ○○の残したものは／○○（と）○○／他には誰も（何も）残っていない／他には誰も（何も）残っていない」という対句的な構成になっている。

第一連から第六連まで、一行目が「は」で終わり、第一連から第四連までは三行目と四行目が「た」、第五連と第六連は「い」で終わっている。以上のことに着目して音読するとよい。

二　最初の三連のつながりを考慮に入れながら、それぞれが「残したもの」と「残さなかった」ものの意味するところを、説明してみよう。

解答例　第一連で「死んだ男」（一五九・1）が残した「ひとりの妻とひとりの子ども」（同・2）は、第二連の「死んだ女」（同・5）と第三連の「死んだ子ども」（同・9）である。また、「死んだ女」が残した「ひとりの子ども」は第三連の「死んだ子ども」である。つまり、それぞれが「残したもの」はいずれも死んでしまったということであり、「死んだ女」の残した「しおれた花」（同・6）や「死んだ子ども」の残した「ねじれた脚と乾いた涙」（一六〇・1）ともども、悲惨な状況を意味している。また、「残さなかったもの」は「墓石ひとつ」（一五九・4）「着もの一枚」（同・8）「思い出ひとつ」（一六〇・3）であり、生前の暮らしや死後の扱いの粗末さを意味している。

三　最初の三連と第四連との違いを指摘し、その理由を説明してみよう。

解答例　最初の三連は一つの家族の死が描かれているが、第四連では戦う側の「兵士」の死も描かれていて、残したものは「こわれた銃とゆがんだ地球」（一六〇・5）だと俯瞰して表している。戦争で失われたものに対し、「平和ひとつ残せなかった」（同・7）と、その代償の大きさをより強調して描くためだと考えられる。

四　第五連と最終連にこめられた思いはどのようなものか、話し合ってみよう。

考え方　第五連では「生きてるわたし生きてるあなた」（一六〇・9）が、第六連では「輝く今日とまた来る明日」（同・13）が残されていることが強調されている。戦争によってすべてが無と化したあとに存在する「わたし」や「あなた」は、戦争をどのように受け止め、どのように希望を見つけて生きていくのかと問いかけていると考えられる。

春――イラクの少女シャミラに

柴田《しばた》三吉《さんきち》

教科書P.162〜164

● 学習のねらい

対比的に配置された詩の構造を理解し、現代の戦争を描いた表現上の工夫を読み取る。

● 主　題

春、新芽が伸び、木々が花をつけ、たくさんの実をつけていく光景と、イラクの少女シャミラがミサイル弾で両腕を切断され、失意の苦い記憶だけを茂らせていく光景を対比的に表現している。

● 技　法

第三連の二行を境として、第一連・第二連と、第四連・第五連が対比的な内容になっている。

● 構　成

全体が五連で構成されている。大きくまとめると〈第一連・第二連〉〈第三連〉〈第四連・第五連〉の三つに分けられる。

第一連　教P162・1〜P162・5
ヤマモモの枝が切り落とされた冬の公園の情景

第二連　教P162・6〜P162・10
枝から新芽が伸びて木々が実を鈴なりにする春の公園の情景

第三連　教P163・1〜P163・2
シャミラの瞳とつぶやき

第四連　教P163・3〜P163・7
戦争がシャミラの腕を奪ってしまった光景

第五連　教P163・8〜P163・12
春になっても手は生えず失意の記憶だけが茂るだろうという現実

語句の解説

教162ページ

2 **肘《ひじ》のあたりで**　擬人化された表現で、「両肘を白い包帯で巻かれ」（教163ページ5行）と対比されている。

5 **わたしの背《せ》を丸《まる》くした**　木々の枝が払われた公園を通り抜ける冬の風の厳しさを表している。

教163ページ

2 **もう愛《あい》するひとを半分《はんぶん》しか抱《だ》けない**　シャミラの腕がないことを暗示する表現。

3 **投《な》げられた斧《おの》**　ミサイルを名前の由来に沿って「斧」と表現し、「切断」（教163ページ4行）と呼応させ印象を強めている。

10 **ざわざわと茂《しげ》る**　「失意の記憶」（教163ページ9行）が「苦い実」（教同ページ12行）となって増える様子。

手引き

学習の手引き

一 この詩の構成上の特徴を指摘してみよう。

解答例 第一連・第二連と、第四連・第五連が対比的な内容になっている。第一連では冬の公園の情景が「太い枝も肘のあたりで切り落とされている」（一六三・2）と描かれ、第四連では戦争の情景が「トマホークで切断された彼女の腕は」（一六三・4）と描かれ、対比されている。第二連では春の公園の情景が「春になり、その枝からも新芽が伸びてきた……掌《てのひら》を大きくしていく」（一六三・6〜8）や「やがて木々は花をつけ／甘酸っぱい実を鈴なりにする」（同・9／10）と描かれ、第五連では春を迎えるシャミラの様子が「つぎの春も、シャミラの肘から手は生えてこない」（一六三・8）、「失意の記憶だけが、……苦い実を鈴なりにして」（同・9〜12）と描かれ、対比されている。

二 第三連について、次のことを説明してみよう。

1 前後の二連の間にこの二行が置かれたことには、どのような効果があるか。

2 「砂漠にかかる月のような」という比喩は、どのようなイメージを添えているか。

解答例 1 対比的に描かれた前半（第一連・第二連）と後半（第四連・第五連）の場面の移り変わりを、幻想的に表現された第三連によって劇的につなぐ効果がある。

2 シャミラの表情の物悲しさやうつろさを、黒々とした砂漠の上に大きくかかる満月にたとえて幻想的なイメージを添えている。

三 前半二連の「ヤマモモ」の描写と、後半二連の「シャミラ」の描写とを比較し、両者がどのように対比されているか、詩の表現に即して説明してみよう。

解答例 前半二連の「ヤマモモ」は冬には「太い枝も肘のあたりで切り落とされ」（一六三・2）ていても、春には「新芽が伸びて」（同・6）、柔らかい葉が「日に日に掌を大きくしていく」（同・8）ように広がり、やがて「甘酸っぱい実を鈴なりにする」（同・10）。対して後半二連の「シャミラ」は腕をトマホークで切断され、「両肘を白い包帯で巻かれ」（一六三・5）、春になっても「肘から手は生えてこ」（同・8）ず、「虚空をつかむ葉」（同・11）のように「失意の記憶だけ」（同・9）が茂り、「苦い実を鈴なりに」（同・12）する。

四 この詩が、現代の戦争を描いたものであることは、どの表現によって想定することができるか、指摘してみよう。

解答例 アメリカ合衆国の長距離巡航ミサイルの「トマホーク」という表現。

五 「春」という題名にこめられた思いはどのようなものか、各自の考えを話し合ってみよう。

考え方 新しい命が芽吹く春になっても、シャミラには「失意の記憶」だけが残り、「苦い実」が「鈴なり」に広がるという、戦争が自然に逆らい、日常を喪失させることを浮き彫りにしていると考えられる。

現代の小説(二)

棒

安部《あべ》公房《こうぼう》

教科書P.166～174

学習のねらい

超現実的な変身と対話にこめられた寓意《ぐうい》について把握し、小説が提起する問題について考察する。

主　題

日曜日にデパートの屋上で子供たちの守をしながら街を見下ろしていた「私」は、妙にいらだっていて、子供の声から逃れるように上半身をのりだした瞬間、墜落し、気がつくと一本の棒になっていた。棒となった「私」は、先生と学生によって分析され、処罰を検討された結果、裁かぬことによって裁く例として、置きざりにされる。

他人に使用されることでしか存在理由を持つことができない人間は、主体的な判断を失った死人に等しい存在として生きてゆくほかはないという現代人の状況を、棒は他人に使用されることによってしか、棒たり得ないという設定に仮託して描いた作品である。

段　落

本文は内容によって八つの段落に分けられる。

一　教P166・1～P167・1　デパートの屋上での「私」
二　教P167・2～P167・15　「私」の墜落と棒への変身
三　教P167・16～P168・17　「先生」と二人の学生による実習
四　教P169・1～P170・10　棒(「私」)についての分析と討論
五　教P170・11～P171・12　新しい発見のあり得ない棒
六　教P171・13～P172・11　裁かぬことによって裁かれる棒(「私」)
七　教P172・12～P172・17　学生の質問と、置きざりにされる「私」(棒)
八　教P173・1～P173・3　子供たちの叫び声と、「私」(棒)の独白

段落ごとの大意と語句の解説

第一段落　教166ページ1行～167ページ1行

ある六月の日曜日に、駅前のデパートの屋上で、「私」は二人の子供の守をしながら街を見下ろしていた。手すりにへばりついているのは、子供より大人が多かった。少々、後ろめたい楽しみであったが、ただぼんやりしていただけで、後になって思い出す必要のあるようなことは、何も考えていなかったはず

だ。ただ、湿っぽい空気のせいか、妙にいらだたしく、子供たちに対して腹を立てていた。

教166ページ

2 **守《もり》** 子守。子供の番をし、相手になってやること。

3 **街《まち》を見下《みお》ろしていた** 具体的には歩道の雑踏を見下ろしていたということ。

4 **通風筒《つうふうとう》** 室内や建物内などの換気のために設ける風の通路となる装置。ダクト。

6 **特別《とくべつ》なことではなかったと思《おも》う** 街を見下ろすことに夢中になっていたことについて表している。

1 **「手《て》すりにへばりついているのは、子供《こども》より大人《おとな》が多《おお》い」から、どういうことがわかるか。**

答 大人たちの多くが、「私」と同じようないらだちを覚え、自分の子供たちに対する腹立たしさを感じているということ。または、自分の日常生活に対する鬱憤を抱えていて、潜在的な失踪願望を「後ろめたい楽しみ」(教166ページ10行)として味わっているということ。

「へばりつく」＝ぴったりとくっついて離れないようにする。

8 **うっとりと** 美しいものなどに気を奪われてぼうっとする様子。

10 **むろん** 言うまでもなく。

10 **ことさら** わざわざ。取り立てて。

教167ページ

1 **妙《みょう》にいらだたしく** 梅雨時の不愉快な天気と日常生活に対する潜在的な不満が表れている。

第二段落 教167ページ2行〜15行

ほんの気分上のことではあったが、「上の子供」の声から逃れるようにして、上半身をのりだした「私」は、屋上から墜落してしまった。気がつくと「私」はちょうど手ごろな、一メートルほどの棒に変身していた。突然、頭上から降ってきた棒に、人々は腹を立て、興奮した。

教167ページ

2 **怒《おこ》ったような声《こえ》で** 「上の子供」がなかなか帰ろうとしない父親にいらだっていることがわかる表現。

3 **ほんの気分上《きぶんじょう》のことで** 手すりから上半身をのりだしたことが、意図的な行動ではないことを意味している。

7 **太《ふと》からず、細《ほそ》からず、ちょうど手《て》ごろな** 太くもなく、細くもなく、手に持つなどの一般的な目的に適しているということ。

12 **人々《ひとびと》は腹《はら》を立《た》てて上《うえ》をにらんだ** 急に上から棒が落ちてくるということはきわめて危険なことであり、人々はそれが屋上の誰かの仕業ではないかと怒っている。

12 **血《ち》の気《け》の失《う》せた私《わたし》の子供《こども》たちの小《ちい》さな顔《かお》が、行儀《ぎょうぎ》よく並《なら》んでいた** 子供たちが父親の墜落と変身を目撃して茫然《ぼうぜん》自失《じしつ》し、身動きもできない状態でいることを表している。

13 **入《い》り口《ぐち》** デパートの入り口。

13 **守衛《しゅえい》** 大勢の人が出入りする建物を警備する人。

13 **いたずら小僧《こぞう》どもを厳重《げんじゅう》に処罰《しょばつ》することを約束《やくそく》して** 守衛が、棒を落としたと見られる「私」の二人の子供を処罰することを約束して。

14**イカク**　威嚇。おどすこと。

第三段落　教167ページ16行〜168ページ17行

一人の学生が棒の「私」に気づいた。彼は、同じ制服を着て、背丈、顔つき、帽子のかぶり方まで、まるで双子のように似通っているもう一人の学生と、つけひげの白い鼻ひげを蓄え、眼鏡をかけたもの静かな長身の紳士である「先生」の三人連れであった。「先生」は棒(＝「私」)を研究材料として「最初の実習」を始めることを二人の学生に提案する。

教168ページ

1**まるで双子《ふたご》のように似通《にかよ》っていた**　どこか現実離れした、特異なイメージを持つ人物像として提示されている。

2**いかにも**　まさしく。どこから見ても。

7**最初《さいしょ》の実習《じっしゅう》**　棒を分析することで、生前、棒がどのような人間であったかを判断し、棒の処罰の方法を決めること。

8**一《ひと》つ**　ちょっと。ためしに。

10**ふさがっている**　すでに他人に使用されているということ。

10**緑《りょく》地帯《ちたい》**　一帯に草木を植えた地域。

11**ささげて**　両手で目の前に高くさし上げて。

2　「つけひげ」から、どういう人物像がうかがえるか。

答　どこか現実離れした特異なイメージを持つと同時に、いかがわしさを感じさせる人物像。

16**どんなことが想像《そうぞう》できるだろうね**　「先生」のこの問いに対して、「右側の学生」は「誠実で単純な心を持っていた」(教169ページ7行)、「左側の学生」は「ぜんぜん無能だった」(教169ページ11行)と答えている。

第四段落　教169ページ1行〜170ページ10行

「右側の学生」は、棒に上下の区別があることを指摘し、棒は一定の目的のために使われていたもので、傷だらけになりながらも使われ続けたことから、生前は誠実で単純な心を持っていたと想像する。一方、「左側の学生」は、人間の道具としてただの棒であることはあまりに単純で下等であり、生前は無能だったと思うと言う。これに対して「右側の学生」は、単純であるがゆえに、あらゆる道具の根本だとも言え、特殊化していない分だけ用途も広いと言うが、「先生」は、二人は同じことを違う表現で言っているだけで、「この男」(＝「私」)は棒であったのであり、棒は棒であるということだと言う。

教169ページ

5**かなり乱暴《らんぼう》な扱《あつか》いを受《う》けていたようだ**　「私」が過酷な労働を強いられていたということ。

7**生前《せいぜん》**　「私」が棒に変身する前。

7**誠実《せいじつ》で単純《たんじゅん》な心《こころ》を持《も》っていた**　棒を使用する側にとって、きわめて都合のよい性格であったことを示している。

8**感傷的《かんしょうてき》**　物事に心を動かされやすい様子。

13**棒《ぼう》なら、猿《さる》にだって使《つか》える**　生前の「私」のあり方に対するあざけりの表現。

3　「逆《ぎゃく》に言《い》えば。」とあるが、何を「逆」に言い換えているのか。

答

「左側の学生」が、棒は人間の道具にしては下等であり、単純すぎるので無能だと言ったことを、「右側の学生」は、棒はあらゆる道具の根本であり、単純で特殊化していないからこそ用途が広いと言い換えている。

15 **特殊化《とくしゅか》**　対 **一般化《いっぱんか》・普遍化《ふへんか》**　一般的、普遍的なものに特殊な要素や解釈を加えて限定すること。

16 **ならす**　手なずける。

教170ページ

3 **それ**　盲人は棒に導かれているわけではなく、棒を利用して、自分で自分を導くということ。

4 **「同《おな》じことを違《ちが》った表現《ひょうげん》で言《い》っている」とあるが、二人の学生が話す「同じこと」とは何か。**

答

棒は使用されることによって、棒であり得ているということ。

第五段落　教170ページ11行～171ページ12行

単純な誠実さを備えた棒（＝「私」）は、量的な意味よりも質的な意味でありふれた、新しい発見の対象とはなり得ない存在だと先生は言う。「右側の学生」は棒の処罰をためらい、「左側の学生」は、死者を罰するために存在する「ぼくら」が罰しないわけにはいかないと言う。「先生」はどんな刑罰が適当かと二人に問う。

教170ページ

11 **未練《みれん》がましく**　納得のいかない様子で。

11 **棒《ぼう》であり得《え》たという、特徴《とくちょう》は認《みと》めてやらなければならない**　「右側の学生」には、標本室ではまだ一度も見たことがない、単純な誠実さを具現している棒の存在が珍しく思えていることがわかる表現。

16 **あまりありふれている**　「平凡すぎる」（教170ページ16行）を言い換えた表現。

教171ページ

3 **量的《りょうてき》な意味《いみ》よりも、むしろ質的《しつてき》な意味《いみ》で**　棒は、新しい発見の対象とはなり得ないという意味で。「棒がありふれている」（教171ページ2行）という理由にあたる。

4 **とやかく**　「とくに取り上げて」（教170ページ16行）と同義の表現。

5 **ところで、君《きみ》たちは、どういう刑《けい》を言《い》い渡《わた》すつもりかな？**　「先生」は、棒は処罰の必要が認められない存在であるという結論を導くために、この時点での学生たちの理解度を試そうとしている。

7 **こんな棒《ぼう》**　質的な意味において、ありふれた、新しい発見の対象とはなり得ない棒。

第六段落　教171ページ13行～172ページ11行

二人の学生は考え込む。「先生」は、棒（＝「私」）は裁かないことによって裁かれる連中の代表的な例であり、置きざりにすることが一番の罰であるとし、置きざりにされることで、棒（＝「私」）は生前と同じく棒としていろいろに使われるだろうと言う。

教171ページ

13 **じっと考《かんが》え込《こ》んでしまった**　「先生」にとって棒の処罰の方法は自明のことであったが、学生たちにとっては難題であったということを表している。

14 **抽象《ちゅうしょう》的《てき》** 事物の共通する点を抜き出し、一般化して捉える様子。

対 **具象《ぐしょう》的《てき》・具体《ぐたい》的《てき》**

教172ページ

1 **裁《さば》かないことによって、裁《さば》かれる** 具体的には、「先生」や学生たちによって処罰されることなく、ただ置きざりにされることをさす。

4 **人間《にんげん》の数《かず》に比《くら》べて、我々《われわれ》の数《かず》はきわめて少《すく》ない** 「先生」と二人の学生は人間世界の存在ではないと考えられる表現。

第七段落 教172ページ12行～172ページ17行

学生の一人が、棒（＝「私」）は、自分たちのやりとりを聞いて何か思っただろうか、と聞くが、「先生」は答えることはなく、三人はそのまま立ち去っていった。誰かに踏んづけられた「私」（＝棒）は地面に半分ほどめり込んだまま、置きざりにされた。

教172ページ

14 **慈《いつく》しむ** 愛する。かわいがる。大切にする。

14 **促《うなが》して** ある行為をするように仕向けて。

第八段落 教173ページ1行～3行

「私」（＝棒）の子供のものともつかない、父親を叫び呼ぶ声が聞こえた。「私」（＝棒）は、雑踏の中の子供たちに、父親の名前を叫んで呼ばなくてはならない子供が何人いたとしても、不思議ではないと思う。

教173ページ

1 **「父《とう》ちゃん、父《とう》ちゃん、父《とう》ちゃん……」という叫《さけ》び声《ごえ》が聞《き》こえた** 世の中には、「私」のような棒でしかない父親の存在は珍しくなく、常に迷子に等しい多くの子供たちが存在しているということを示している。

手引き

学習の手引き

一 **棒になった「私」について、「つまりこの男は棒だったということになる。」（一七〇・8）とあるが、棒になる前の「私」はどういう人間であったか。これより前の、二人の学生のやりとりを参考に、特徴を整理してみよう。**

考え方 二人の学生が指摘した主な点は次のとおり。

・「上のほうはかなり手垢《てあか》がしみ込んでいます。下の部分は相当にすり減っています。これは、この棒が、……何か一定の目的のために、人に使われていたということを意味する」（一六九・2～5）

・「この棒は、かなり乱暴な扱いを受けていたようだ。一面に傷だらけです」（同・5）

・「捨てられずに使い続けられたというのは、おそらくこの棒が、生前、誠実で単純な心を持っていたため」（同・6）

・「この棒は、ぜんぜん無能だったのだろう……あまり単純すぎる……ただの棒なんて、人間の道具にしちゃ、下等すぎます」（同・11～13）

・「棒はあらゆる道具の根本だとも言える」(同・14)
・「特殊化していないだけに、用途も広い」(同・15)

解答例　「私」は二児の親で、特に目立った特徴もない、ごく平凡な男であり、誰かの下でいいように使われ、心身をすり減らしながら与えられた仕事を黙々とこなしてゆくだけの日々を過ごしている人間であったと考えられる。

二　**「裁かぬことによって裁いたことになる」(一七三・6)とはどういうことか。一をふまえて説明してみよう。**

解答例　他人に使用されることでしか存在理由を持つことができない「私」は、そのこと自体によって社会に許容されていたのであり、裁かれないことになるが、それによって「私」が「私」であろうと主体的に生きる、人間としての本来的な在り方からは疎外されるという罰を受けることになるということ。

三　**末尾の一文(一七三・2)について、次の点を話し合おう。**

1　どういうことを意味しているか。
2　この一文にはどういう効果があるか。

考え方　それぞれ次のことなどが考えられる。これらをふまえて話し合おう。

1　・棒になった「私」は、誰かの目的に合わせた道具にすぎず、子供たちの父親としての固有な存在とはなり得ない、誰ともつかないただの棒であること。
・子供たちが、「私」の(生前の)名前を叫び呼んだとしても、棒には区別がつかないこと。
・同じような子供がほかに何人いたとしても不思議ではないならば、「私」のような父親の存在もまた珍しくはないこと。

2　・「私」が直面した人間として疎外されるという現実が、決して特殊な事例ではなく、一般的になりつつあることを示す効果。
・人間の存在理由についての問いかけを読者に提起する効果。

四　**この小説にはどういう寓意がこめられているか。自分の考えを文章にまとめ、話し合ってみよう。**

考え方　現代社会に生きる人間は、ある一定の目的のために使用されることでしか自分の存在理由を持つことができない状況にあり、棒のような存在として生きてゆくことで社会に許容されるが、主体的な生き方をする人間としての本来的な在り方からは疎外されることになる、といったことなどが考えられる。

活動の手引き

一　**棒を「置きざりにするのが、一番の罰」(一七三・9)であるとする「先生」の発言について、次のことを考えよう。**

1　なぜ棒を置いていくことが「一番の罰」になると考えたのか、想像してみよう。
2　このような「先生」の態度について、どのような感想を持つか、自分の考えを話し合ってみよう。

考え方　1　棒を置きざりにすることは、棒がこれまでと同様に使われることによって、「私」に主体的に生きる、人間としての本来的な在り方への道を閉ざすことになる、という点をふまえて想像してみよう。
2　先生がつけひげをつけていることや、それをはがれないように直したあとの「先生は静かにうなずき、……何事もなかったように」(一六八・14〜15)という態度、また、「右側の学生」の発言に対し「感傷的になりすぎている」(一六九・8)と「微笑《ほほえみ》を含んだ声」(同・9)で言う様子や、棒を置きざりにする際の「微笑して」(一七二・8)という様子から、知的な冷静さを装う反面、一種のいかがわしさを伴っているという印象を受けることなどが考えられる。

言葉の手引き

一　次のかたかなを、訓読みの語は送り仮名も含めて漢字に改めよう。

1　飛行機がツイラクする。
2　ザットウに紛れる。
3　夜道で背後をカエリミル。
4　ぬれた道でスベル。
5　昆虫のヒョウホンを作る。
6　我が子のようにイツクシム。

解答　1　墜落　2　雑踏　3　顧みる　4　滑る
5　標本　6　慈しむ

二　次の傍線部の語句の意味を調べよう。

1　後ろめたい楽しみ(一六八・10)
2　血の気の失せた私の子供たち(一六七・12)
3　入り口に頑張っていた守衛(一六七・13)
4　実習としてはおあつらえ向き(一六八・7)
5　ほとんど同時に口を切った(一六八・12)
6　瓜二つの君たち(一七〇・6)

解答例
1　気がとがめる、やましい。不安だ、気がかりだ、心もとない。
2　肌に血の通っている様子である色つやがなくなる、青ざめる。
3　見張りをする、目をこらして見る。
4　理想的であること、希望どおりであること。
5　話し始める。多くの人たちの中で最初に発言をする。
6　縦に二つに割った瓜のように、顔かたちがよく似ていること。

三　この小説に「私」の一人称の語りが採用されていることにはどのような効果があると考えられるか。本文の具体的な箇所を指摘しながら、話し合ってみよう。

考え方　「私はただぼんやりしていただけ……何も考えていなかったはずだ」(一六六・11〜12)、「この雑踏の中の、……不思議ではない」(一七三・2〜3)などと、棒になった経緯や感想を「私」の一人称の語りで省察することで、匿名の「私」の境遇に読者である「私」が感情移入しやすくなり、一体感を図る効果があると考えられる。第七段落で「学生の一人」(一七二・12)が発した「この棒は、ぼくらの言うことを聞いて、何か思ったでしょうか？」(同・12)という言葉は、「先生」に対する問いかけだけでなく、読者に対する問いかけにもなるのである。また、「落ちるときそうなったのか、……私は一本の棒になっていた」(一六七・6〜7)と説明されているように、現実と棒に変身したあとの非現実の、二元的な世界を、「私」の一人称の語りによって自然につなぐ効果があるとも考えられる。これらのことをふまえて話し合ってみよう。

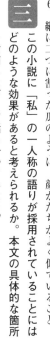

骰子《さいころ》の七《なな》の目

恩田《おんだ》 陸《りく》

教科書P.176〜187

●学習のねらい

「私」によって語られる作中世界の異常さを意識しながら、小説の批判精神を読み取る。

●主　題

渋谷のスタジオで月に一度行われる戦略会議が今日も始まった。「私」を含めみんな良識あるいつものメンバーだが、一人見知らぬ「女」がテーブルの隅に座っている。今日のテーマは「柱時計か、腕時計か」。柱時計は家族の中心にあるという意見が支持されるのを、「私」は満足して見ている。腕時計を推す声も出たが、やはり家庭の基本である柱時計がよいという結論に達しようとしたとき、どうして二者択一なのか、みんなが同じことを感じるなんて不自然じゃないか、という「女」の冷たい声が響き、人々の顔は不安と猜疑心《さいぎしん》に歪《ゆが》む。

現実の中に非現実を紛れ込ませたSF的な展開で、二者択一の発想と「良識」を風刺的に描いている。物事は二者択一で決められるほど単純ではなく、決めないということもまた重要なのである。

●段　落

本文は場面の展開から、五つの段落に分けられる。

一　教P176・上1〜P176・下11　ガムランが呼び起こす重要な何か
二　教P176・下13〜P179・上3　会議に混じる影のような「女」
三　教P179・上5〜P182・下2　良識ある「私たち」の会議
四　教P182・下4〜P185・上12　冷ややかに水を差す「女」の言葉
五　教P185・上14〜P186・下9　単純さを扇動する罪

段落ごとの大意と語句の解説

第一段落　教176ページ上1〜下11行

渋谷駅前の交差点を渡りロフトの前にくるとガムランみたいな音楽が聞こえてきて、いつも何かを思い出しそうになる。その音階やリズムを聞いていると、自分にとって重要な何かを忘れているような気がして憂鬱になる。今日はそれを聞いて、子供のころに聞いた童話を思い出した。金の斧《おの》か銀の斧か鉄の斧か、「栄《えい》ちゃんだったら、どれを選ぶ?」とそのとき聞かれたのだ。

教176ページ

上1　**殺人的《さつじんてき》に混《こ》み合《あ》う**　混み合い方が命を奪うほどにひどい、という意。

上11　**自分《じぶん》にとって重要《じゅうよう》な何《なに》か**　この小説の主題につながる伏線。何を忘れていたのかは、小説の最後に明かされる。

上12　**憂鬱《ゆううつ》**　気が晴れないこと。気がふさぐさま。

下2　**身体《からだ》に飛《と》び込《こ》んできて**　単に耳に聞こえたのではなく、全身で知覚するほど染み込んできたということ。その中で、子供のころに聞いた童話を思い出したのである。

下9 **舌切《したき》り雀《すずめ》と同《おな》じ話《はなし》の構造《こうぞう》** どちらの童話も、良識や道徳に従った選択をすれば褒美を得られ、欲を出すと罰を受ける、という構造。

下11 **栄《えい》ちゃん** 「私」の名。第五段落で名が出る「斉藤栄一《さいとうえいいち》」のこと。

第二段落 教176ページ下13行〜179ページ上3行

今日は月に一度の戦略会議の日で、会議はガラス張りのスタジオで公開で行われる。四角いテーブルにはいつものメンバーが集まっている。都民の良識とも言うべき人たちで、「私」もその中の一人であることを誇らしく思う。しかし、今日はテーブルの隅に見知らぬ「女」が一人、影のように静かに座っている。隣の御殿場《ごてんば》さんに尋ねてみたが、御殿場さんも知らないと言う。「女」から発せられる暗く禍々《まがまが》しい雰囲気に、「私」は良識ある会議を汚されたように感じ、不快な気分になった。

教177ページ

上4 **戦略会議《せんりゃくかいぎ》** 「人々を平和な社会生活に導く」（教184ページ下15行）会議。「戦略」は、ここでは政治や経済活動などの策略のこと。

上4 **公開《こうかい》** 公衆に開放すること。一般に開かれていること。

上5 **おのずと身《み》が引《ひ》き締《し》まる** 自然と緊張する。

上9 **まなざし** 目の様子。目つき。

上12 **会釈《えしゃく》** 軽いお辞儀。軽い挨拶。

上15 **ソフトな物腰《ものごし》** 言葉や態度が柔らかいさま。

上15 **「番頭《ばんとう》さん」** 「城間《しろま》さん」のニックネーム。「番頭」は、商店や旅館などの使用人の頭、雇用されている人を取りまとめる長。

下2 **学術的《がくじゅつてき》かつ知的《ちてき》** 学問に優れ、同時に、知識があるさま。

下5 **良識《りょうしき》** 健全な判断力。健全な考え方。ここでは、都民の大多数が共有する価値観を持っている、の意。

下6 **誇《ほこ》らしく思《おも》っている** 得意に思っている。自慢に思っている。

下9 **濁《にご》り** 清浄でないもの。不純で汚いこと。

教178ページ

上1 **能面《のうめん》のように無機質《むきしつ》** 「女」の顔に人間的な温かみが感じられないということ。「能面」は能楽で使う仮面。一つの面で喜怒哀楽の変化が出るように作られていて、一見無表情に見える。

上3 **影《かげ》のように** 存在感がないさま。

上9 **私《わたし》の視線《しせん》の先《さき》** 「私」が見ている、「女」がいるところ。

上15 **眉《まゆ》をひそめて** 不快そうに顔をしかめて。御殿場さんが「女」をよく思っていないことを表す。
「眉をひそめる」＝心配や不快を感じて顔をしかめる。

下5 **頓着《とんじゃく》せず** 気にしないで。

下17 **禍々《まがまが》しい雰囲気《ふんいき》** 忌まわしい雰囲気。不吉な気配。

教179ページ

上3 **汚《けが》された** ここでは、名誉を傷つけられた、の意。

第三段落 教179ページ上5行〜182ページ下2行

今日のテーマは柱時計か腕時計かである。城間さんが柱時計を推し、家族の中心にあって安心感があると言うと、妹尾《せのお》さんも柱時計の音は生活にリズムを与えるのに対し腕時計は贅沢《ぜいたく》だと言う。これに御殿場さんも賛同し、窓ガラスの外でも、子供を持つ女たちが一緒に頷《うなず》く。柱時計が優勢になったとき、忠津《ただつ》さんが腕時計を支持した。会議には反対意見も必要で、「私」はこの展開を微笑《ほほえ》ましく見ている。忠津さんは技術やモノを大事にする心の大切さを言い、妹尾さんが賛意を示しつつ、家庭の基本という観点からやはり柱時計がいいと言うと、皆が同意の囁《ささや》きを交わす。「私たち」はいつものように良識ある結論に達しようとしていた。

教179ページ

上9 **切《き》り出《だ》した**　言い出した。議論の口火を切ったということ。

下1 **大同小異《だいどうしょうい》**　ほとんど同じで少し違うこと。大差のないこと。

下1 **テーマにするのもなんなのかな**　テーマにするほどではないのではと疑問を提示している。

下5 **切《き》り返《かえ》す**　相手の攻撃に対して反撃する。議論や会話において、相手に反論する。

下6 **携《たずさ》える**　手に提げて、あるいは身につけて持って行く。

下6 **主眼《しゅがん》**　大切なところ。

下7 **くくり**　くくったもの。まとまり。枠。

下9 **土俵《どひょう》に上《あ》がる**　ここでは、同じ枠組みの中で話す、の意。「土俵」は、議論が行われる場の比喩。

下10 **ポータブル**　持ち運びのできるさま。携帯用。

下14 **断然《だんぜん》**　きっぱりとしたさま。断固、絶対、の意。

教180ページ

上2 **和《なご》やか**　穏やかなさま。

上3 **勢《いきお》い込《こ》んで断言《だんげん》する**　はやる気持ちのまま勢いよく言い切る。

上4 **ムードメーカー**　場の雰囲気を和ませたり盛り上げたりする人。

上8 **城間《しろま》さんが頭《あたま》を掻《か》き**　からかわれて照れているさま。「頭を掻く」＝恥じたり、照れたりする気持ちから軽く頭を掻く。

上9 **まくし立《た》てた**　立て続けに勢いよく言い立てた。

下2 **揺《ゆ》るぎない**　揺らぐことのない。しっかりしているさま。

下3 **象徴《しょうちょう》**　抽象的なものを具体的な事物で表すこと。

下6 **絶妙《ぜつみょう》**　きわめて巧妙なさま。このうえなく巧みなさま。

下6 **相槌《あいづち》を打《う》つ**　相手の話に調子を合わせ、受け答えをする。

1 **「柱時計《はしらどけい》って……だからですよ。」という「妹尾《せのお》さん」の意見の要点は何か。**

答　柱時計は音が鳴ることで生活のリズムを作り、規則正しい生活を送れるようにするのに対し、腕時計は贅沢であり、カツアゲや非行にもつながりかねないので、柱時計のほうがよい。

下10 **コマネズミみたいに**　くるくるとせわしなく動き回る様子のたとえ。

下18 **カツアゲ**　おどして金品を巻き上げる恐喝行為。

教181ページ

上4 **大《おお》きく頷《うなず》く**　行為を誇張して描き、窓ガラスの外の女たちの行為と連動させている。みんなが同じ意見に流れていくさま。

2 **「正《ただ》しい方向《ほうこう》」とは、どのような方向か。**

答　「私」が考える良識に沿った結論を、みんなが共有するようになる方向。

下2 **寛大《かんだい》な笑《え》み**　反対意見も受け止める広い心を持つことを示す微笑。

下3 **耳《みみ》を傾《かたむ》ける**　注意を払って、熱心に聞く。

下4時《とき》を身《み》に着《つ》ける　腕時計を着けることをたとえた表現。

下6人類《じんるい》の叡智《えいち》の結晶《けっしょう》　人類が長い間かけて作り上げた、知恵や才能が凝縮されたもの。職人の技のこもった腕時計を賛美する表現。

下8ロマンチック　空想的、情緒的で甘美なさま。

下9ロマンチスト　ロマンチックな人。空想家。夢想家。

下11艶然《えんぜん》　しっとりとして美しいさま。

下13見《み》た目《め》に気《き》を取《と》られて　外見の美しさに注意を引かれて。「気を取られる」＝注意を他のものに奪われる。

下15言語道断《ごんごどうだん》　とんでもないこと。もってのほかのこと。

教182ページ

上9時間《じかん》を共有《きょうゆう》する　家族が同じ時間を持つ、の意。腕時計が「一人一人」（教182ページ上10行）の時間であるのと対照的な表現。

上18良識《りょうしき》ある結論《けつろん》に達《たっ》しようとしている　ここでは、柱時計のほうがいいという結論にたどり着こうとしているということ。初めから一方の選択肢を正しいと決めつけていたことがわかる。

第四段落　教182ページ下4行～185ページ上12行

「どっちだっていいじゃありませんか」という声が突然響いた。影のような「女」が言ったのだった。御殿場さんがその場をとりなすと、またもや「女」が水を差し、二者択一を批判した。スタジオの内外に不安が広がる。「私」が選ぶことで自主性や判断力が育つのであり、優柔不断はよくないことだとして二者択一の意義を説くと、三たび「女」が、優柔不断も決めつけも同じくらい迷惑だと言った。「私」は怒りにかられた。すると「女」は突然、テーブルの上に小さなサイコロを転がした。

教182ページ

下9冷《ひ》や水《みず》を浴《あ》びせられたような表情《ひょうじょう》　会議が和やかに進み、結論へ向かおうとしているときに、突然反論されたことで驚き、気持ちが冷めてしまった表情。「冷や水を浴びせる」＝勢いを失わせるような言動をする。

下10すぐに表情《ひょうじょう》を繕《つくろ》い　即座にもとの表情に戻って。「表情を繕う」＝それらしい顔つきをする。取りつくろう。

下18戸惑《とまど》った　どうしていいのかわからず、まごついた。

下18助《たす》け船《ぶね》を出《だ》す　困っているときに、手助けする。

教183ページ

上12私《わたし》たちの平和《へいわ》に水《みず》を差《さ》した　みんなが同じ考えなら争いも起こらず穏やかなのに、違う意見を言って混乱させた。「水を差す」＝うまくいっている物事や間柄の邪魔をする。

上14二者択一《にしゃたくいつ》　二つのうち、どちらか一つを選ぶこと。

上16そんなの、不自然《ふしぜん》じゃないですか　二者択一の考え方は、自然の道理に反していておかしい、ということ。

下1不穏《ふおん》　穏やかでないさま。危険をはらんでいるさま。

下3猜疑心《さいぎしん》　人をねたんだり疑ったりする気持ち。

下3そういう歪《ゆが》んだ表情《ひょうじょう》が、私《わたし》は嫌《きら》いだ　「私」はみんなが同じように考え、同じように明るく笑っているのが好きなのである。

下5思《おも》わず口《くち》を開《ひら》いていた　無意識に話していた。「口を開く」＝話し始める。

下6「いけません。」　「女」の意見を否定した言葉。

下7威厳《いげん》　おごそかなこと。いかめしく重々しいこと。

下10 **自主性《じしゅせい》**　他人の干渉を受けず、自分の意志で行動する態度。
下14 **優柔不断《ゆうじゅうふだん》**　ぐずぐずして物事の決断ができないこと。
教184ページ
上2 **それ**　選択肢の中から一つを選び取る決断や選択ができること。
上8 **「ばかばかしい。」**　二者択一の考え方は愚かだと吐き捨てるように言う「女」の言葉。
上10 **嘲《あざけ》る**　ばかにして笑う。ばかにして悪く言う。

3　**「優柔不断《ゆうじゅうふだん》」「決《き》めつけ」は、ここでは具体的に何をさすか。**

答　「優柔不断」は、柱時計と腕時計のどちらがよいか悩み、決められないこと。「決めつけ」は、良識的な判断だとして柱時計がよいと決め、その結果を押しつけようとすること。

下4 **パニック**　恐慌。恐れ慌てること。
下6 **私《わたし》はカッとなった**　「私」は怒りで頭に血が上った。
下16 **台《だい》なし**　めちゃくちゃになること。ここでは、平和に進んでいた会議が「女」の発言によって乱され、人々が不安な表情になってしまったこと、会議が失敗になったことをさす。
下16 **屈辱《くつじょく》**　辱められて面目を失うこと。
教185ページ
上2 **暗《くら》い影《かげ》が……広《ひろ》がって**　これまでの安定していた世界が崩れて、「女」に象徴される「不安」が辺りに広がっていくさま。
上8 **こんなはずではなかった**　「私」の心づもりでは、会議は人々を平和な社会生活に導くものになるはずだったのである。
上10 **目《め》をやる**　目をそのほうに向ける。見る。

第五段落　教185ページ上14行〜186ページ下9行
サイコロの上の目と陰になって見えない下の目を足すと七になるが、自分はその見えない七の国から来たのだと言うと、「女」は白い紙を取り出し、「私」をプロパガンダ法違反で逮捕すると言った。二者択一を人々に迫り、思考停止や単純さを扇動した罪だと言うが、人々が喜ぶ行為が、人々に安心を与えることがなぜ悪いのかと「私」は納得できずにいる。そのとき頭の中にガムランの音色が響いてきて、「私」は童話の斧のことを思い出した。そして、自分が幼いころ、どれを選ぶかとうとう決められなかったことを思い出したのだった。

教185ページ
上15 **まじまじと**　目を据えてじっと見つめるさま。
下4 **見《み》えない七《なな》の影《かげ》**　目に見えないが存在するものを表している。「七」という数字は選ばないもう一つの選択肢の存在を認めるということを象徴している。
下8 **ぐにゃりと歪《ゆが》んだような**　確かな世界が崩れていく感覚の表現。ここでは、二者択一という価値観が崩れていく様子を表している。
教186ページ
上4 **プロパガンダ監視局《かんしきょく》に目《め》をつけられていた**　「プロパガンダ監視局」は、人々を扇動する人間を監視する架空の組織。「私」はその組織に、要注意人物として監視されていた。
上7 **扇動行為《せんどうこうい》**　ある行動を起こすように群衆をそそのかす行為。
上8 **人々《ひとびと》の思考能力《しこうのうりょく》を停止《ていし》に追《お》い込《こ》み**　ここでは、二者択一を強いることで、それ以外の考え方をできなくして、の意。

上9 咎《とが》 罪。人から非難されるような行為。
上12 皓々《こうこう》たる 明るいさま。
上14 こんなにもわかりやすい、こんなにも人々《ひとびと》の喜《よろこ》ぶ行為《こうい》 「私」が人々に二者択一の扇動をし、良識を説いたのは、「白黒はっきりさせ、ラベルを貼って安心したい」（教186ページ下2行）、「納得したい」（教同ページ下3行）という人々の気持ちに応えてのことだ、という弁明。
下8 そういえば、…… 第一段落の「何かを思い出しそうになる」（教176ページ上4行）の答えとなる部分。「栄ちゃんだったら、どれを選ぶ？」（教同ページ下11行）と聞かれても、「私」は、とうとうどれを選ぶか決められなかったのである。二者択一を主義とする現在の「私」とは、逆の様子。

手引き

学習の手引き

一 繰り返し使われる「良識ある」（一七六・上4ほか）という表現は、どのような意味で用いられ、どのような効果をもたらしているか、説明してみよう。

解答例 意味…正しい選択や判断によって、人々が安心し笑顔になれるような、人々に共有される考えを持つこと。また、その考えに基づいていること。効果…特定の考えが、多くの人が共有する正しい考えであるかのように印象づける効果。正解とされるものがあると決めつけ、それを選ぶことを正当化する効果。

二 「影」と「モニター」の描写に注目しながら、「若い女」の様子と言動を、時間を追ってまとめてみよう。

解答例 ①（第二段落）テーブルの隅に影のように座っている。モニターのみんなの顔の中に、影のような「女」の顔があり、そこだけ暗く禍々しい雰囲気が漂っている。→②（第四段落）「女」が突然「どっちだっていいじゃありませんか」（一八二・下4）と言い、さらに二度、三度と水を差すようなことを言う。どのモニターにも「女」の暗く無表情な目が映し出され、その影がスタジオ全体に広がっていく。→③（第五段落）サイコロをテーブルの上に投げ出した「女」は、サイコロには「見えない七の影」があり、自分は「見えない七の国」からきたのだと言う。「女」は「私」を、二者択一を迫り、思考停止や単純さを扇動したとして逮捕しようとする。

三 「忘れていた重要なこと」（一七六・下13）とは何か。「金の斧、銀の斧、鉄の斧」（一八六・下7）の童話をふまえて説明しよう。

考え方 この童話は、与えられた選択肢から正直に一つを選ぶことで褒美を得られ、欲を出して選ぶと罰を受けるという話である。しかし、「私」が忘れていたのは童話の内容ではなく、自分だったらどれを選ぶかを問われて、決められなかったという事実であり、そのことを「私」は「重要なこと」だったとして思い出しているのである。

解答例 正しいとされる選択肢を選ぶことだけが大事なのではなく、選べないことや選ばないこともあってよいように、さまざまな考えや価値観があってよいということ。

四　「見えない七の国からやってきた」（一八五・下7）と言う「若い女」はどのような価値観を持っているか、話し合おう。

考え方　「七の国」の「七」は、サイコロの上の目と下の目を合わせた数字であり、表に見える目だけではなく陰になって見えない目も含め、両者の存在を認めるという価値観の持ち主だと考えられる。表の目は良識とされる考え、裏の目はそれとは異なる考えと捉えると、大多数の人々が良識だとする考えの陰にある別の考えを二者択一で切り捨てるのではなく、さまざまな考えがあってよいとする価値観、などと言えるだろう。これらのことをふまえて話し合おう。

活動の手引き

一　「皆が望む心の平安を与えて、何が悪い？」（一八六・下4）という「私」の問いに対して、自分ならどう答えるか想像し、「女」のせりふとして書いてみよう。書いたものを互いに読み合い、内容や表現の工夫について話し合おう。

考え方　「女」は陰になって見えないサイコロの下の目の存在を強調している。「私」が考える「皆が望む心の平安」は、本当に「皆が望む」ものなのかわからず、陰になって見えていない意見もあるはずである。また、「優柔不断」をよくないことだとし、「二つのうち一つを選」ぶことの重要性を主張する「私」に対し、「女」は「決めつけ」は「優柔不断」と同じくらい迷惑だと言っている。見えていないさまざまな考えがあるのに、勝手な判断で選択を迫ろうとする「私」に対する、「女」の批判を捉えてまとめよう。また、「女」は終始、冷たい口調で話していることにも注目して表現を工夫しよう。

言葉の手引き

一　次の傍線部内の漢字を用いて、傍線部と似た意味の熟語を作ってみよう。

1　爽やかな空気　2　和やかな笑い声
3　技術を尊ぶ　4　嘲るような声

解答例　1　爽快　2　温和　3　尊重　4　嘲笑

二　次の語句の意味を調べ、それぞれの語句を用いた短文を作ってみよう。

1　眉をひそめる（一七八・上15）
2　助け船を出す（一八二・下18）
3　水を差す（一八三・上12）

解答例　意味…省略（「語句の解説」を参照）
短文…1　車内での迷惑行為に眉をひそめる。
2　企画が思いつかず悩む友人に、一緒に考えようと助け船を出す。
3　反対意見を述べて、まとまりかけていた議論に水を差す。

三　次の比喩表現が表す状態を説明してみよう。

1　能面のように（一七八・上1）
2　コマネズミみたいに（一八〇・下10）
3　切り裂くナイフのような（一八三・上11）
4　さざなみのように（一八五・上5）

解答例　1　無表情な顔をしている状態。
2　くるくるとよく動き回る状態。
3　冷たく鋭い状態。
4　静かにだんだん伝わっていく状態。

現代の詩

のちのおもひに

立原道造《たちはらみちぞう》

教科書P.190～191

●学習のねらい

詩の構成やリズム、比喩の効果に注目して、「夢」をめぐる「私」の心情を読み取る。

●主　題

夢が旅人のようにあちこちの自然をさまよいながら語りつづける様子や、やがて立ち止まり、冬に路傍に倒れる旅人のように終わりを迎えるまでの様子を、印象的な表現で描くことで、夢を抱き、広げようとしてついえた「私」の心情を映し出している。

●技　法

・擬人法を用いて夢を旅人のようにたとえている。
・流麗な自然描写や、語句の並列・重複がリズムを生んでいる。

●構成・形式

この詩は内容の展開から、「起・承・転・結」の四つの連に分けられる。四・四・三・三行のソネット形式から成る。

第一連　教P190・1～P190・4〈起〉
夢が自然の中をさまよい歩く情景

第二連　教P190・5～P190・8〈承〉
夢と「私」が重なり合い、語りつづける情景

第三連　教P190・9～P191・2〈転〉
夢が歩みをとめる情景

第四連　教P191・3～P191・5〈結〉
夢が真冬の追憶のうちについえる情景

語句の解説

教190ページ

1夢《ゆめ》はいつもかへつて行《い》つた　夢があちこちをめぐり、引き返すことが何度も繰り返されたことを表している。

2風《かぜ》がたち　風が吹き。

4林道《りんどう》　林の中に林産物の運搬や山林の管理のために設けられた道。

5うららかに　日が柔らかくのどかに照っている様子。

5 火山《かざん》は眠《ねむ》つてゐた　のどかさを表すための擬人法的表現。

8 語《かた》りつづけた……　果てしなく夢が語りつづけられたという意味。

9 夢《ゆめ》は　そのさきには　もうゆかない　夢の生きつづける時間に終わりが来たことを表現している。

教191ページ

4 寂寥《せきりょう》　ひっそりとしてもの寂しいさま。

手引き

学習の手引き

一　この詩の構成やリズムの特徴について、整理しよう。

解答例　構成…第一連から第四連で構成され、各連が四行・四行・三行・三行で、合計十四行のソネット形式で書かれている。内容としては起承転結の構成になっている。

リズムの特徴…第一連は「水引草《みずひきさう》に風がたち／草ひばりのうたひやまない／しづまりかへつた午《ひる》さがりの林道を」（一九〇・2〜4）の部分が流れるようなリズムになっている。第二連は「見て来たものを　島々を　波を　岬を　日光月光《がっこう》を」（同・7）の行が並列によるリズムを生んでいる。第三連は「忘れ果てようとおもひ／忘れつくしたことさへ　忘れてしまつたときには」（一九一・1／2）と「忘れ」の重なりがリズムを生んでいる。第四連は「凍るであらう」（同・3）と「過ぎ去るであらう」（同・5）が韻を踏んでいる。

二　「夢はいつも……午さがりの林道を」（一九〇・1〜4）について

1　この部分に用いられている表現技法を指摘しよう。

2　この表現技法が用いられていることによって、どのような効果があるか、説明してみよう。

解答例　1　冒頭の「夢はいつもかへつて行つた」（一九〇・1）と以降の内容が倒置になっている。また、「夢はいつもかへつて行つた」、「草ひばりのうたひやまない」（同・3）には擬人法が使われている。

2　冒頭の行の内容を強調し、幻想的な詩の世界に引き込む効果がある。また、「夢」が人格を持っているかのように印象づける効果がある。

三　この詩によまれている「夢」とは、どのようなものをイメージするか。各自の考えを発表してみよう。

考え方　第一連のさびしさから逃れようと自然をさすらう様子や、第二連の「見て来たもの」（一九〇・7）を「だれもきいてゐない」中で「語りつづけ」る様子からは、旅人のように擬人化された「夢」やそれを抱く「私」の孤独な姿が浮かび上がる。そして、第三連では「夢」の旅も「そのさきには　もうゆかない」（同・9）とあきらめが語られ、第四連では、「追憶のうちに」（一九一・3）終わることが示唆されている。「夢」は「私」の心と重なり、全体として美しくもさびしく消えていくはかないものをイメージすると考えられる。

四　「夢は　真冬の追憶のうちに凍るであらう」には、どのような意味がこめられているか、話し合ってみよう。

考え方　「夢」を広げ、語り合うことに挫折し、寂寥のなかでついえるという意味などがこめられていると考えられる。

足と心

中桐雅夫《なかぎりまさお》

教科書P.192〜193

●学習のねらい

詩の構成を理解し、比喩表現が示す内容をつかみながら、作品にこめられた批判意識を読み取る。

●主題

少年少女は大人になるなかで、とげのような試練を幾度も通ってきた。そのうちに足も心も厚くなり、少しのことでは感じなくなった。わずかなものをも鋭敏に感じ取ることのできた、柔らかく優しい心が失われてしまったことを嘆く思いが描かれている。

●技法

人生を旅と捉える一般的な比喩をふまえ、心（精神）と現実との関係を、足と地面との関係によって表現する諷喩《ふうゆ》を用いている。足の感覚と心の受け止め方の繊細さを重ねている。

●構成・形式

この詩は内容の展開から、「起・承・転・結」の四つの連に分けられる。四・四・三・三行のソネット形式から成る。

第一連　教P192・1〜P192・4〈起〉
同じ海を見ながら、少年と少女は別のことを思っている。

第二連　教P192・5〜P192・8〈承〉
二人の足と心が、とげも針も通らないほど厚くなっていく。

第三連　教P192・9〜P193・2〈転〉
どうして軽石でこすられているのだろう、という疑問。

第四連　教P193・3〜P193・5〈結〉
幼いころの「やさしい心」はどこに行ってしまったのだろう。

語句の解説

教192ページ

1 **海《うみ》はいいな**　これからの人生に洋々たる希望を抱く気持ちをこめた少年の言葉。少年は単に将来に希望だけを見ている。

2 **そうかしら、……**　大人になっていくことに対しての恐れを述べている少女の言葉。

4 **なにか別《べつ》のものだった**　少女がこわかったものが何かは少女自身にも判然としていないが、詩の全体から考えれば、大人になる過程で何かを喪失していくことであり、具体的には少年少女しか持ちえない柔らかく優しい心が失われていくことを示す。

5 **とげのうえを歩《ある》いてきた**　人生の試練を経てきた。

6 **ふたりの心《こころ》も……歩《ある》いてきた**　人生の試練によって、心が深く傷つきながら生きてきた。

7やがて足《あし》も心《こころ》も厚《あつ》くなって、……通《とお》らないようになった　さまざまな試練を経るうちに、少しのことでは動じなくなったということ。

9さらさら砂《すな》をかけられて　快い刺激を受けて。

教193ページ

1こそばゆかったやわらかな足裏《あしうら》　かすかな刺激に対してもくすぐったい感じがするくらい鋭敏だった心のたとえ。

2なぜいま軽石《かるいし》で……　自分を守るために身構えて強固になった心は、軽石でこするようなことでなければ、反応しなくなっているが、なぜ、そんな状態になってしまったのだろう。

4うすく血《ち》がにじんだやさしい心《こころ》　少しのことでも鋭敏に感じ取る、繊細で傷つきやすい精神。

5どこで迷《まよ》っているのだろう　「幼い心」（＝柔らかく感じやすかった優しい心）を置きざりにしてしまったことを嘆く気持ちを表す。

手引き

学習の手引き

一　この詩の構成の特色を考え、話し合ってみよう。

考え方　第一連では、これから大人に向かう少年少女の、純粋な思いや恐れを描き、足も心も鋭敏な感覚を持っているころの様子を示し、第二連では、大人への道を歩き出した少年少女が多くの試練を経て、足も心も堅固なものになっていくという現在に至る過程を示す。第三連では、第一連で示された足と心が、なぜ現在のようになってしまったのかと疑問形で示して読者にも考えさせ、第四連では、その変化の過程で失われた柔らかく優しい心の行方を思い嘆くというように、時の推移の中での変容が描き出されていく構成になっている。これらのことをふまえて話し合ってみよう。

二　「とげ」、「鋭い針」、「とがった鉛筆のしん」は、何を表しているか、考えてみよう。

解答例　人生におけるさまざまな厳しい試練。

三　少年が「好きだった」「海」（一九二・3）、「海」（一九二・1、一九二・3）とは何を表しているか、説明してみよう。

考え方　「海」は、少年少女の未来を暗示する象徴物として提示されていると考えられる。少年と少女とでは異なるものを表していることに注意する。

解答例　人生そのものを表し、希望に満ちあふれたイメージを抱いていると考えられる。また、広大な未知なるものとして、冒険心をかき立てられるものだともいえる。

四　「少女のこわかった」「なにか別のもの」（一九二・4）とは何だったと思われるか、話し合ってみよう。

考え方　少女は、大人になる道を歩んでいく時間の推移の中で、少年少女しか持ちえない柔らかく優しい心が失われていくことをこわがったのだと考えられる。大人になるなかで鋭敏に感じ取る心が失われることを、漠然とながらも捉えていたのである。以上のことをふまえて話し合ってみよう。

ちがう人間ですよ

長《は》谷《せ》川《がわ》龍《りゅう》生《せい》

教科書P.194~196

学習のねらい

比喩や平易な言葉にこめられた固有の意味を理解し、詩に託されたメッセージを読み取る。

主題

同じ言語を話しても人と人とはちがう人間である、ということを忘れて同質性を求めると、人は異質なものを恐れ、排除しようとするようになる。言語の背後にあるちがいを認めることの大切さを訴えて、差異を抑圧する社会を批判している詩である。

技法

・文末表現はすべて「~(の)です(か)」であり、断定的な口調を反復することで説得力を持って読者に語りかける形になっている。

・文節の下を一字空けた箇所がある。「ぼく自身は　あなた自身と」のように「ぼく」と他者の差異や距離を表す効果や、「まったくちがう人間ですよと」のように上の文節を強調する効果がある。

構成

この詩は連には分けられていないが、内容によって次のように三つに分けられる。

一　教P194・1~P195・3
言語は人と人のちがいを主張する〈命題の提示〉

二　教P195・4~P195・14
言語の背後には目的や思想のちがいがある〈論理の展開〉

三　教P195・15~P196・3
べつな人間で在ることが判《わか》れば認め合える〈まとめ〉

語句の解説

教194ページ

2 **話《はなし》をしているとき**　「ちがう人間」(教194ページ4行)とのちがいは、主に言語によって表現されるものの見方や考え方だとしている。

10 **大《おお》きく重《かさ》なりながら離《はな》れようとしている**　「重な」るは、近づいて理解し合うこと。「離れ」るは、ちがいを確認すること。コミュニケーションは通常、近づいて理解し合うことと考えられているが、相互の差異を確認することでもあり、その点が大事なのである。

教195ページ

1~3 **まったく　ちがう人間《にんげん》ですよと／……主張《しゅちょう》しあっている**　詩の四~六行目(教194ページ4~6行)の繰り返しで、第一部の主題。

6 **恐怖《きょうふ》がおこる**　「同じ言語」を話す者は同じ価値観を持つと思い込んでいるため、差異を主張する異質な存在に出会うと恐れ、異分子として排除しようとする。詩の最終行の「殺意」（教196ページ3行）と呼応する、同質化した社会の危険性。

8 **決《けっ》して 目的《もくてき》はちがうのです** 「決して」は、文脈をあえてずらした破格の用法。通常は打消しの語と呼応して「全く…ない」という意味で用いられるが、ここでは下に肯定語を伴って、全く目的がちがうのだ、と、ちがいを強調している。

9 **同《おな》じ居住《きょじゅう》地《ち》に籍《せき》を置《お》いていても** 少し前の「同じ言語を話しても」（教195ページ4行）と対になる表現。「同じ言語」を共有する国や地域、組織や集団に所属していても、という意。

12 **共同《きょうどう》墓《ぼ》地《ち》の平和《へいわ》** 個人が自己主張を避け、真の相互理解のためのコミュニケーションをせずに、表面的な「平和」が保たれている状態を、同じ場所に多数の人間が死者として無言で眠る「共同墓地」にたとえ、こうした状態がまちがいであることを指摘している。

教196ページ

1 **べつな 人間《にんげん》で在《あ》ることを主張《しゅちょう》している** 「べつな」のあとの一字空きに注意。言葉は人がそれぞれに独自の存在であることを主張する。その独自性（べつな存在）こそが、人間の証《あかし》なのである。

2・3 **それが判《わか》れば／殺意《さつい》は おこらない** 「殺意」は、人を抹殺したい、排除したい気持ちをたとえた表現。べつな人間であることを認め合えれば、ちがう人間のままで共存できるのである。

手引き

学習の手引き

一 次にあげる言葉の使い方にはどのような効果があるか、説明してみよう。

1 「ぼく」と「あなた」の繰り返し。
2 文末表現がすべて「です」であること。

解答例 1 作者が読者に語りかけているように感じさせる効果。また、コミュニケーションの最も単純な構図を提示する効果。
2 読者に語りかけ、断定的な口調で主張に説得力を持たせる効果。

二 「共同墓地の平和」（一九五・12）について、次の点を整理しよう。

1 このような修辞法を何というか。
2 どういう状態を示しているのか。

解答例 1 隠喩 2 言語を共有する集団に所属する人々が、同じ言語を話す者は同じ価値観を持つという認識の下、自己主張を避けた結果、真の相互理解のためのコミュニケーションを欠いた表面的な「平和」が保たれている状態。

三 「おうむがえしの思想」（一九五・13）とはどういうものか、考えてみよう。

解答例 人のまねをしてしか話せないおうむのように、自分の考え・言語を持たず、特定の指導者や周囲の人々に無批判に従う思想。

四 「ぼく自身は あなた自身と／まったく ちがう人間ですよ」（一九四・3）とはどういうことか、話し合ってみよう。

考え方 同じ言語を話していても、その背景には異なる目的や思想があるという作者の考えをふまえて話し合ってみよう。

随想㈡〈創作〉

わからないからおもしろい

木内《きうち》 昇《のぼり》

教科書P.198〜203

●学習のねらい

「わからない」ことに対する青年と筆者の考えの差を通して、筆者や職業人の仕事に対する思いを理解する。

●要旨

「私」は一人の青年に、次に書く小説はもっとわかりやすくしてほしいと言われた。自分自身の信念と世の需要との間で揺れ動きつつ、支柱となるところを見いだそうと努めるのが仕事人の日常である。道を極めた人が言うには、突き詰めれば突き詰めるほど、その先にあるものが見えてくるから、仕事には終わりがないそうだ。平坦《へいたん》な近道ではなく、地味な作業の中にこそ、道を極めるのに必要な鍵がある。人は「わからない」からこそ、考え、想像し、工夫し、成長する。なかなかわからないものに関わっていけることこそが、仕事をするうえでの至高のぜいたくであり、幸せなのではないだろうか。

●段落

本文は一行空きによって、四つの段落に分けられる。

一　教P198・1〜P199・1　トークショーでの出来事
二　教P199・2〜P200・9　仕事についての揺れる思い
三　教P200・10〜P201・11　地味な作業の中にある道を極める鍵
四　教P201・12〜P202・8　わからないものをおもしろがる

段落ごとの大意と語句の解説

第一段落　教198ページ1行〜199ページ1行

「私」はあるトークショーで一人の青年から、本を読んだけど難しかったので、次はもっと簡単でわかりやすい内容にしてくださいと言われた。江戸の奇術「胡蝶《こちょう》の舞」ではお客が想像でもって物語を見いだし、涙するという話をしてお茶を濁した。

教198ページ

4 しかと　しっかりと。確かに。

8 一喝《いっかつ》　一声、大きな声で叱ること。

1　青年の発言に対して筆者が「胡蝶《こちょう》の舞《まい》」の話をしたのはなぜか。

答　紙の蝶が飛ぶさまでも、お客が物語を見いだして涙することがあるように、難しい小説でも読者が想像力をはたらかせて読むことができるはずであり、感銘を受けるかどうかは読者の力量次第であるということをそれとなく伝えたかったから。

教199ページ

1 **苦《くる》しまぎれ**　苦しさのあまり、何とかしようとしてすること。

1 **一席《いっせき》をぶって**　ちょっとしたいい話をして。
「一席をぶつ」＝大勢の人の前で演説や威勢のいい話をする。

1 **お茶《ちゃ》を濁《にご》した**　「私」が自分の信念を貫いて反論することも、青年の発言を受け止めることもせず、「胡蝶の舞」の話をしてその場を取り繕ったことをさす。
「お茶を濁す」＝適当なことをしたり言ったりして場をごまかす。

第二段落　教199ページ2行〜200ページ9行

先のひと幕は、精魂こめて成した仕事を「ニーズに合わない」と切り捨てられた瞬間とも言える。このとき「私」の中には動揺による青年への苦言に次いで、あらゆることを考えたうえでこの形になったのだから変えられないという思い、自分が修練すれば、より多くの人に届くかもしれないという思いが順に湧いた。携わる事業に対する自分自身の信念と、世の需要とは必ずしも合致しない。二つの間で揺れ動きつつ、支柱となるところを見いだそうと努めるのが仕事人の日々である。「私」は消費者の需要に配慮しつつ、結局は自分の信念を通してしまうことも多い。

教199ページ

2 **別《べつ》の観点《かんてん》**　トークショーでの青年の発言を、小説とはどういうものかの考え方の違いによる反応ではなく、生産者である「私」が成した仕事に対する消費者(読者)の反応として捉える見方のこと。

3 **ひと幕《まく》**　事件などの一つの場面。ここでは、第一段落のトークショーでの出来事をさす。

3 **精魂《せいこん》**　物事に打ち込む精神力。

3 **ニーズ**　要求。需要。相手の求めるもの。

6 **四《し》の五《ご》の言《い》わずに**　面倒なことをあれこれと言わないで。

7 **煎《せん》じ詰《つ》めて**　行く着くところまで徹底的に考えを進めて。

7 **二言《にごん》**　一度言ったことを取り消して違うことを言うこと。「二言もない」は、言ったことに対する決意を表す。ここでは、文章をもう少し変えたほうがよかったという思いは一切ない、ということ。

8 **修練《しゅうれん》**　武道や技芸を磨《ま》き鍛えること。

10 **くだのひとつも巻けば**　ひとしきりぐちなどを言えば。
「くだを巻く」＝酒に酔ってとりとめのないことをくどくど言う。

12 **短絡的《たんらくてき》**　原因と結果を単純に結びつける様子。

12 **思惟《しい》**　論理的に深く考えること。

14 **需要《じゅよう》**　必要として求めること。商品として望むもの。「ニーズ」(教199ページ3行)と同義。
対 供給《きょうきゅう》

15 **易《やす》きに流《なが》れ**　「易い」は、たやすく楽であること。ここでは、苦労せず楽をしたいという世の人々の意向に合わせることをさす。

15 **高《たか》み**　ここでは、作品(芸術)としてより高いレベル。

15 **先鞭《せんべん》をつけたい**　他に先駆けて、新しい成果を生み出したい。

「先鞭をつける」＝まだ誰も手をつけていないことに取り組む。

教200ページ

1 **創意工夫《そういくふう》** 新しいことを考え出し、いろいろな手段をめぐらすこと。

1 **のみならず** それればかりでなく。それに加えて。

2 **煙《けむ》たがられる** 親しみにくく近づきがたいと思われ、いやがられる。

2 **消費者《しょうひしゃ》** 商品を買って使う人。購買者。「世の需要」（教199ページ14行）のもととなる人のことであり、本文では小説の読者をさす。

対 **生産者《せいさんしゃ》**（本文では小説の作家をさす）

2 **おもねる** 相手に気に入られるように振る舞う。

4 **支柱《しちゅう》** 支えとなるもの。指針。

7 **座右《ざゆう》の銘《めい》** 日常の戒めや信条とする言葉。

7 **すごすごと……に戻《もど》る** 何かに挑んだものの思いどおりの結果が出せないまま引き下がる。「すごすごと」は擬態語。

8 **霞《かすみ》を食《く》う** 世間離れして、収入も乏しい生活をすることのたとえ。ここでは、仕事としての成果を得られない、ということ。

第三段落 教200ページ10行～201ページ11行

以前、伝統芸能や工芸の第一人者の方々に仕事についてインタビューをした際、ある方が「突き詰めれば突き詰めるほど、その先にあるものが見えてくる。だからわからなくなる」「仕事は終わりがない」と話された。仕事において人は、すぐに結果を出したくて必死で平坦な近道を探すが、道を省けば、必ずその分取りこぼしが出るのであり、地味な作業の中にこそ、道を極めるのに必要な鍵が紛れ込んでいるのだ。

教200ページ

2 「『ひと言《こと》では言《い》えない』というお叱《しか》りだと受《う》け止《と》め」たとは、どういう意味か。

答 「あなたにとって仕事とは」という簡単には答えられない質問を安易にしたことへの批判だと受け止めた、という意味。

13 **身《み》をすくめた** 恐縮し、叱責を恐れて体を縮こまらせた。

教201ページ

6 **まっぴら御免《ごめん》** 絶対にしたくない。それだけはいやだ。

7 **取《と》りこぼし** ここでは、経験し損ねたことなどをさす。

7 **些末《さまつ》** 取るに足りないさま。

7 **アシスト** 手助けすること。

10 **至難《しなん》の業《わざ》** やり遂げるのが難しい事柄。

10 **鍵《かぎ》** 最も大切な事柄。

第四段落 教201ページ12行～202ページ8行

「私」はかつて、言い切れるものが好きで、悟りを開いている人に憧れていた。だが社会に出て二十余年、いくら経験を積んでも明快な答えにはたどり着けない。人は、わからないから考え、想像し、工夫をし、成長する。奥行きある世界に身を置いて、なかなかわからないものに、いつまでもおもしろがって関わっていけることこそが、仕事をするうえで至高のぜいたくであり、幸せなのではないか。

教201ページ

12 **スパッと** 思い切りよく物事を行う様子。擬態語。

13 **悠然《ゆうぜん》** 落ち着いてゆったりしているさま。

14 **道標《どうひょう》** 行き先を示す札。案内や手引きとなるもののこと。

15 **違《たが》わず**　まちがいなく。正しく。
15 **汲《く》んでくれる**　思いやってくれる。理解してくれる。
教202ページ
3 **目《め》を凝《こ》らす**　注意してよく見る。
6 **証《あかし》**　証明。証拠。

手引き

学習の手引き

一　「わからない」ことに対する筆者と青年との考えの差を整理しよう。

解答例　青年…わからないのはよくないことだ。相手にわかるように表現すべきだ。　筆者…わからなくてもかまわない。わからないことは受け手が想像して補えばよい。

二　本文中の次の表現について、それぞれの内容を本文中の表現を用いて説明してみよう。

1　生産者としての意志（一九九・11）
2　商品流通上での配慮（一九九・11）
3　平坦な近道（二〇一・6）

考え方　1「精魂こめて」仕事を成したという筆者の作家としての思いを表したもので、「携わる事業に対する自分自身の信念」（一九九・14）と言い換えられている。自分の仕事に「こだわり」を持って取り組む「仕事人」としての信念を表す。
2　作品を商品とし、「多くに届かせる」ために必要な気配りをすることで、「消費者」の「ニーズ」や「世の需要」をつかむことを表す。

3　「それ」は何をさすか。

答　奥行きのある世界に身を置いて、なかなかわからないものに、いつまでもおもしろがって関わっていけること。

7 **至高《しこう》**　この上もないこと。最高。

解答例　1　自分が携わる事業に対する仕事人としての信念。
2　消費者の需要をつかみ、商品を多くの人に届けるための気配り。
3　仕事をするうえで、失敗や不要な苦労、傷つくことを避け、回り道をせずに効率よく結果を出せるような手っ取り早い手段や方法。

三　「一旦は③を考慮しつつも、すごすごと②に戻ることを繰り返している。」（二〇〇・7）とは、筆者がどうしてきたということか、説明してみよう。

解答例　読者からの評価や本の売れ行きを考えて、需要を考えた内容・表現にしようと思って、それに挑戦しながらも、結局は自分が書きたい内容を書きたいように表現することを続けているということ。

四　「道を省けば、必ずその分取りこぼしが出る。」（二〇一・6）とは、どういうことか。「道を省く」「取りこぼし」という表現が本文中で具体的にどのような内容を表しているのかをふまえて、説明してみよう。

解答例　「失敗」や「不要な苦労」、「傷つく」ことを避け、「回り道」をせずに効率よく結果を出そうとすることで、「些末《さまつ》に思える雑用やアシスト仕事」でしか「見えない景色」や、「その立場でなすべき観察や考察」を経験し損ねてしまうということ。

五 「わからない」ということに対する筆者の考えの変化をまとめてみよう。

解答例 筆者はかつて、「こうだ」と言い切れるものが好きで、悟りを開いているような「わからない」ことのない人に憧れていた。しかし、社会に出て明快な答えにたどり着けない経験を重ねるうちに、「わからない」からこそ、人は考え、想像し、工夫をし、成長するのだと思うようになり、「わからない」という奥行きある世界にいて、それにおもしろがって関わっていけることこそが仕事をするうえでの幸せなのだと考えるようになった。

活動の手引き

一 「わからない」ことに対する筆者と青年との考えのうち、自分がどちらに共感するか意見を書き、話し合ってみよう。

考え方 青年は、わからないものからは得るものがない、意味がないといった捉え方をしている。一方、筆者は、わからないものにも魅力があり、自分で想像するなどして何とか解釈しようとすることに意味があると捉えている。これらのことをふまえて話し合ってみよう。

言葉の手引き

一 次のかたかなを漢字に改めよう。

1 事業再建をキトする。
2 彼の意見は空論にすぎないとカッパする。
3 何かコンタンがあるらしい。
4 今や倒産はヒッシの状況だ。

解答 1 企図　2 喝破　3 魂胆　4 必至

二 次の言葉の意味を調べ、短文を作ってみよう。

1 一席(を)ぶつ(一九九・1)　2 お茶を濁す(一九九・1)
3 くだを巻く(一九九・10)　4 先鞭をつける(一九九・15)
5 おもねる(二〇〇・2)　6 霞を食う(二〇〇・8)

解答例 意味…省略(「語句の解説」を参照)
短文…1 政治家が、経済対策について一席をぶつ。
2 母に帰宅が遅くなった理由を聞かれ、適当にお茶を濁した。
3 普段は真面目な叔父も、酒を飲むとくだを巻いたりする。
4 長年の研究の結果、不治の病の治療に先鞭をつける。
5 権力者におもねることをしないで、自分の考えを貫く。
6 霞を食って生きていけるなら、気が向かない仕事はしない。

三 「四の五の言う」(一九九・6)のように、数字を使った慣用表現をあげてみよう。

解答例 ・二つ返事…快くすぐに承諾すること。
・二つと無い…ほかに代わりになるものがない。
・一か八か…結果はどうなろうと、運を天に任せてやってみること。

四 「薄っぺらい場所ではなく、奥行きある世界」(二〇二・5)という表現にある、「奥行き」という比喩は、「仕事の本質」(二〇二・2)を表現する上でどのようなイメージを添えているか、説明してみよう。

解答例 自分の仕事は簡単に答えが見つかるものではなくて、奥が深く、果てしなく追究できるものといったイメージを添えている。

もしも、詩があったら

アーサー・ビナード

教科書P.204〜210

●学習のねらい

それぞれの具体例から、「もしも」という言葉の効果がどのように説明されているかを読み解く。

●要旨

「もしも」という言葉には、世界の見方や心理状態を変える力がある。昔から詩歌の作り手は想像力を呼び覚ます装置として「もしも」を使ってきた。詩に「もしも」を使えば、歴史を引っくり返すことができる。そして、「もしもあの人に出会わなかったら」と想像すると、影響の大きさがわかるように、人生において、また歴史の中でも出会いの連続が大きく作用していると言えよう。日本語の「一期一会」は「今のこの出会いの大切さ」を説いた言葉であるが、英語の八行詩にも似た意味のものがあり、「再び来られない」からこそ機会を逃さないようにしようという内容である。「もしも」は、想像力をかき立て、思考回路を刺激して、詩が生まれるきっかけとなる言葉である。

●段落

本文は一行空きによって（挿入されている詩の中や前後の一行空きを除く）、三つの段落に分けられる。

一　教P204・1〜P205・13　「もしも」という言葉の力

二　教P205・14〜P207・2　詞華集《アンソロジー》『もしも詩があったら』

三　教P207・3〜P209・8　「もしも」は詩を生むきっかけ

段落ごとの大意と語句の解説

第一段落　教204ページ1行〜205ページ13行

「もしも」と言っただけで、周りの世界が、ちょっと違って見える。「もしも」から出発して、想像をめぐらすと、新天地に到達することがある。詩が生まれるきっかけになるのも「もしも」だ。詩歌の作り手は大昔から、想像力を呼び覚ます装置として「もしも」を多用してきた。時にふさぎ込み、何もかも嫌になってしまうような心理状態からの脱出口へも「もしも」は導いてくれる。いいアイディアが浮かばず、思考が行き詰まった状態を乗り越えさせてくれるのも「もしも」だ。「もしも」の反対語は、思考停止の「しかたがない」「しようがない」、あるいは、諦めを含んだ「無理」あたりだろうか。

教204ページ

2 **新天地《しんてんち》**　新しく活動する場所。新しい世界。

3 **「もしも」のときに備《そな》えて、ぼくらは生《い》き延《の》びようとする**　もしも大地震が起きたならば、もしも病気になったならば、といったことを想定し、それに備えることによって生き延びようとするということ。

7生命体《せいめいたい》　生命を宿しているもの。生物。

7現象《げんしょう》　ここでは、外部に現れた形、といった意味。

7イマジネーション　想像。想像力。

教205ページ

1ヒット・チャート　ヒット曲を人気や売れ行き順に並べた表示。

1波《なみ》**に乗**《の》**って**　ここでは、「サーフィンUSA」という曲がヒットし、人気順が上がっていったことを表す。「サーフィン」をふまえた表現になっている。

「波に乗る」＝調子がよくなって勢いづく。

2呼《よ》**び覚**《さ》**ます**　ここでは、思い起こさせる、という意味。

2装置《そうち》　しかけ。きっかけ。

8思考《しこう》**が壁**《かべ》**に突**《つ》**き当**《あ》**たった**　思考が行き詰まり、それ以上考えられなくなる、ということ。

「壁に突き当たる」＝困難や障害にぶつかって、前に進めなくなる。

9梯子《はしご》　高い（困難）なところを乗り越える道具・手段。「壁に突き当たった」をふまえた表現。

10レンズ　ここでは、遠くのものを写すことができるもの、といった意味。「常識の向こうまで見通す」をふまえた表現。

12対極《たいきょく》　対立する反対側。

12思考停止《しこうていし》　自分自身で考えたり判断したりするのをやめてしまうこと。権威や規範にそのまま従うさまを、批判的に述べる場合に使われることが多い。

第二段落　教205ページ14行〜207ページ2行

いつからか『もしも詩があったら』と題した詞華集《アンソロジー》を世に出すことを目論《もくろ》み始めた。巻頭は、ブラジルの詩人、オズワルド・デ・アンドラーデの「ポルトガル人のぼかミス」という作品に決めている。「もしも」を使って、歴史を引っくり返したような詩だ。

教205ページ

15目論《もくろ》**み始**《はじ》**めた**　計画し始めた。企て始めた。

「目論む」＝心の中で計画を立てる。

15巻頭《かんとう》　本・雑誌の最初のところ。

対　**巻末**《かんまつ》

教206ページ

1モダニスト詩人《しじん》　現代的で新しい感覚を求めた詩人。

2フライ返《がえ》**し**　調理中の食材を裏返したりするための器具。「まるで…みたいに」の形で、「もしも」という言葉を「フライ返し」にたとえた直喩。

2焼《や》**き上**《あ》**げた**　ここでは、仕上げた、完成させた、の意。「フライ返し」をふまえた表現。

3ぼかミス　不注意による失敗。ばかばかしい失敗。

4帆船《はんせん》　帆を広げて風の力で走る船。

第三段落　教207ページ3行〜209ページ8行

いつ、どこで、誰と出会うのかによって、人生は大きく変わる。「ぼく」は日本語と出合って四半世紀が過ぎたが、思えば以前はいろいろな場面と場所で、出会ったばかりの親切な人から「一期一会」の意味を教えてもらった。人それぞれの解釈があったが、「今のこの出会いの大切さ」については誰もが触れるポイントであった。同時にみんなが「一期一会」を日本独特の発想だと思っていた。しかし、実をいうと英語にも同様の意味の古い八行詩がある。これを日本語に訳しながら「一期一会」の反対語を考えてみると、「旅の恥はかき捨て」になるかと思った。「もしも」という言葉は想像力をかき立て、思考回路を刺激して、詩が生まれるきっかけとなる。

教207ページ

6 **あぶり出《だ》されてくる**　わかるように明らかになってくる。

6 **…に相違《そうい》ない**　…に違いない。…にまちがいない。

8 **一期一会《いちごいちえ》**　一生に一度限りのこと。人との出会いは一度だけと思って大切にするという教訓。

9 **めっきり**　変化が際立っていることを表す擬態語。悪い意味で使うことが多い。

11 **青森《あおもり》行きの夜行列車《やこうれっしゃ》の車中《しゃちゅう》でも、……包《つつ》まれた中《なか》でも**　「…においても」という意味の「でも」を並べて、さまざまな場所で、たびたび「一期一会」の意味を教えてもらったことを強調している。

12 **「昔《むかし》からある日本《にほん》の美《うつく》しい言葉《ことば》でね」といった前置《まえお》きがついて**　あとに「『一期一会』の意味を教えてもらった」が省略されている。

15 **十人十色《じゅうにんといろ》**　好みや考え、解釈などは、人によってそれぞれ違うということ。

教208ページ

1 **桃山時代《ももやまじだい》**　十六世紀の終わり、豊臣秀吉《とよとみひでよし》が京都の伏見《ふしみ》城で政治を行った約二十年の時期。「桃山」は伏見城のあった地名。

1 **禅《ぜん》**　仏教の一派である「禅宗」のこと。座禅によって悟りを開こうとするもの。

1 **ウエートを置《お》いて**　重点に据えて。重く扱って。

3 **説《と》く人《ひと》も。**　あとに「いた」が省略されている。

1　**「そこのところ」とは、何をさすか。**

答　「一期一会」という言葉にこめられた、「今のこの出会いの大切さ」という意味。

3 **肝心《かんじん》**　非常に大切であるさま。

6 **読《よ》み人知《びとし》らず**　作者がわからないこと。「詠み人知らず」とも書く。

8 **脚韻《きゃくいん》**　詩などで、句・行の終わりを同じ響きの音にそろえること。

対 **頭韻《とういん》**

12 **旅《たび》の恥《はじ》はかき捨《す》て**　旅先では知っている人がいないので、普段ならしないような恥ずかしいこともしてしまうということ。

類 **あとは野《の》となれ山《やま》となれ**

14 **たった一度《いちど》だけ　わたっていくのだ——／苦《くる》しみに満《み》ちた　この世《よ》の中《なか》を。**　倒置になっていて、述部の「わたっていくのだ」の対象である「苦しみに満ちた　この世の中を」をあとに述べて強調している。

教209ページ

1 **出会《であ》った人《ひと》に　もし……かけたり／困《こま》った人《ひと》に　もし……さしのべたり**　組み立てが同じ行を二つ並べた対句表現。

5 **即座《そくざ》にしよう**　できるうちに。倒置になっている。

7 **思考回路《しこうかいろ》**　パターン化された思考の道筋。

手引き

一　**「もしも」が、「想像力を呼び覚ます装置」**(二〇五・2)**となり、「思考が壁に突き当たった場合、それを乗り越える梯子」**(二〇五・8)**となるとはどういうことか、それぞれについて説明してみよう。**

解答例　・「想像力を呼び覚ます装置」となり…詩歌は現実世界とは異なった新鮮な世界を描くことが多いが、「もしも」はあり得ないことを仮定して想像力を膨らませることで、詩に描かれる新鮮な世界をイメージさせるきっかけとなるということ。

・「思考が壁に突き当たった場合、それを乗り越える梯子」となる…現実的・常識的な狭い枠組みの中でしか物事を考えることができず、新たな思考ができなくなってしまった場合に、「もしも」は常識の外のこと、これまで思いつかなかったことを思い描く手段となり、いいアイディアが浮かぶことにつながるということ。

二　**「ポルトガル人のぽかミス」の詩が、「『もしも』をまるでフライ返しみたいに使って、歴史を引っくり返し」**(二〇六・1)**ている点を、説明してみよう。**

解答例　ポルトガル人が伝えた洋服をインディアンが着るようになったという歴史的事実がある。先住民族が進んだ文明の影響を受けるのは必然の出来事であるが、詩人はその原因をポルトガル人が南米大陸に到達したのが「肌寒《はださむ》い日」(二〇六・7)だったからだとみなし、「もしも暖かな晴れの日だったなら」(二〇六・13)、ポルトガル人のほうがインディアンをまねて裸になったのではないかと、歴史的事実を偶然の出来事とみなして反対のことを想像している。

三　**「『もしも』の反対語は何か?」**(二〇五・11)**、「『一期一会』の反対語はなんだろう」**(二〇八・10)**と述べて次の語をあげているが、それぞれがどういう点で反対語であると言えるのか、その理由を考えて説明してみよう。**

1　「しかたがない」「しようがない」「無理」
2　「旅の恥はかき捨て」

解答例　1　「もしも」が、想像を膨らませ、現状を打開しようとする態度であるのに対し、「しかたがない」「しようがない」「無理」は、それ以上考えることをやめ、現状に不満を感じながらも受け入れようとする態度である点。

2　「一期一会」が、人生においてたった一度の出会いだからこそ大切にしようと考えるのに対し、「旅の恥はかき捨て」は、人生において一度だけしか会わない(もう二度と会わない)のだからいい加減な対応でかまわないと考える点。

四　**「一期一会」の意味を調べ、英語の古い八行詩と比較して、発想の似ている点と異なる点を説明してみよう。**

解答例　似ている点…人は「一度だけこの世をわたっていく」(二〇八・11)ものであるから、一度のことを大切にしようとする点。

異なる点…「一期一会」は人との一度の出会いを大切にしようとするのに対し、八行詩の場合は人に親切な言葉をかけたり、救いの手をさしのべたりといった行動ができる一度の機会を大切にしようとする点。

活動の手引き

一　自分が日常生活の中で想像し得る「もしも」をあげ、それによってどのように周囲の世界が違って見えるか、文章にまとめて発表し合おう。

考え方　設問に「自分が日常生活の中で想像し得る」「どのように周囲の世界が違って見えるか」とあるので、自分自身に関わる「もしも」を考える。例えば、①現実にはあり得ないこと、②人や動物との出会い、③自分の行動選択についてなどである。そして、「もしも…ならば」と仮定したら、そこから想像を膨らませるとよい。たとえば、①「もしも自分に兄がいたならば、…」、②「もしも飼い猫のタマに出会わなかったとしたならば、…」、③「もしも運動部に入らないでいたならば、…」などと考えてみるとよいだろう。

言葉の手引き

一　次のかたかなを漢字に改めよう。

1　旧友にソウグウする。
2　奥義をデンジュする。

解答　1　遭遇　2　伝授

二　次の同音異義語を漢字に改めよう。

1　キャクインを踏んだ詩。／キャクイン研究員になる。
2　出会った人にシンセツにする。／学部をシンセツする。

解答　1　脚韻・客員　2　親切・新設

三　次の同訓異字語を、送り仮名も含めて漢字に改めよう。

1　平均寿命がノビル。／平均身長がノビル。
2　眠気をサマス。／熱湯をサマス。

解答　1　延びる・伸びる　2　覚ます・冷ます

四　次の語句の意味を調べ、それぞれを使って短文を作ろう。

1　波に乗る（二〇五・1）
2　目論む（二〇五・15）
3　ウエートを置く（二〇八・1）

解答例　意味…省略（「語句の解説」を参照）
短文…1　チームは試合に三連勝して、波に乗ってきた。
2　新商品を大々的に広告して、大もうけを目論む。
3　英語の勉強にウエートを置いている。

近代の小説(三)

舞姫

森《もり》 鷗《おう》外《がい》

教科書P.212〜250

学習のねらい

文体や表現の特徴を意識しながら読み、豊太郎《とよたろう》によって語られる内容を多角的に解釈する。

主題

明治時代、将来を嘱望されて憧れの西欧に留学した青年太田《おおた》豊太郎は、今、暗鬱とした思いを抱えて帰国の途にあった。ドイツ滞在中に自身が知った自由の気風と、その中で近代的自我を確立しようとするも、なし得なかった苦悩を手記につづっていく。ドイツに渡って三年後、豊太郎は美貌の少女エリスに出会う。豊太郎とエリスはやがて愛し合うようになる。しかし、異国での苦境に、友人相《あい》沢謙吉《ざわけんきち》の手を借り、愛を貫き通せずにエリスと離別する。身重のエリスは豊太郎の裏切りによって精神に異常をきたし、そんなエリスを置いて帰国する罪の意識と、恩ある相沢を憎む心を告白しながら、手記は閉じられる。近代に生きる青年の自我の葛藤、挫折を描く。

段落

本文は時間の推移や場面の転換から、十二の段落に分けられる。

一　教P212・1〜P214・9　ドイツからの帰途で思いをつづる
二　教P214・10〜P215・3　豊太郎の留学までの事情
三　教P215・4〜P218・8　ドイツでの仕事と勉学
四　教P218・9〜P221・12　自我の目覚めと孤立
五　教P221・13〜P226・12　エリスとの出会い
六　教P226・13〜P229・12　免官と母の死
七　教P229・13〜P232・14　相沢の援助とエリスとの新しい生活
八　教P232・15〜P238・6　エリスの妊娠と天方《あまがた》大臣への謁見
九　教P238・7〜P244・16　ロシアへの随行と栄達を求める心
十　教P245・1〜P247・9　日本への帰国の承諾と自責の念
十一　教P247・10〜P249・7　エリスの発狂
十二　教P249・8〜P249・9　相沢への一点の憎しみ

段落ごとの大意と語句の解説

第一段落　教212ページ1行〜214ページ9行

一　五年前、官庁からの命で留学することとなった「余」(太田豊太郎)は、現在、鬱々とした思いを抱えて帰国の途上にある。ある思いに苛《さいな》まれる豊太郎は、その原因となる留学体験にまつわる人知れぬ恨みを消し去りたいと思い、手記をつづり始める。

教212ページ

1**石炭《せきたん》をばはや積《つ》み果《は》てつ**　寄港したセイゴンの港で、既に燃料である石炭の補給をし終えた。

1**中等室《ちゅうとうしつ》**　船室の等級。上中下に分かれる船室の等級の二等船室。

4**平生《ひごろ》の望《のぞ》み足《た》りて**　日ごろからの希望がかなって。

6**筆《ふで》に任《まか》せて書《か》き記《しる》しつる**　考えすぎず、筆の進む勢いに任せて書き記した。

「筆に任せる」＝体裁などを考えすぎず、筆の進む勢いに任せる。

7**もてはやされしかど**　褒められたけれども。

8**身《み》のほど知《し》らぬ放言《ほうげん》**　ここでは、自分の能力をわきまえず、思いつくままに言う言葉、の意。

「身のほど(を)知る」＝自分の能力や身分をわきまえる。

教213ページ

1・6**あらず**　そうではない。

1　「別《べつ》に故《ゆえ》あり。」とあるが、その「故」とは何か。

答　これからつづるドイツであった出来事。

2**東《ひんがし》に帰《かえ》る**　西欧から日本に帰る。

2**西《にし》に航《こう》せし昔《むかし》**　日本からベルリンに渡った昔、の意。

5**これや**　自身の気持ちが日々変化するのを知ったことこそが。

6**日記《にっき》の成《な》らぬ縁故《えんこ》なる**　日記が成立しないことにつながる理由である。

8**生面《せいめん》の客《きゃく》にさへ交《まじ》はりを結《むす》びて**　初対面の客とでさえ交際をして、の意。

「交わりを結ぶ」＝交際をする。つき合いを持つ。

8**航海《こうかい》の習《なら》ひなるに**　航海中では、普通のことであるのに。

9**ことよせて**　理由にして。かこつけて。口実にして。

9**房《へや》の内《うち》にのみ籠《こも》りて**　自分の船室にばかりこもっていて。

10**人《ひと》知《し》らぬ恨《うら》み**　誰にも知られず自分の内面にある恨みの感情。

10**頭《かしら》のみ悩《なや》ましたればなり**　ただ思い悩んでいるからである。

「頭を悩ます」＝いろいろ考えて苦しむ。ただ思い悩む。

11**一抹《いちまつ》の雲《くも》**　ほんのわずかな雲。あとの「一点の影」(教214ページ3行)と対応している。豊太郎の心に「一抹の雲」のようにわずかに生じた「恨み」は、やがて「腸《はらわた》日ごとに九回す」(同ページ1行)ほどの「惨痛」をもたらし、最終的には「一点の影」となって心の奥底にとどまることになるのである。

11**山色《さんしょく》**　山の景色。

教214ページ

1**古跡《こせき》**　歴史的な建築物や出来事のあった場所。

1**心《こころ》をとどめさせず**　心を寄せることなく。

「心をとどめる」＝注意を向ける。気に入る。心を寄せる。

1**中《なか》ごろは世《よ》を厭《いと》ひ**　ここでは、帰国の旅の中ごろは世の中を苦痛に満ちたものと感じて、の意。

1**身《み》をはかなみて**　わが身をはかないものと思い。

3 **鏡《かがみ》に映《うつ》る影《かげ》** 「鏡に映る影のごとく」が省略されたもの。鏡に映る影のように、の意。

4 **懐旧《かいきゅう》の情《じょう》** 以前に起こったことを懐かしく思い出す気持ち。

2 「さ」は何をさすか。

答 「心地すがすがしくもなりなん（＝気持ちがすがすがしくなるだろう）」（教214ページ6行）をさす。

第二段落 教214ページ10行～215ページ3行

豊太郎は幼いころから学問に励み、東京大学法学部に入学後も首席を通した。十九歳で卒業し、某《なにがし》省に出仕すると、三年後に官命を受け、ベルリンへの留学を果たす。

教214ページ

10 **庭《にわ》の訓《おし》へ** 家庭教育。

14 **学士《がくし》** 大学を卒業した者に与えられる学位。

教215ページ

1 **名《な》を成《な》さん** 立身出世しよう。

「名を成す」＝優れている人物として有名になる。

3 **ベルリン** ドイツの首都。当時ドイツはヨーロッパの一流国として躍進していた。「新大都」（教215ページ5行）も同じ。

第三段落 教215ページ4行～218ページ8行

栄達を願う豊太郎は、初めての西欧文化に触れ、驚きながらも、自己の研鑽《けんさん》に余念なく、仕事や大学での勉強にいそしむ。

教215ページ

6 **我《わ》が心《こころ》を迷《まよ》はさんとするは** 自分の気持ちを迷わせようとするのは。

「心を迷わす」＝気持ちを迷わせる。

8 **隊々《くみぐみ》の士女《しじょ》** 組みになり、連れ立って歩いている紳士と淑女。

11 **目《め》を驚《おどろ》かさぬはなきに** 驚嘆して目を見張らせないものはなくて。

「目を驚かす」＝感動や驚きで目を大きく見開かせる。

教216ページ

1 **楼閣《ろうかく》** 高層の堅固な建物。

2 **みなぎり落《お》つる** 水の勢いが盛んに落ちていく。

2 **噴井《ふんせい》** 噴水。

4 **目睫《もくしょう》の間《かん》** 目とまつげの間のように近いところ。

5 **応接《おうせつ》にいとまなきもうべなり** 見物に追われるのももっともである。「うべ」は、確かだ、もっともだ、の意。接尾語を伴った「うべなふ（＝うべなう）」（教238ページ12行）は、そのとおりだと認める、承諾する、の意。

6 **いかなる境《きょう》に遊《あそ》びても** どのような状況にあっても。

6 **心《こころ》をば動《うご》かさじ** ここでは、決して心を乱されまい、の意。

「心を動かす」＝感動する。心を乱す。落ち着かなくなる。

8 **東来《とうらい》の意《い》** 東にある国、日本から来た目的。

教218ページ

1 **官事《かんじ》のいとま** 留学の目的である公的な仕事がない、プライベートな時間。

1 **公《おおやけ》の許《ゆる》しをば得《え》たりければ** 国の許可を得ていたので。

2 **簿冊《ぼさつ》に記《しる》させつ** 名簿に氏名を記載し、学籍を置いた。

4 **さらぬをば** そう（＝急ぎのもの）ではないものを。

8 **謝金《しゃきん》** 大学の講義を聞くための謝礼金。

第四段落 教218ページ9行～221ページ12行

ベルリンに来て三年たち、大学の自由な気風に触れて、豊太郎は内なる自我に目覚め、法律に限らない歴史や文学といった学問に興味を引かれるようになる。一方で豊太郎は、心の弱さから頑《かたく》なな面があり、それにより他の留学生との関係が悪くなり、嫉《ねた》まれ孤立していくことになる。

教218ページ

12 **器械的《きかいてき》の人物《じんぶつ》** 機械のように決められたとおりに行動する人物。

15 **まことの我《われ》** 留学先の自由な空気に触れて、心の奥深くから現れた自我。今までの決められたことに服従する自分を否定する意識。

15 **やうやう表《おもて》に現《あらわ》れて** しだいに表に現れて。

3 「昨日《きのう》までの我《われ》ならぬ我《われ》」とは、どういうものか。

答 幼少時から、年長者の言うことを守り、人に褒められることに喜びを感じてきて、官庁に出仕してからも、官長の意に沿って生きることをよしとしてきた自主性に欠ける今までの自分。

16 **雄飛《ゆうひ》すべき** 勢い盛んに活躍するような。

教219ページ

1 **そらんじて** 暗記して。

1 **獄《ごく》を断《だん》ずる** 裁判で罪を決定して判決を下す。

4 **堪《た》ふべけれど** 耐えることができるけれども。

4 **忍《しの》ぶべからず** 我慢することができない。

5 **瑣々《ささ》** ささいなさま。こまごまとしているさま。

6 **法制《ほうせい》の細目《さいもく》にかかづらふべきにあらぬ** 法律の細かな部分にこだわるべきではない。

9 **歴史《れきし》、文学《ぶんがく》に心《こころ》を寄《よ》せ** 歴史や文学に熱中して。

「心を寄せる」＝熱中する。

11 **危《あや》ふきは余《よ》が当時《とうじ》の地位《ちい》なりけり** 危うかったのは「余」（豊太郎）の当時の留学生という地位であったのだ、の意。自分を主張し始めた態度が地位を保つうえで危険だったと振り返る。

12 **これ** 独立の思想を抱いて、生意気なことを主張し始めたこと。

教220ページ

1 **猜疑《さいぎ》し** ねたんだり、疑ったりし。

2 **その故《ゆえ》** 留学生たちが豊太郎を「猜疑」し、「讒誣《ざんぶ》」する理由。留学生たちは豊太郎が「かたくなる心と欲を制する力」（教220ページ4行）を持って、自分たちと遊興せず、真面目に過ごしているのを嘲っていたが、一方で豊太郎が官長の信頼を得ていることを嫉み、自分たちの所業が伝わるのではないかと疑い恐れてもいた。

7 **物触《ものさや》れば縮《ちぢ》みて避《さ》けんとす** 人が近づくと自分の殻に閉じこもって接触を避けようとする。豊太郎の心の弱さ、臆病さを表している。

13 **有為《ゆうい》の人物《じんぶつ》** 今後の将来を期待される優れた人物。

14 **あつぱれ豪傑《ごうけつ》** ああ、才知に優れ度胸のある人。

4 「我《わ》が本性《ほんしょう》」とは、どういうものか。

答 涙を流さずにはいられないような自分の内面の弱さ。

教221ページ

4 ふびんなる心《こころ》　哀れな心。

9 交際《こうさい》の疎《うと》き　交際をしない。交際に関心がない。

第五段落　教221ページ13行～226ページ12行

ある夕暮れ、下宿への帰り道に裏町の小路に出た豊太郎は、閉ざされた寺院の扉に寄って泣いている少女エリスと出会う。父親の死に際して、葬式の費用もなく泣くエリスに豊太郎は同情する。エリスを送っていき、貧しい家で切迫した状況を訴えるエリスの涙にぬれた目を見た豊太郎は、その窮状を救う。

教221ページ

13 漫歩《まんぽ》して　あてもなく歩き回って。

教222ページ

1 僑居《きょうきょ》　下宿。仮住まい。

2 巷《こうじ》　ここでは、町の小道、の意。小路。

2 楼上《ろうじょう》の木欄《おばしま》　屋上の木の手すり。

6 恍惚《こうこつ》となりて　心を奪われてうっとりして。

8 声《こえ》を呑《の》みつつ泣《な》く　声を押し殺して泣く。

9 巾《きれ》　布でできたかぶりもの。

16 憐憫《れんびん》の情《じょう》　かわいそうにと思う気持ち。

16 覚《おぼ》えず　意識せずに。

教223ページ

7 我《わ》が恥《はじ》なき人《ひと》とならんを　自分が恥を知らない人となるのを、の意。ビクトリア座の座頭《ざがしら》の言うままになることをさしている。

5　「彼《かれ》」とは誰か。

答　ビクトリア座の座頭、シャウムベルヒ。

10 注《そそ》がれたり　向けられた、の意。

9 一銭《いっせん》の貯《たくわ》へだになし　お金の蓄えのようなものさえもない。

教224ページ

1 ここは往来《おうらい》なるに　ここは路上であるから。

4 人《ひと》の見《み》るが厭《いと》はしさに　他の人が(二人を)見るのがいやだから。

4 筋向《すじむ》かひ　斜めに向かい合うこと。

7 老媼《おうな》　年をとっている女の人。

8 あららか　荒々しいさま。

13 仕立物師《したてものし》　衣服を縫う、または縫い直して修理をする職人。

13 注《ちゅう》したり　記してある。

15 慇懃《いんぎん》　丁寧で礼儀正しいさま。

15 おのが無礼《ぶれい》の振《ふ》る舞《ま》ひせしを　自分が礼を失した行動を取ったことを。

16 廚《くりや》　台所。

教225ページ

7 陶瓶《とうへい》　ここでは、陶器でできた花瓶のこと。

8 羞《はじ》を帯《お》びて　恥じらいのある様子で。

10 たをやかなるは　ここでは、しなやかなのは、の意。

教226ページ

2 身勝手《みがって》なる言《い》ひかけせんとは　自分勝手な要求をするなんて、の意。

5 媚態《びたい》　相手に媚《こ》びるなまめかしい様子のこと。

7 足《た》るべくもあらねば　足りるはずもないので。

8 **一時《いちじ》の急《きゅう》**　臨時に起こる逼迫《ひっぱく》した状況。
12 **手《て》の背《そびら》**　手の甲。

教226ページ

第六段落　教226ページ13行～229ページ12行
豊太郎とエリスは親しくつき合うようになるが、このことを知った同郷人は悪意を持って官長に報告し、結果、豊太郎には免官という厳しい処分が下される。さらに、母の訃報も重なる。苦しい状況の中で、豊太郎とエリスの関係は深いものとなる。

6　**なぜ「悪因《あくいん》」と表現しているのか。**

答　エリスと出会ったことが、その後、豊太郎が抱える苦悩の原因となるから。

14 **終日《ひねもす》**　一日中。
14 **兀坐《こつざ》**　じっと座っていること。

教227ページ
6 **我《わ》が職《しょく》を解《と》いたり**　ここでは、豊太郎の職務をやめさせた、の意。
9 **猶予《ゆうよ》**　実行される日時を延ばすこと。
9 **とやかうと**　あれやこれやと。

教228ページ
2 **筆《ふで》の運《はこ》び**　文字を書こうとして筆を使うこと。書きよう。
3 **清白《せいはく》**　ここでは、つき合い方が清いこと、の意。
8 **温習《おんしゅう》**　練習を繰り返すこと。
11 **いやしき限《かぎ》りなる業《わざ》に堕《お》ちぬ**　身を売るような仕事におちていかない、の意。
11 **まれ**　めったにないこと。
12 **剛気《ごうき》ある父《ちち》の守護《しゅご》**　強く気概ある父親の庇護《ひご》。
16 **かかれば**　こういうわけであるから。

教229ページ
1 **不時《ふじ》**　思いがけないこと。
2 **色《いろ》を失《うしな》ひつ**　心配や不安などで顔が青ざめた。
「色を失う」＝心配や不安、驚きなどで顔が青ざめる。
4 **疎《うと》んぜん**　いやだと思うだろう。
5 **にはかに**　急に。

7　**「この折《おり》」とは、どういうときのことか。**

答　職を解かれ、生きる手だてを失ったうえに、大切な存在である母の死が知らされたとき。

7 **危急存亡《ききゅうそんぼう》**　危機が迫り、生きるか死ぬかの重大な瀬戸際。
8 **初《はじ》めて相見《あいみ》しときより**　初めて出会ったときから。
9 **浅《あさ》くはあらぬに**　浅いものではなかったが。

第七段落　教229ページ13行～232ページ14行
このまま日本に帰れば不名誉なことになり、さりとてとどまるのに必要な資金を得る手だてはないというとき、在京の友人で天方大臣の秘書官をしていた相沢謙吉が、新聞社の通信員の職を斡旋《あっせん》してくれた。そのおかげで豊太郎はベルリンにとどまり、貧しくも楽しいエリスとの生活を始める。学問は荒《すさ》んだが、今までとは違う幅広い知識を得て仕事をするようになる。

教229ページ

13 **我《わ》が命《めい》は迫《せま》りぬ**　自分の運命は追いつめられた。
13 **郷《きょう》**　ここでは、祖国である日本のこと。

教230ページ

1 **汚名《おめい》を負《お》ひたる**　不名誉な評判が立った。
1 **身《み》の浮《う》かぶ瀬《せ》あらじ**　自分の身が名誉を回復する機会はあるまい。
1 **さればとて**　そうは言っても。

8 「今《いま》」とは、どんな時か。

答 帰国の途上、セイゴンの港で豊太郎が手記を書いている時。

4 **秘書官《ひしょかん》**　大臣などの要職の人物に直属して、機密の書類などの事務を扱う人。
4 **官報《かんぽう》**　政府関係の人事や各省庁に関する報告などが記されている政府の広報媒体。
8 **とかう思案《しあん》するほどに**　あれこれと考えあぐねるうちに。
10 **寄寓《きぐう》する**　一時的に身を寄せる。
13 **果《は》つれば**　ここでは、飲み終えると、の意。
13 **さらぬ日《ひ》**　エリスがレッスンに行かない日。
16 **定《さだ》まりたる業《わざ》なき若人《わこうど》**　定職のない若者。

教231ページ

1 **取引所《とりひきじょ》の業《わざ》の暇《ひま》を盗《ぬす》みて**　「取引所」は、証券取引所のこと。その仕事の合間を利用して、という意。
2 **臂《ひじ》を並《なら》べ**　隣に並んで座り。
3 **空《あ》きたる新聞《しんぶん》**　誰も読んでいない新聞。
4 **幾《いく》たびとなく往来《ゆきき》する日本人《にほんじん》**　ここでは、石卓《いしづくえ》と新聞の掛かっている壁の間を何回も行き来する豊太郎、のこと。
6 **よぎりて**　立ち寄ることをして。
9 **我《わ》が学問《がくもん》は荒《すさ》みぬ**　本来の目的であった学問からは遠ざかってしまった。教232ページ7行にも繰り返されていて、エリスとの幸福な暮らしの中でもなお諦めきれない学問への未練を表している。
11 **活発々《かつはつはつ》**　たいへん活気があるさま。

教232ページ

2 **崩殂《ほうそ》**　王が死去すること。
2 **進退《しんたい》いかん**　身の去就がどうなるか。
3 **詳《つまび》かなる報告《ほうこく》**　非常に詳しい報告。
7 **一種《いっしゅ》の見識《けんしき》を長《ちょう》じき**　海外の現状を捉えることで、幅広い視野と知識を身につけた。
8 **民間学《みんかんがく》**　ジャーナリズム。
8 **流布《るふ》**　社会に広まること。
8 **若《し》くはなからん**　匹敵するものはないだろう。
12 **一筋《ひとすじ》の道《みち》をのみ走《はし》りし知識《ちしき》**　学問の狭い分野だけの知識。
12 **おのづから総括的《そうかつてき》になりて**　自然と全般を見渡せるようになって。

9 「夢《ゆめ》にも知《し》らぬ境地《きょうち》」とは、どういうものか。

答 新聞を読み報告を書くことによって、幅広い視野と知識を持つようになり、物事全般を見ることができるようになった境地。

第八段落　教232ページ15行～238ページ6行

エリスが懐妊した。豊太郎は、おぼつかない身の上からこれからのことが不安になる。そんな折、天方大臣に随行してきた相沢の紹介で、大臣を訪れる機会を得る。大臣にドイツ語の文書の翻訳を委託された豊太郎は、相沢からエリスとの関係を清算するように言われ、約束をしたものの、苦悩する。

教232ページ

15 **表街《おもてまち》の人道《じんどう》にてこそ砂《すな》をも蒔《ま》け** 表街の人道だからこそ砂をまいて滑らないようにする、の意。

教233ページ

2 **うがつ** 貫き通す。

4 **卒倒《そっとう》** 気を失って倒れること。

5 **悪阻《つわり》** 妊娠早期に起こる吐き気などの症状。

5 **心《こころ》づきし** 気づいた。

11 **手《て》** ここでは、筆跡のこと。

12 **いぶかりつつも** 変だと思いながらも。

教234ページ

4 **茫然《ぼうぜん》たる面《おも》もち** あっけにとられた顔つき。

8 **かくは心《こころ》を用《もち》ゐじ** このように細々《こまごま》と気を配るまい。

「心を用いる」＝細々と気を配る。

9 **病《やまい》をつとめて起《た》ち** 病の苦痛を払いのけて起き。

12 **誰《だれ》もえ言《い》はじ** 誰も決して言うまい。

13 **不興《ふきょう》なる面《おも》もち** 不機嫌な顔つき。

教235ページ

10 「何《なに》、富貴《ふうき》。」とは、どういう気持ちで言ったのか。

答 相沢の「汝《なんじ》が名誉を回復するもこのときにあるべきぞ。」(教234ページ2行)という言葉を意識していながら、エリスの不安や己の本心に向き合うことをはぐらかそうとする気持ち。

教236ページ

1 **激賞《げきしょう》** 非常に褒めること。

3 **依然《いぜん》たる快活《かいかつ》の気象《きしょう》** 前と変わらない快活な性質。

4 **失行《しっこう》** ここでは、出世街道を踏み外した行動、の意。

4 **さまで意《い》に介《かい》せざりき** それほど気にしていなかった。

5 **委託《いたく》** 頼んで委ねること。

10 **胸臆《きょうおく》を開《ひら》いて** 心の内を隠さないで。

11 「不幸《ふこう》なる閲歴《えつれき》」とは、どういうものか。

答 他の留学生にエリスとのことを官長に報告されて免官になり、その後も貧しい生活が続いているというもの。

12 **色《いろ》を正《ただ》して諫《いさ》むるやう** 厳粛な面持ちで忠告するには。

「色を正す」＝厳粛な面持ちになる。改まった表情をする。様子を正す。

教237ページ

5 **慣習《かんしゅう》といふ一種《いっしゅ》の惰性《だせい》** 当時の留学生は現地の女性と契約的に同棲《どうせい》をしていた者が多く、その「慣習」によるものだということ。

5 **意《い》を決《けっ》して断《た》て** 思いきって決断して関係を断て。

「意を決する」＝思いきって決断する。

8 **前途《ぜんと》の方針《ほうしん》** ここでは、これからの将来設計、の意。

8 **重霧《じゅうむ》の間《かん》に在《あ》りて** 濃霧が立ち込めていて。

教238ページ

12 **「余《よ》は心《こころ》のうちに一種《いっしゅ》の寒《さむ》さを覚《おぼ》えき。」とあるが、それはなぜか。**

答 エリスに対する不誠実さへの自責の念や、相沢の言葉を拒否できなかった悔恨に苦悩し、エリスとの関係がどうなるのかという前途への暗い予感を抱いて不安になったから。

第九段落　教238ページ7行～244ページ16行

豊太郎は天方大臣からの依頼で、通訳として大臣に同行してロシアに行くが、その間も、エリスから豊太郎への思いをこめた手紙が届く。みごとに任務を果たして大臣の信頼を得たことから、日本での公務に復帰する可能性も芽生えるが、豊太郎は改めて思い悩み、苦しんでいく。そして、ベルリンに戻った豊太郎は、出産を控えて喜びに満ちたエリスの様子に接する。

教238ページ

11 **卒然《そつぜん》**　突然。出し抜けに。

教239ページ

1 **常《つね》ならぬ身《み》**　ここでは、妊娠している身、の意。

3 **かく厳《きび》しきは故《ゆえ》あればなるべし**　このように厳しいのはわけがあるからなのであろう。座頭がエリスを意のままにしようとしたのに豊太郎のせいで拒否されたことに対して報復に出たと考えられる。

13 **何事《なにごと》をか叙《じょ》すべき**　何を記そうか、いや、記すほどのことはない。

教240ページ

2 **巴里《パリ》絶頂《ぜっちょう》の驕奢《きょうしゃ》**　パリの街の最高に華やかできらびやかなさま。

4 **彫鏤《ちょうる》の巧《たく》み**　彫刻や彫金のさまざまな技がほどこされたもの。

8 **エリスを忘《わす》れざりき**　エリスを忘れなかった。

8 **え忘《わす》れざりき**　忘れることができなかった。

9 **立《た》ちし日《ひ》**　出立の日。

13 **これ**　「余が立ちし日には、……今日の日の食なかりし折にもせざりき。」（教240ページ9～13行）の部分をさす。

13 **第一《だいいち》の書《しょ》の略《あらまし》なり**　エリスからの一通目の手紙のあらましだ。

教241ページ

7 **袂《たもと》を分《わ》かつ**　別れる。

7 **苦艱《くかん》**　大きな苦しみ。

教242ページ

13 **「我《わ》が地位《ちい》」とは、どういうものか。**

答 エリスと別れ、天方大臣に従って帰国し、官僚としての道に戻って名誉挽回をはかるか、汚名をすすげぬままエリスとの愛を貫き異国で暮らすかの選択をしなければならない自分の立場のこと。

3 **明視《めいし》し得《え》たり**　はっきりとわかった。

5 **この決断《けつだん》は順境《じゅんきょう》にのみありて、逆境《ぎゃっきょう》にはあらず**　自分の決断力は順境の場合だけはたらき、逆境の場合にははたらかない。「順境」は、状況や物事がうまく進んでいるときのこと。

7 **胸中《きょうちゅう》の鏡《かがみ》**　どのような選択をするかを判断する力。

8 **厚《あつ》し**　厚遇してくださる、ということ。

8 **我《わ》が近眼《きんがん》**　狭い領域しか見えず、大局を見通す力がないこと。

11 **屋上《おくじょう》の鳥《とり》**　見えていても自分には手に入らないもののたとえ。

教243ページ

1 **我《わ》が本領《ほんりょう》を悟《さと》りき**　自分の真の自我に目覚めた。

3 **足《あし》の糸《いと》は解《と》くに由《よし》なし**　足の糸を解く方法はない。

7 **万戸《ばんこ》**　多くの家々。

7 **寂然《せきぜん》**　ひっそりと物寂しいさま。

8 **稜角《りょうかく》ある氷片《ひょうへん》**　角張った氷の小片。

教244ページ

1 **一刹那《いちせつな》**　わずかな一瞬。

7 **一瞥《いちべつ》**　ちょっとだけ見ること。

11 **襁褓《むつき》**　おむつ。

第十段落　教245ページ1行〜247ページ9行

大臣にともに帰国することを勧められた豊太郎は承諾をするものの、エリスに対する罪の意識から錯乱し、街をさまよう。雪の降りしきる中で屋外のベンチに長いこと座っていた豊太郎は、夜中に家へたどり着くなり倒れてしまう。

教245ページ

7 **あなや**　ああ大変だ、という豊太郎の心の大きな揺れを表している。

9 **広漠《こうばく》**　広くて果てのないさま。

10 **心頭《しんとう》を衝《つ》いて起《お》これり**　心のうちに突然に強く湧き上がった。

13 **たとへんに物《もの》なかりき**　たとえようがないほどひどいものだ。

教246ページ

5 **鉄道馬車《てつどうばしゃ》**　線路の上を走る馬車。

5 **軌道《きどう》**　車両を走らせるための道。

6 **瓦斯灯《ガスとう》**　ガスの燃焼するときの光を利用した灯火。

9 **半夜《はんや》**　ここでは、真夜中、の意。

9 **過《す》ぎたりけん**　過ぎていただろうか。

10 **いかに歩《あゆ》みしか知《し》らず**　どのように歩いたかわからない。

12 **我《われ》は許《ゆる》すべからぬ罪人《つみびと》なり**　自分は許されることのない罪人である。

14 **寝《い》ねずとおぼしく**　寝ないでいると思われ。

教247ページ

3 **いかにかしたまひし**　どうなさったのですか。

5 **蒼然《そうぜん》として**　ここでは、顔色が真っ青な様子で、の意。

5 **面色《めんしょく》**　顔色。

8 **膝《ひざ》のしきりにをののかれて**　膝がたびたびわなわなと震えて。

8 **立《た》つに堪《た》へねば**　立っていられないので。

第十一段落　教247ページ10行〜249ページ7行

数週間後に意識が戻った豊太郎は、エリスが相沢から事のすべてを聞いて精神に異常をきたしたことを知る。

教247ページ

14　「余《よ》が彼《かれ》に隠《かく》したる顛末《てんまつ》」とは、どういうことか。

答　エリスが豊太郎の子供を身ごもっていたこと。

12 **よきやうに繕《つくろ》ひおきしなり**　うまいように取り繕っておいたのだ。

教248ページ

2 **この恩人《おんじん》は彼《かれ》を精神的《せいしんてき》に殺《ころ》ししなり**　ここでは、恩人の相沢はエリスを精神的に壊したのである、の意。

5 **にはかに座《ざ》より躍《おど》り上《あ》がり**　急に座っていたところから飛び上がり。

6 我《わ》が豊太郎《とよたろう》ぬし　私の豊太郎さま。
6 かくまでに我《われ》をば欺《あざむ》きたまひしか　これほどまでに私をおだましになったのか。
10 心《こころ》づきたるさまにて　正気に戻った様子で。

教249ページ

1 欷歔《ききょ》す　すすり泣きをする。
4 千行《ちすじ》の涙《なみだ》を注《そそ》ぎしは　おびただしい涙を流したのは。
4 幾《いく》たびぞ　どれだけ多かっただろうか。
5 相沢《あいざわ》と議《はか》りて　相沢と話し合って。相沢の力を借りて。

第十二段落　教249ページ8行〜9行

帰国の途についた豊太郎は、相沢をこのうえもない友と思いつつ、エリスについての一点の憎しみを彼に対して抱くのだった。

教249ページ

8 世《よ》にまた得難《えがた》かるべし　ほかに得ることはできないほどである。
9 一点《いってん》の彼《かれ》を憎《にく》む心《こころ》　エリスに関する一点において、相沢を憎く思う心。

手引き

学習の手引き

一 この作品は、「余」（太田豊太郎）の手記という形式になっている。豊太郎は、いつどこで、どういう必要性から、この手記を書こうとしているのか。本文に即してまとめてみよう。

解答例 ○いつ…ドイツからの帰国途中、ブリンヂイシイの港を出て二十日余りがたち、セイゴンの港まで来たころ。（あたりに人もなく、ボーイが来て電灯のスイッチを切るのにはまだ時間があった夜。）
○どこで…船の自室。
○どういう必要性から…豊太郎は「人知らぬ恨みに頭《かしら》のみ悩まし」（二三・10）ていた。その恨みは次第に強くなり、はらわたが一日に九回転するほどの激しい苦しみを負わせ、心の奥に凝り固まって「一点の影」（二四・3）となり、折に触れて「限りなき懐旧の情」（二四・4）を呼び起こして心を苦しめていた。そのため、「いかにしてかこの恨みを銷《しょう》せん」（二四・5）と思い悩み、ドイツに向かうときに買って白紙のままの日記用の冊子に、恨みの概略をつづってみるべく手記を書こうとした、という必要性。

二 豊太郎のエリスに対する心情の変化を、箇条書きにしてまとめてみよう。

解答例 ○出会ったとき…声を殺して泣く少女エリスの美しい清らかさに魅せられる。また、その境遇に憐憫の情が湧く。
○交際が始まったころ…エリスが豊太郎に感謝して豊太郎の下宿を訪れるようになる。師弟の交わりといったような交際が始まる。
○交際が深まったとき…免官に母の死が重なった豊太郎は、不幸を哀れみ、別れを予感して悲しむいじらしいエリスへの愛情が強くなり、深い仲になる。
○同居を始めたころ…エリスは豊太郎を自分の家に住まわせる。豊太郎は、その生活を経済的に苦しいが楽しいと感じる。
○エリスの妊娠がわかったころ…今後に不安を抱く豊太郎は一層不

安になる。一方で、大臣に会うための準備をするエリスの気遣いに感心し、相沢に説得されたあとも、エリスを捨て難い存在と感じる。
○ロシアに出向いたころ…連日のエリスから届く手紙のためにその存在を忘れることはなかったが、改めてエリスか出世かの岐路に立つ自分の立場を理解する。
○ドイツに戻ったとき…エリスのひたむきな愛に接し、一刹那迷いがなくなり、エリスへの愛を強く覚える。
○大臣に伴い帰国することを承諾したとき…エリスに対する罪の意識に苛まれる。
○エリスが精神に異常をきたしたとき…すべてを聞かされて精神に破綻をきたしたエリスを抱き、悲しみと悔恨で涙があふれる。

三　自分の生き方や学問に対する豊太郎の考え方はどのように変化していったか、以下の場面ごとに整理してみよう。

1　二十五歳になるまで。
2　「明治二十一年の冬」(一三二・15)に相沢の手紙が届くまで。
3　「新年の旦」(一四三・6)にベルリンに戻るまで。

解答例　1　幼いころから厳格な家庭教育を受けた豊太郎は、常に首席で、十九歳で大学を卒業して官職に就き、官長の信任を得て留学する。留学先のベルリンでもさまざまな美しいものにも心を動かさずに、漠然とした巧名の念と自己を律する強い向学心を持って誠実に任務をこなし、大学で政治学も学ぶというように、学問に励むことで出世するという生き方を疑わずにいた。しかし次第に、自分が両親や周囲の人に認められることがうれしくて、彼らの期待から外れないよう振る舞い、受動的、器械的な人物になっていたことに気づく。
2　長く「自由なる大学の風」(一二八・14)に当たったことから、二十五歳になるころには「奥深く潜みたりしまことの我」(同・15)が表に現れ出し、それまでの自分の生き方に疑問を持ち始める。「法制の細目」(一二九・6)を疎んじ、歴史や文学に心を寄せるようになるなど、違う生き方を模索し出す。また、他の留学生から嘲りを受けて内省するなかで、年長者の教えを守って勤勉に励む自分の態度は、外物を恐れる己の弱さによるものだと自覚するようになる。そうしたなかエリスと出会い、ひかれていくが、官長に知られて免官されるという、それまでの生き方を外れる羽目に陥る。相沢の助けで通信員としてベルリンに留まることができ、エリスとの慎ましい生活に満足を感じるものの、学問がなおざりになっていることを危惧し続けている。一方で、大学の学問とは異なる、「一種の見識」(一三二・7)を身につけたとも感じている。
3　エリスは妊娠し、豊太郎は次第に将来の不安を感じるようになる。そこへ相沢の計らいで天方大臣に会い、ドイツ語の文書の翻訳を頼まれる。その後また、大臣に自分といっしょに通訳としてロシアに行ってほしいと言われ引き受ける。ロシアの宮廷社会において、豊太郎は語学力を発揮し、要件を処理したことで、官界復帰の可能性が見えてくる。自分の本領を悟り、器械的な人物ではないと思ったはずが、また大臣の思いのままになっていると認めつつも、帰国して元の道へ戻る流れに逆らえずにいる。

四　この作品が成立した時代について調べ、森鷗外自身の経歴を参考にしながら、以下のことを考えてみよう。

1　豊太郎はどのような期待を寄せられる存在だったか。

2　相沢謙吉にとって、エリスはどのような存在だったか。

考え方　この作品が成立したのは、一八九〇(明治二三)年で、この時代には日本の西洋化が進み近代化の基礎が築かれつつあった。代々医者の家に生まれた森鷗外は、幼いころより教育を受け、語学も学んでいた。東京大学医学部卒業後、二十二歳で陸軍医として調査研究のためドイツに五年間留学する。帰国した年にエリーゼと名乗るドイツ女性が鷗外を訪ねて来日するも、周囲が説得し帰国させている。翌年に文芸活動を開始し、処女作となる『舞姫』を発表した。これらのことをもとに考えてみよう。

解答例　1　豊太郎は森鷗外自身と同じく幼いころから家庭教育を受けており、優秀な成績を修め語学も堪能で、母の一人息子にかける思いを一身に背負っていた。某省に出仕したのちは、官長の信任を受けて、森鷗外自身と同じくドイツへの留学を命じられたり、天方大臣に通訳として重用されたりと、西洋化が進み近代化の基礎が築かれる時代において、有能な人材として期待される存在だった。

2　エリスは、学識や才能があって名誉や成功を望むべき豊太郎の人生の伴侶としてふさわしい相手ではなく、豊太郎の弱い心から生じただけの関係で、切り捨てるべき存在であると考えている。

活動の手引き

一　「ああ、相沢謙吉がごとき良友は世にまた得難かるべし。されど我が脳裏に一点の彼を憎む心今日までも残れりけり。」(二四九・8)とあるが、相沢・豊太郎・エリスの関係をどう思うか、自分の考えを文章にまとめてみよう。

考え方　相沢は豊太郎にとって、不遇なときに仕事を世話してくれたり、大臣に紹介してくれたりして、汚名をそそぎ将来への基盤作りに尽力してくれた恩人である。一方で、豊太郎を信じていたエリスにその裏切りを知らせ、エリスとの仲が終わることになった、憎むべき相手でもある。また、エリスにとっては、自分も含めて豊太郎を援助してくれるのであればありがたい存在であるが、自分を豊太郎の立身出世の妨げと考えるならば憎むべき存在である。これらの点をふまえ、三人の関係に対する自分の考えをまとめてみよう。

言葉の手引き

一　次のかたかなを漢字に改めよう。

1　ユウセイなる境。　2　雲にそびえるロウカク。

3　ゴウケツだと思い込む。　4　キキュウソンボウ。

5　ダセイに陥る。

解答　1　幽静　2　楼閣　3　豪傑　4　危急存亡

5　惰性

二　本文の中から、次の動作を示す語句をすべて抜き出し、それぞれの表現の差がどのような効果を生み出しているか、考えてみよう。

1　書く(→書き記す、ものす……)

2　留学する(→西に航す……)

解答例　1　「書き記し」(二二・6)　「記し」(二二・9)

「日記《にき》ものせ(ん)」(二二・10)　「筆に写し」(二三・5)

「文につづり」(二四・9)　「写し」(二八・4)　「写す」(二三・11)

「筆の運び」(二二八・2)　「写さ(ん)」(二二九・5)
「筆を走ら(せ)」(二二一・2)　「書け(り)」(二二一・10)
「かき寄せ」(二二一・11)　「文《ふみ》を作り」(二二一・1)
「写し」「写す」(二二一・11)　「叙す」(二三九・13)
「書き」(二四〇・15)　「書き送り」(二四一・12)
↓「記す」(＝書き留める)、「日記ものす」(＝「日記を書く」の古風な言い方)、「文につづる」(＝書き写す)、「筆に写す」(＝書き写す)、「筆を走らせる」(＝走り書きする)、「文につづる」(＝長文を書く)、「文を作る」(＝多様な文を書く)、などのように、微妙に意味の異なる語句を用いることで表現を豊かにする効果がある。

2　「洋行」(二二一・4)　「途に上り」(二二一・9)
「西に航せ(し)」(二二三・2)　「洋行し」(二二五・1)
「ベルリンの都に来(ぬ)」(二二五・3)　「独逸《ドイツ》に来(し)」(二四三・1)
↓「洋行」(＝栄達的意味合い)、「途に上る」(＝期待をこめて向かう意味合い)、「西に航せし」(＝「東」と「西」を呼応させる意味合い)、「ベルリンの都に来ぬ」(＝ついに晴れの舞台に着いたという意味合い)、「独逸に来し」(＝失意のなか振り返る意味合い)、というように、それぞれの状況における意味合いを的確に伝える効果がある。

三　**次の本文中の「色」の意味を調べてみよう。**

1　さまざまの色に飾りなしたる礼装(二二五・10)
2　真率なる心や色に現れたりけん(二二三・4)
3　色を舞姫の群れに漁する(二二七・1)
4　彼は色を失ひつ。(二二九・2)
5　彼は色を正して諫むる(二三六・12)

解答例　1　色彩。明るさや鮮やかさ。
2　表情や顔色、また、様子、目つきなどの、外見に現れるもの。
3　情欲。ここでは、女性に対する色欲。
4　顔色。「失ひつ」までで、青ざめること。
5　面持ち。表情。「色を正す」で厳粛な面持ちになる、の意。

四　**この作品の文体や表現の特色を、具体的な箇所をあげて指摘してみよう。**

解答例　『舞姫』の文体は近代小説では主流であった口語体ではなく、前時代の文語体を取り入れた「雅文体」となっていて、なかでも漢文調の表現が散見する。技法的にも、倒置や対句、反復など多彩な技法が使われている。また、簡潔的表現が多いことも特色の一つである。それぞれ以下の箇所などに見られる。
・漢文調…「いかにしてかこの恨みを銷せん」(二二四・5)、「なんらの光彩ぞ、我が目を射んとするは。なんらの色沢ぞ、我が心を迷はさんとするは。」(二二五・5)(倒置・対句にもなっている)
・反復…「あらず、これには別に故あり」(二二三・1)(同・6)、「我が学問は荒みぬ」(二二一・9)(二二一・7)
・簡潔的表現…「石炭をばはや積み果てつ」(二二一・1)、「かの人々の嘲るはさることなり。されど嫉むは愚かならずや。この弱くふびんなる心を。」(二二一・3)(漢文調・倒置にもなっている)

枯野抄

芥川《あくたがわ》龍《りゅう》之《の》介《すけ》

教科書P.252〜265

学習のねらい

師匠である芭蕉《ばしょう》の臨終に弟子たちがそれぞれに抱く心情を把握し、人生や他者に対する考察を深める。

主題

元禄《げんろく》七(一六九四)年十月十二日の午後、俳諧の大宗匠と仰がれた松尾《まつお》芭蕉五十一歳が門下の人々に囲まれ静かに息を引きとろうとしていた。医者の木節《もくせつ》に促され末期の水をとる門弟の其角《きかく》は、死に際した師匠の姿に耐え難い嫌悪を感じた。去来《きょらい》は一身をあげて師匠の看病に没頭した無意識の満足と自己批評とを内心に抱えて興奮していた。正秀《せいしゅう》が凄絶なる慟哭《どうこく》をあふれさせる。そこに一種の誇張を感じつつ乙州《おつしゅう》も嗚咽《おえつ》をもらす。支考《しこう》は自分一身の興味打算など師匠の死とは関係のないことを考え、惟然坊《ゆいねんぼう》は死の恐怖から師匠の顔を正視できなかった。丈草《じょうそう》は悲しみと共に安らかな心持ちを感じる。個々の生き方、考え方から、人生の終わりの「枯野」を映し出す。

段落

本文は背景や人物の描写によって、八つの段落に分けられる。

一 教P252・1〜P253・2 舞台背景
二 教P253・3〜P254・15 臨終の芭蕉を囲む門弟たち
三 教P254・16〜P256・16 木節・其角
四 教P256・17〜P258・16 去来
五 教P258・17〜P260・4 正秀・乙州
六 教P260・5〜P261・16 支考
七 教P261・17〜P263・11 惟然坊《ゆいねんぼう》
八 教P263・12〜P264・15 丈草

段落ごとの大意と語句の解説

第一段落 教252ページ1行〜253ページ2行

芭蕉の辞世の句「旅に病んで夢は枯野をかけめぐる」の成立について記されている『花屋日記』からの引用を置く。元禄七年十月十二日午後、大阪の町はすべてが薄明るくもの静かだ。

教252ページ

1 **目《め》のあはざるまま** 眠ることができないまま。

1 **ふと案《あん》じ入《い》りて** すぐに思案して。

2 **おのおの詠《えい》じたまへ** みなさん朗詠なさい。

3 **旅《たび》に病《や》んで夢《ゆめ》は枯野《かれの》をかけめぐる** 旅の途中で病に倒れ夢を見たが、その中で私は枯野をかけまわっているのだよ。季語は「枯野」。季節は冬。

4 **ひとしきり** しばらくの間。

5 **時雨《しぐ》れる**　時雨(=晩秋から初冬にかけて断続的に降る小雨)が降る。

6 **曇《くも》りながらも薄明《うすあか》るい**　少しあとにも「すべてが薄明るい」(教253ページ1行)と繰り返し強調されているように、この薄明るさは、芭蕉を看取《みと》る弟子たちの明暗混じり合ったさまざまな反応の背景となっている。

7 **町家《まちや》**　町の中の家。

7 **流《なが》れるともなく**　ことさら強く流れているのではないが。

8 **光沢《つや》を消《け》して**　表面の美しい輝きを失って。

9 **往来《ゆきき》の人々《ひとびと》**　道を行き来する人たち。

9 **革足袋《かわたび》**　なめし革で作った足袋。

9 **凩《こがらし》**　秋の初めから初冬にかけて吹く強い風。

10 **うっそりと**　ぼんやりと。

10 **人形芝居《にんぎょうしばい》の遠《とお》い三味線《さみせん》の音《おと》**　人形浄瑠璃(文楽)の三味線の音が遠くから響いてくるさま。文楽は、大阪の人形芝居である。

第二段落　教253ページ3行〜254ページ15行

このとき、大阪御堂前南久太郎町《みどうまえみなみきゅうたろうまち》の花屋仁左衛門《にざえもん》の裏座敷で、松尾芭蕉五十一歳が門下の人々に介抱されながら静かに息を引きとろうとしていた。芭蕉は昏睡《こんすい》状態で、その目は「旅に病んで夢は枯野をかけめぐる。」という辞世の句のごとく、とりとめなく遠い所を見やっていた。

教253ページ

3 **裏座敷《うらざしき》**　家の奥にある座敷。

3 **俳諧《はいかい》**　もとは和歌の上の句(五七五の長句)と下の句(七七の短句)を二人以上の人が交互に詠み続けていく「連歌」のうち、室町時代末期から流行した、滑稽さを主とする「俳諧連歌」のことで、後に連歌から独立し、江戸時代には「俳諧」文学として確立された。やがて芭蕉によってその芸術性が完成される。

3 **大宗匠《だいそうしょう》**　文芸や技芸などの師匠。大先生。

3 **仰《あお》がれた**　敬われた。

4 **介抱《かいほう》**　病人などを看護すること。

4 **一期《いちご》**　生まれてから死ぬまで。一生涯。

5 **「埋火《うずみび》の温《あたた》まりの冷《さ》むるがごとく、」**　『花屋日記』からの引用。命の火が時間をかけて少しずつ弱まっていく様子を表すとともに、その死がもたらすうすら寒さをも暗示している。

7 **枕頭《ちんとう》**　枕もと。

7 **炷《た》きさした**　(香を)たいた。

7 **天下《てんか》の冬《ふゆ》を庭先《にわさき》に堰《せ》いた**　ここでは、この冬が庭先から侵入しないように、食い止めていたということ。

8 **身《み》にしみる**　しみじみと深く感じられる。

9 **寂然《じゃくねん》**　静かで寂しいさま。

9 **夜具《やぐ》**　布団(蒲団《ふとん》)など寝るときに使うもの。

10 **間遠《まどお》い脈《みゃく》**　間隔があいて、弱々しい脈拍のこと。

10 **浮かない眉《まゆ》をひそめていた**　心配そうな表情をしていた。

10 **居《い》すくまって**　身がすくんで動けなくなって。

11 **老僕《ろうぼく》**　家の雑用をさせるためにやとった、年をとった男。治郎兵《じろうべ》衛《え》は寿貞尼《じゅていに》(芭蕉の内妻とされるが未詳)の子であり、「老僕」とするのは作者の誤解とされる。

12 **それと知《し》れる**　それだと自然とわかる。
12 **大兵《だいひょう》**　体が大きくたくましいこと。
13 **鷹揚《おうよう》**　ゆったりと大らかに構えているさま。ここでは、着物の胸元をゆったりさせていることを表している。
13 **肩《かた》をそば立《だ》てた**　一方の肩を高く上げた。
13 **ものごしの凛々《りり》しい**　言葉遣いや行動が引き締まった感じの。
14 **容態《ようたい》をうかがっている**　病人の状態を見ている。
15 **珠数《じゅず》**　仏を拝むときに手に掛ける仏具。
15 **端然《たんぜん》**　きちんとしているさま。正しく整っているさま。
17 **古法衣《ふるころも》**　僧の着る衣服で古びたもの。

教254ページ

1 **僧形《そうぎょう》**　僧の身なり。
1 **剛愎《ごうふく》**　頑固で、なかなか人に従わないさま。
3 **死別《しべつ》の名残《なごり》を惜《お》しんで**　死にゆく人との別れを残念に思って。
4 **ひれ伏《ふ》したまま**　額を地や床につけるように体を平たくしてかしこまったまま。
5 **慟哭《どうこく》の声《こえ》を洩《も》らしていた**　悲しみのあまりに大きな泣き声を出していた。
「慟哭」＝激しく泣くこと。
6 **うすら寒《さむ》い**　なんとなく寒々とした感じの。
6 **擾《みだ》す**　ゆり乱す。
8 **痰喘《たんせき》**　たんを伴うせき。
9 **昏睡《こんすい》**　意識を失い、外部からの刺激に全く反応しないこと。
10 **いたましい**　気の毒で見ていられない。

11 **際限《さいげん》ない**　終わりのない。
12 **いたずらに**　むなしく。空虚に。
13 **とりとめのない**　まとまりのない。
14 **辞世《じせい》の句《く》に詠《えい》じた**　死に際の句に詠み込んだ。
14 **茫々《ぼうぼう》とした枯野《かれの》の暮色《ぼしょく》**　草の枯れた広い野原の夕景。
14 **一痕《いっこん》**　ひとつの形跡。

第三段落　教254ページ16行〜256ページ16行

医者の木節に促され、末期の水をとることになり、門弟一同は緊張と一種の弛緩《しかん》に包まれた。其角は、死に際した師匠の姿に堪え難い嫌悪を感じ、何の悲しみもなかった。

教255ページ

3 **彼岸《ひがん》に往生《おうじょう》する**　死後、極楽浄土に生まれ変わる。
6 **刹那《せつな》の間《かん》**　一瞬の間。
6 **万方《ばんぽう》を尽《つ》くした**　すべての手段を講じた。
10 **弛緩《しかん》した感《かん》じ**　緊張の度合いが緩んだ感じ。
10 **来《き》たるべきもの**　来るはずのもの。

1　**「安心《あんしん》に似《に》た心持《こころも》ち」とは、どういうことか。**

答　医師の木節によって、芭蕉の最期が宣告されたのだから、これ以上その宣告を待つ必要はないと安堵《あんど》するような気持ち。

13 **微妙《びみょう》な性質《せいしつ》の**　ここでは、軽微な、という意味。
15 **慌《あわ》ただしく視線《しせん》をそばへそらせる**　其角は木節の目の中に、芭蕉の臨終に際して「安心に似た心持ち」という不謹慎な心情があることを認めたため、自分も同様ではないかと思い、それを木節に悟られないよう視線をそらしたのである。

教256ページ

1 **にじらせて**　座ったまま膝で進んで。
1 **いまわの**　死ぬ間際の。
2 **今生《こんじょう》の別《わか》れ**　この世での別れ。
3 **末期《まつご》の水《みず》**　一生を終えるとき、その人の口に含ませる水。

2 **「芝居《しばい》めいた予測《よそく》」とは、どういうことか。**

答　師匠である芭蕉の死に臨むときは、芝居で見るような涙にくれる別れになるだろうという其角の想像。

6 **致死期《ちしき》**　臨終のとき。
6 **面《おもて》を背《そむ》けずにはいられなかった**　顔を向けてはいられなかった。
7 **嫌悪《けんお》の情《じょう》**　いやだと思う気持ち。
8 **生理的《せいりてき》な作用《さよう》**　本能的にいやだと思う気持ち。
9 **偶然《ぐうぜん》な契機《けいき》**　偶然のきっかけ。ここでは、芭蕉の死をさしている。
10 **病軀《びょうく》**　病気にかかっている体。
10 **享楽家《きょうらくか》**　思うままに快楽を味わう人。
14 **自責《じせき》に似《に》た**　自分で自分の過ちを責める思いと同様の。
15 **顧慮《こりょ》**　考えに入れ、気に掛けること。

第四段落　教256ページ17行〜258ページ16行

次に末期の水をとった去来は、満足と悔恨との錯雑《さくざつ》した心持ちを味わう。一身をあげて師匠の介抱に没頭した無意識の満足とそれを卑しく思う気持ちという矛盾を内心に抱えて興奮し、落ち着かないまま羽根楊子《はねようじ》を取る。

教257ページ

1 **恭謙《きょうけん》**　慎み深く奥ゆかしいさま。
2 **病《や》みほうけた**　病のため知覚が鈍った。
5 **因縁《いんねん》を背負《せお》って**　運命を身に負って。
5 **掻乱《そうらん》**　かき乱すこと。混乱させること。
8 **周旋《しゅうせん》**　間に立って取り持つこと。
9 **本復《ほんぷく》**　病気がすっかり治ること。
10 **車輪《しゃりん》になって**　ここでは、一生懸命働いて、の意。
10 **万事万端《ばんじばんたん》**　あらゆること。
11 **恩《おん》を着《き》せよう**　恵みを与えた相手にことさらにありがたく思わせよう。
「恩を着せる」＝恩を施したことを相手にことさらにありがたく思わせようとする。
12 **一身《いっしん》をあげて**　全力を傾けて。
12 **没頭《ぼっとう》した**　そのことだけに夢中になった。
12 **勢《いきお》い**　ここでは、必然的に、自然のなりゆきで、の意。
14 **もとより**　もともと。言うまでもなく。
14 **行住坐臥《ぎょうじゅうざが》**　日常の立ち居振る舞い。普段の行動。
15 **ふけっている際《さい》にも**　夢中になっている折にも。
16 **孝道《こうどう》の義《ぎ》を釈《と》いて**　親を敬い仕える道の意義を講釈して。
17 **述懐《じゅっかい》**　心中の思いを述べること。

教258ページ

3 **「狂《くる》い」とは、どのようなものか。**

答　師匠である芭蕉の看病に一身をあげて没頭することで充足感を得ていたが、容態を心配しているようでいて実は自分の骨折りぶりを満足の目で眺めていると気づいたことで生じた、やましい心持ち、悔恨の念。

3 **明日《あす》にもわからない**　明日にも亡くなるかもしれない。
6 **悔恨《かいこん》**　自分の過ちを後悔して残念に思うこと。
10 **存外神経《ぞんがいしんけい》の繊弱《せんじゃく》な**　思いのほか、ものを敏感に感じて弱い。
「繊弱」＝繊細でひ弱なさま。
11 **内心《ないしん》の矛盾《むじゅん》**　芭蕉のために尽くす自分に満足を覚えれば覚えるほど、そんな自分を卑しく情けなく思う気持ちが強まるという矛盾。
「満足と悔恨との扞格《かんかく》」(教258ページ6行)をさす。
15 **辛辣《しんらつ》**　言い方や指摘する内容が厳しいさま。

第五段落　教258ページ17行〜260ページ4行
老実な丈草の順番の折には、不気味な笑い声がほとばしっているような凄絶なる慟哭を正秀があふれさせる。そこに一種の誇張を感じつつ、乙州も嗚咽の声を発する。

教259ページ
1 **老実《ろうじつ》**　物事に慣れていて、することが誠実なさま。
2 **誦《ず》しながら**　口ずさみながら。
5 **哄笑《こうしょう》**　大声で笑うこと。
5 **堰《せ》かれながら**　せき止められながら。
6 **ほとばしってくるような**　勢いよく飛び散ってくるような。
9 **悲愴《ひそう》を極《きわ》めて**　悲しみや痛ましさが極限に達して。
10 **塚《つか》も動《うご》けわが泣《な》く声《こえ》は秋《あき》の風《かぜ》**　私のこの悲しみの声に塚も動け。私の泣く声は秋の風と共にあなたの塚の周りをめぐっている。季語は「秋の風」。季節は秋。
11 **凄絶《せいぜつ》なる**　たとえようもなくすさまじいさま。
11 **涙《なみだ》にむせぼうとしていた**　涙が流れ悲しみに声がつまりそうになっていた。

4　**「一種《いっしゅ》の誇張《こちょう》」とは、どういうことか。**

答　正秀が、泣く激しさによってさらに彼自身の悲しみがかきたてられているようで、あまりにも激しすぎると周囲が感じるほどの泣き方をしているということ。

15 **彼《かれ》の頭《あたま》が……彼《かれ》の心臓《しんぞう》は**　「頭」は知性を表し、「心臓」は感情を表す。乙州は正秀の慟哭を不快に感じていても、それは頭で考えただけのことであり、心では正秀と同じ状態であるということ。
17 **しかも涙《なみだ》はますます目《め》にあふれてくる**　この「しかも」は、それなのに、の意。

教260ページ
1 **嗚咽《おえつ》の声《こえ》を発《はっ》してしまった**　声をつまらせるようにして泣く声を出してしまった。
2 **歔欷《きょき》**　すすり泣き。むせび泣き。
4 **しめやかに冴《さ》えた**　もの悲しく張りつめている雰囲気の。
4 **断続《だんぞく》しながら**　途切れたり、続いたりしながら。

第六段落　教260ページ5行〜261ページ16行
支考は、いつもながらに横風《おうふう》で、名聞《みょうもん》、利害、自分一身の興味打算など師匠の死とは関係のないことを考えていた。師匠の死よりも、師匠を失う自分自身を悼むという自分たちを非難できないのだという厭世《えんせい》的な感慨に沈むことを得意とする彼は、冷然とした態度をとる。

教260ページ

7 **皮肉屋《ひにくや》** 意地が悪く、遠回しに非難したりする人。

11 **争《あらそ》われない** 否定できない。

11 **野《の》ざらしを心《こころ》に風《かぜ》のしむ身《み》かな** 野にさらされたしゃれこうべとなることは覚悟しているが、いざ出発するとなると、秋風が身にしみてくることだ。季語は「身にしむ」。季節は秋。切れ字は「かな」。

5 **「枯野《かれの》のただ中《なか》も、この花屋《はなや》の裏座敷《うらざしき》も、大《たい》した相違《そうい》があるわけではない」のは、なぜか。**

答 芭蕉は花屋の裏座敷の蒲団の上で死を迎えようとしているが、周囲の弟子たちが考えているのは自分一身の興味や打算といったことであり、誰もいない枯野で一人死んでいくのと変わらないから。

16 **発句《ほっく》** 連歌・俳諧における長句(五七五)のこと。芭蕉によってその独立性が高まり、明治時代以降「俳句」と呼ばれるようになる。

16 **滅後《めつご》** 入滅の後。多く、聖者や高僧の死を表す。

17 **刻々《こっこく》** 時間がたつにつれて。

教261ページ

2 **終焉記《しゅうえんき》** 死を迎えるときのことを記した伝記。

3 **命終《めいしゅう》** 命が尽きること。

6 **「限《かぎ》りない人生《じんせい》の枯野《かれの》の中《なか》で、野《の》ざらしになった」とは、どういうことか。**

答 人生とはもともと枯野をただ一人行くようなものであるが、野ざらしのような深い孤独の中で死んでいくということ。

8 **窮死《きゅうし》** 困窮の中で死ぬこと。

8 **薄暮《はくぼ》** 夕暮れどき。

9 **薄情《はくじょう》** 思いやる気持ちがないこと。

10 **厭世的《えんせいてき》** 人生をはかない、つらいものと思って悲観している様子。

12 **嘲《あざけ》るようにじろりと見回《みまわ》して** 支考からすれば、門弟たちは「師匠の最期を悼まずに、師匠を失った自分たち自身を悼んでいる」(教261ページ7行)のに、それに気づかず涙にむせんでいるのであり、彼らに軽蔑の目を向けているのである。

「嘲る」=人を軽蔑して笑ったり悪く言ったりする。

13 **冷然《れいぜん》** 思いやりがなく、冷ややかな態度を取るさま。

第七段落 教261ページ17行〜263ページ11行

惟然坊は、死別の悲しさとは縁のない死そのものへの恐怖に襲われる。次に死ぬのは自分かもしれないと思い、師匠の顔を正視できなかった。

教262ページ

9 **驚悸《きょうき》する** 驚いてひどく胸がどきどきする。

10 **総身《そうしん》** 体全身。

7 **「明暗二《めいあんふた》とおりの心持《こころも》ち」とは、どういうことか。**

答　他者の死に対して、自分が死ぬのではなくてよかったと安心したような心持ちになることと、もし自分が死ぬのだったらどうだろうと不安を感じること。

16 **明暗《めいあん》二《ふた》とおりの……徘徊《はいかい》していた**　ここでは、明暗二つの気持ちの間をその時々で迷い、あっちへ行ったりこっちへ来たりしていた、の意。

教263ページ

3 **険悪《けんあく》**　状況が悪化していて危険なさま。

10 **上目《うわめ》**　顔を上げないで目だけで上の方を見ること。

第八段落　教263ページ12行～264ページ15行

門弟たちが末期の水をとる間に、丈草は悲しみと共に安らかな心持ちを感じる。それは芭蕉の人格的圧力からの解放の喜びだった。丈草はかすかな笑みを浮かべて芭蕉に礼拝《らいはい》し、こうして芭蕉は最期のときを迎えたのである。

教263ページ

16 **赴《おもむ》く**　ここでは、仏のいる死後の場所に行く、の意。

17 **頭《こうべ》を垂《た》れていた**　うなだれていた。

教264ページ

5 **雑念《ざつねん》を溺《おぼ》らし去《さ》って**　よくない考えを消し去って。

5 **毫《ごう》も**　少しも。

8　**「己《おのれ》を欺《あざむ》くの愚《ぐ》」とは、どういう意味か。**

答　何か理由を示して、自分に「解放の喜び」があることを認めずに、ごまかしてしまう愚かしさという意味。

9 **桎梏《しっこく》**　手かせや足かせ。行動の自由を束縛するもの。

11 **恍惚《こうこつ》**　心を奪われてうっとりするさま。

13 **礼拝《らいはい》**　敬って拝むこと。

手引き

学習の手引き

一　**芭蕉の弟子たちそれぞれについて、人間像、及び、芭蕉の臨終に立ち会った際の心理を整理しよう。**

解答例　○木節…芭蕉を診る医者。末期の水を門弟に促す際には、自分の医師としての在り方を振り返るような誠意のある人間。

○治郎兵衛…芭蕉の生まれた国伊賀《いが》から共にやって来た老僕。一心に念仏を唱えている素朴な心の持ち主。

○其角…現実的で、「生」の享楽家。それゆえに、芭蕉の姿に象徴された「死」の事実に激しい嫌悪や不快を感じる。

○去来…ものごしは凛々《りり》しく、日ごろから恭謙と評され、道徳的であるが、繊弱でもある。芭蕉を懸命に看護するが、そこに生まれた満足を自覚したために、その満足と悔恨との間で落ち着きを失う。

○丈草…老実な禅客であり、厳かな感じがある。芭蕉臨終の際には、限りない悲しみと同時に、芭蕉の圧力から解放された喜びにより安らかな気持ちになる。

○正秀…芭蕉の臨終を悲しみ、慟哭をおさえきれない。

○乙州…正秀が慟哭を抑制できないことに、意志力が欠乏していると不快を感じているが、自身も嗚咽している。
○支考…剛愎な皮肉屋として知られ、芭蕉の臨終に際してもいつもどおりの横風な構えを崩さなかった。座敷の蒲団の上で往生を遂げられるとして喜ぶ芭蕉に対して、彼は、枯野で野ざらしになっているのと同じだと考えている。師匠の死を悼むのではなく、師匠を失った自分自身を悼むことについて、しかたのないことと厭世的な感慨を抱いており、この感慨を抱くことを得意にも感じて、冷淡な態度を押し通している。
○惟然坊…無愛想な僧形の人物で、もともと死を病的に恐れていて、自分が死ぬことを恐ろしがり、芭蕉を見て、次は自分が死ぬかもしれないと恐怖におののいているため、いっそう無愛想になる。

二　小説中に引用されている芭蕉の二句「旅に病んで」「野ざらしを」が、それぞれの場面でどのような役割をしているか、説明してみよう。

解答例　○「旅に病んで」の句…「半ば目を見開いたまま、昏睡の状態に入った」(二五四・8)芭蕉が、その目に「ぼんやりした光を浮かべながら、まるで屋根の向こうにある、際限ない寒空でも望むように、いたずらに遠い所を見やっている」(同・11)という様子を受けて、その視線の先にあるものを暗示している。座敷の蒲団の上で臨終を迎えている芭蕉にとって、枯野とははたして何か、なぜ「夢」が「枯野」をかけめぐるのかを読者に問いかける役割をしている。
○「野ざらしを」の句…芭蕉の臨終に際して支考の感慨を示す場面で示されている。支考の「枯野のただ中も、この花屋の裏座敷も、大した相違があるわけではない」(二六〇・14)という感慨に始まり、「人情の冷たさに凍《い》てついて」(二六三・16)死ぬという描写へと続く、芭蕉が孤独の中に死を迎えようとしているというイメージを明確に示す役割をしている。

三　「恍惚たる悲しい喜び」(二六四・11)という気持ちの具体的な内容について、まとめてみよう。

考え方　例えば、ある分野において、絶対的な力を持つ人のもとで未熟な自分が修業するときに、自由な発想を展開することは難しい場合が多い。丈草は、まさにそうした立場にあったと言える。

解答例　師匠が亡くなるということは「悲しい」ことであり、一方で、師匠である芭蕉との関わりの中で、芭蕉の人格的圧力により自由を失っていた彼の精神が解放されたことの喜びがあるということである。悲しさと喜びを同時に味わうという希有《けう》な経験と、悲しみに勝るとも劣らない、精神が解放された喜びの大きさにより、恍惚感に浸っているのである。

四　末尾の一文の効果について、「悲嘆かぎりなき」(二六四・14)に「　」が付されていることに留意して説明してみよう。

考え方　末尾の一文は、冒頭での引用と同様、本作品の出典とされる『花屋日記』をふまえたものとなっている。『花屋日記』の文章特有の格調の高さが、俳諧の大宗匠である芭蕉の臨終を描いた文にふさわしいと言えるが、「悲嘆かぎりなき」と「　」が付されていることで、本作品での状況との違いを強調する皮肉がこめられていると考えられる。

解答例　末尾の一文は、出典とされる『花屋日記』をふまえたもので、俳諧の大宗匠である芭蕉の臨終を描くのにふさわしい、格調の高い文で本文を締めくくる効果がある。しかし、本文では芭蕉の臨終に際して、弟子たちはみな自身のさまざまな思いにとらわれていて、「悲嘆かぎりなき」とはとても言えない状況であり、このことを、「　」を付すことで皮肉をこめて表していると考えられる。文の格調の高さも、その皮肉を増幅させていると言える。

活動の手引き

一 芭蕉の弟子たちの中で、自分が最も共感できる人物、あるいは、最も共感できない人物をあげ、共感できる部分や共感できない部分を、本文中の具体的な記述を引きながら、話し合ってみよう。

考え方 本文に出てくる木節・治郎兵衛・其角・去来・丈草・正秀・乙州・支考・惟然坊について、「学習の手引き一」で整理した、人間像、芭蕉の臨終に立ち会った際の心理をふまえて考えるとよい。どの人物が正解ということはない。大切な人を看取る際の自分の行動や心理を想像し、それと照らし合わせて共感できるかどうか考えて話し合ってみよう。

言葉の手引き

一 次の傍線部を読み分けてみよう。

1 寂然・寂しい
2 恭謙・恭しい

解答 1 じゃく(せき)・さび
※「寂然」は「じゃくねん」「じゃくぜん」「せきぜん」の読み方がある。
2 きょう・うやうや

二 次の熟語の意味を調べよう。

1 鷹揚(二五三・13)　2 端然(二五三・15)
3 剛愎(二五四・1)　4 老実(二五九・1)
5 歔欷(二六〇・2)　6 桎梏(二六四・9)

解答例 省略(「語句の解説」を参照)

三 次の表現の意味を説明してみよう。

1 葉をふるった柳の梢《こずえ》(二五二・5)
2 うっそりとして歩いてゆく(二五二・10)
3 天下の冬を庭先に堰いた(二五三・7)

解答例 1 柳の枝が葉をすべて落としていること。
2 ぼんやりとして歩いていく。
3 この冬が庭先から侵入しないように、食い止めていた。

四 芭蕉の「塚も動け」(二五九・10)の句について、その成立の事情を調べ、この場面にこの句が置かれている表現効果について、説明してみよう。

解答例 『奥の細道』で、芭蕉が金沢を訪れた際に、蕉門の俳人である小杉一笑《こすぎいっしょう》が、前年末に若くして亡くなってしまったと知り、一笑の兄の催した追善句会で詠んだもの。本作品では、正秀の慟哭を聞いた門弟たちがこの句を思い出す場面に置かれている。芭蕉が門弟を悼む悲しみと、正秀が芭蕉を悼む悲しみがこだまのように響き合う効果があると考えられ、悲しみがさらに深くなる。

戦争と文学(二)

血であがなったもの

大田《おおた》昌秀《まさひで》

教科書P.268〜284

●学習のねらい

出来事の経緯や人物の発言をもとに、心理を読み取り、戦争の体験をどのように意味づけるべきかを考える。

●主　題

太平洋戦争の末期、沖縄師範学校の生徒であった「私」(大田昌秀)は、鉄血勤皇師範隊として軍の伝令や情報宣伝活動に参加する。沖縄本島に米軍が上陸し攻防が激化、敗色を深めていく中、個々の人間は軍の命令によって翻弄され、多数の犠牲者を出してゆく。計り知れない犠牲と引き替えに得た平和を前に、「彼らの死は無駄ではない」と願う「私」の訴えが、戦争の凄惨な描写とともに胸に迫る。

●段　落

本文は章題によって五つのまとまりに分けられる。

一　教P268・1〜P268・14　前書き…太平洋戦争末期の沖縄
二　教P270・上1〜P278・下9　「破局」…解散と命令
三　教P278・10〜P278・15　あらすじ…敗戦・潜伏生活
四　教P279・上1〜P283・下11　「血であがなったもの」…彼らの死は無駄ではないという思い
五　教P283・13〜P283・15　あらすじ…投降・捕虜収容所へ

段落ごとの大意と語句の解説

第一段落　教268ページ1行〜14行

太平洋戦争末期の沖縄で、「私」が在学していた沖縄師範学校の職員や生徒は軍の指揮下に入り、鉄血勤皇師範隊として編成された。「私」は通信部隊に配属され、軍の伝令や情報宣伝活動を手伝うことになる。一九四五年、沖縄本島に上陸した米軍の攻撃が激しさを増すなか、五月末には司令部は首里《しゅり》から摩《ま》文仁《ぶに》へ転進(退却)し、「私」の属する部隊も従っていた。師範隊の仲間も次々と死傷者を出していた。伊敷《いしき》方面への伝令に向かった「私」は、途中で攻撃を受けて逃げ込んだ壕《ごう》で、偶然同窓生の上原兄妹たち避難民に会い、いっしょに逃げてくれと頼まれる。それを振り切って任務に戻ったものの、伝令は断念することになり、司令部に引き返す「私」の目前には、死者が折り重なる「死の道」が広がっていた。

教268ページ

1 **日本《にほん》の本土《ほんど》攻防《こうぼう》の焦点《しょうてん》となった沖縄《おきなわ》**　米軍は日本本土進攻の補給基地の確保を目的として沖縄の攻撃を開始した。日米両軍は総力をあげて死闘を繰り広げ、その攻防は熾烈《しれつ》を極めた。

1 **米軍《べいぐん》を中心《ちゅうしん》とした連合国軍《れんごうこくぐん》**　「連合国」は、第二次世界大戦において、日本、ドイツ、イタリアなどの枢軸国と敵対した国々。アメリカ、イギリス、フランス、ソ連、中華民国など。

2 **頻度《ひんど》**　同じことが繰り返し起こる度合い。

類　**度数《どすう》**

3 **沖縄師範学校《おきなわしはんがっこう》**　一九四三年に、沖縄県に設置された教員養成機関。多くの師範学校は戦後に国立大学の教員養成を目的とする学部・課程に継承されたが、沖縄師範学校は校舎を失ってしまったため、一九四五年に廃止された。

4 **鉄血勤皇師範隊《てっけつきんのうしはんたい》**　一九四五年に沖縄で編成された中等学校・師範学校の十四〜十九歳の男子生徒による学徒隊。上級生が物資運搬や橋の補修などにあたる「鉄血勤皇隊」に、下級生が「通信隊」に配属された。

7 **転進《てんしん》（退却《たいきゃく》）**　第二次大戦中、軍隊が「退却」の語を嫌って、かわりに「転進」の語を用いた。

類　**転向《てんこう》**

8 **攪乱《かくらん》**　混乱が起きるようにすること。

10 **壕《ごう》**　土を掘って作った穴やみぞ。城の周囲にめぐらした堀、の意もある。

11 **天然《てんねん》の洞窟《どうくつ》**　沖縄では「がま」と呼ばれる。

13 **私《わたし》たちはそれを振《ふ》り切《き》って任務《にんむ》に戻《もど》った**　このときのつらさが、「破局」の章で「まるで生爪でも剝がすような思い」（教271ページ上11行）と表現されている。

14 **包囲網《ほういもう》**　ここでは、周りを取り囲んで逃げられないように張りめぐらされた敵軍のこと。

第二段落　教270ページ上1行〜278ページ下9行

軍司令部の壕に駆けつけた「私」は、そこに繰り広げられていた地獄絵図に敗戦を実感する。そして増永《ますなが》隊長の「解散」という言葉に衝撃を受け、任務を遂行するために多くのものを犠牲にしてきたうえ、最後の救いだった「死」をも禁ずる命令に、自暴自棄になる。地元住民たちの黒い着物に着替えた参謀たちの哀れな姿は「私」を惑乱させ、深刻な衝撃を与える。病み衰えた若い大尉に父の形見だという立派な銀の鎖を差し出された「私」は、わけもなく興奮を覚え、半ば捨て鉢な気持ちになる。学友や敗残兵たちは、それぞれ脱出準備をする。六月十九日の晩に、「私」は仲間と三名で国頭《くにがみ》へ行くことに決め、出発するが、地下足袋《じかたび》を盗まれ、はだしで歩いていたので、激痛に襲われるようになり、仲間からも離れてしまう。海が見える所まで来ると元気が出て、岩陰に潜んでいた民間人に自分の持っている米と地下足袋の交換を頼むが、無理な相談で、結局米をその人たちにあげてしまう。ようやく軍司令部の管理部の壕にたどり着くが、死体が幾重にも折り重なり、足の踏み場もなく、地獄の姿とはこのようなものかと思う。井戸の付近には飢え渇《かつ》えた生存者たちが一滴の水を争っている。情け容赦ない米軍の攻撃に敗残兵が命を落としてゆく。海岸にたむろしていた人々が我先にと沖へ向かって泳ぎ出し、「私」も夢中で泳いだが、冷たい海の中で体力が持たず、何かにすがって這《は》い上がろうとしたまま気を失ってしまった。

教270ページ

上6 **所《ところ》狭《せま》しと**　いかにも狭くて窮屈な様子。負傷者たちであふれている様子を表している。

上8 **凝《ぎょう》然《ぜん》**　じっとして動かないさま。

上14 **立派《りっぱ》な最期《さいご》**　戦争で亡くなったことを敬って言う表現。

上18 **以前《いぜん》、目印《めじるし》にしていた岩《いわ》や丘《おか》の起伏《きふく》が原形《げんけい》もとどめぬほどに変《へん》形《けい》して**　米軍の爆撃のすさまじさを表した表現。

「原形」＝変化する前の形。

下4 **ひょっくり**　急に出現したり、出会ったりして思いがけなくその状況になる様子。ひょっこり。

下8 **紛《まぎ》れもない**　まちがいない。明白である。

下10 **膿臭《のうしゅう》**　腫れ物や傷が化膿して生じるうみのにおい。

下10 **人《ひと》いきれ**　人が多く集まって、体の熱やにおいでむんむんすること。

下17 **逐一《ちくいち》**　順を追って一つ残らず取り上げていくこと。

教271ページ

上1 **一応解散《いちおうかいさん》せよ。そして国頭《くにがみ》へ集結《しゅうけつ》して時機《じき》を待《ま》て**　解散の指示のあとに、「集結」の命令は矛盾していて、以下の命令も厳しいものである。

上3 **召集《しょうしゅう》**　軍隊を編成するため人を呼び集めること。

「解散《かいさん》！」という指示はなぜ「私《わたし》」にとって衝撃的だったのか。

答 1

「名誉ある勤皇隊の一員」としての「任務」がこれまでのすべての行動の規範であり、それゆえに「上原兄妹や避難民」とも同行せずにつらい思いで別れてきたのに、それらのすべてを打ち砕くものだったから。

「私《わたし》たちが……しまったのだ。」とは、どういうことか。

答 2

どうしようもなくなったときにとるべき最後の手段として「死」というものが存在しており、それは恐れながらも、希求さえしていたものなのに、「決して死んではいかん。そして常に敵の背後に出て工作することを忘れるな。」(教271ページ上4行)という増永隊長の命令によって、「『死』そのものを求める自由」を禁じられてしまったということ。

下2 **希求《ききゅう》**　強く願い求めること。

類 **切望《せつぼう》・熱望《ねつぼう》**

下6 **自在《じざい》**　自分の思うとおりになるさま。

下6 **おぞましく**　ぞっとするほどいやな感じに。

下11 **第一装《だいいっそう》**　旧軍隊の軍服のうち、礼式用のもの。

下12 **周囲《しゅうい》の状況《じょうきょう》にそぐわぬその燦然《さんぜん》たる威風《いふう》**　参謀たちの立派な軍服姿が、周囲の悲惨な状況のなかにあって場違いに感じられることを表している。

教272ページ

上1 **啞然《あぜん》** 思いがけない出来事に驚き、声も出ないさま。
類 **呆然《ぼうぜん》**

上3 **不格好《ぶかっこう》** 格好の悪いさま。みっともないさま。

上3 **威風堂々《いふうどうどう》** 威厳があって立派であるさま。

下1 **羽振《はぶ》り** 世間や仲間における地位や勢力の程度。

下3 **随員《ずいいん》** つき従っていく人。

下4 **一種《いっしゅ》の羨望《せんぼう》** なんとなく感じられる羨ましさ。

下5 **一行《いっこう》の前途《ぜんと》に、この戦争《せんそう》の結末《けつまつ》を象徴《しょうちょう》するかのような不吉《ふきつ》な影《かげ》がどす黒《ぐろ》く尾《お》を引《ひ》いている** 守備軍参謀と随員の行動自体が日本の敗戦を予感させるということ。

下8 **言《い》い知《し》れぬ感慨《かんがい》** 「私」が感じた羨望や不安を表す表現。

教273ページ

上6 **愛惜《あいせき》の情《じょう》** 親しみ愛するがゆえに惜しむ気持ち。

上8 **押《お》しいただくようにして** 若い大尉に対する敬いの気持ちが表れた表現。
「押しいただく」＝恭しく捧げ持つ。

上10 **弾雨《だんう》** 雨のように激しく飛んでくる弾丸。

上13 **敗残兵《はいざんへい》** 戦えなくなって生き残っている兵士のこと。

下2 **屈強《くっきょう》** きわめて強く頑丈なさま。

下11 **じりじり押《お》し寄《よ》せてきた** 敵の戦車がゆっくりだが確実に進んでくる様子を表している。

下13 **目論《もくろ》んで** 考えをめぐらせて。企てて。

教274ページ

上2 **蛸壺壕《たこつぼごう》** 戦場で兵士一人が隠れ潜むように掘った穴のこと。

上4 **功《こう》を奏《そう》する** 効果を表す。成功する。

上15 **昭《しょう》和《わ》二《に》十年《じゅうねん》六月《ろくがつ》十《じゅう》九《く》日《にち》** 四日後の六月二十三日には組織的な戦闘は終結する。戦後沖縄では六月二十三日を「慰霊の日」として世界の恒久平和を祈念している。

下1 **地下足袋《じかたび》** じかに土を踏む足袋のこと。

下4 **逡巡《しゅんじゅん》** 決断できずにぐずぐずすること。
類 **躊躇《ちゅうちょ》**

下12 **掩蓋《えんがい》** 物の上を覆うもの。敵弾を防ぐため壕などの上部を覆ったもの。

下14 **四散《しさん》** 四方に散らばること。

下16 **屹立《きつりつ》する** 高くそびえ立つ。

教275ページ

上2 **炸裂《さくれつ》する** 着弾した砲弾などが激しく爆発する。

上9 **諦《あきら》める下《した》から、何《なん》とか生《い》きたいとする衝動《しょうどう》に駆《か》られて無我夢中《むがむちゅう》になってしまう** 諦めと「生への本能」（教275ページ上1行）が入り乱れる様子が表現されている。

下9 **狭小《きょうしょう》** 狭くて小さいさま。

教276ページ

上6 **身一《みひと》つさえ持《も》て余《あま》す状況下《じょうきょうか》** 自分一人のことに関してさえ必要なものが不足していることを表している。

上17 **掃討《そうとう》** 残らず払い除くこと。

下8 **一滴《いってき》の水《みず》にありつこうと争《あらそ》っていた** 人々が水を求めて争う様子。
「ありつく」＝やっとの思いで手に入れる。

教277ページ
上7 **自暴自棄《じぼうじき》**　不満や失望などによってやけになって自分の身を粗末に扱うこと。
類 **捨《す》て鉢《ばち》**
上12 **修羅場《しゅらば》**　激しい戦いや争いが行われる場所。
下2 **断末魔《だんまつま》**　死ぬ間際。死ぬときの苦しみ。
下3 **なぎ倒《たお》されて**　大勢が勢いよく打ち負かされて。
下8 **魅入《みい》られた**　とりつかれた。
下13 **自分《じぶん》の体力《たいりょく》を省《かえり》みる余裕《よゆう》もなかった**　生きのびるために必死であったことを表している。

第三段落　教278ページ10行～15行
「私」は摩文仁海岸で意識を取り戻す。敗戦を意識し、「無数の死体の上にもたらされる人間の幸福というものがあるのであろうか」と考える。「私」は偶然出会った従弟《いとこ》とともに国頭方面へ脱出することにする。八月初めには東風平《こちんだ》村までたどり着く。米軍の攻撃も収まってきており、知り合った日本兵たちと潜伏生活を続けるうちに近隣の壕に移ることになる。

教278ページ
11 **「無数《むすう》の死体《したい》の上《うえ》にもたらされる人間《にんげん》の幸福《こうふく》というものがあるのであろうか」**　「彼らの死は犬死にだというのか?」（教283ページ上10行）「彼らの死は無駄ではない」（教同ページ下10行）と呼応する表現。

第四段落　教279ページ上1行～283ページ下11行
摩文仁を出てから二か月余りになり、「私」は母への思いを募らせる。九月二日、「私」は一人感謝をこめて月を眺めながら、生き永らえた生命《いのち》を抱き締める。女性が歌う懐かしい郷土の民謡「浜千鳥」が聞こえてきて心を揺さぶられる。その歌声を頼って歩いて行くと、同じ壕で生活していた光《みつ》さん、貞《さだ》さんの姿が見え、光さんの踊る姿は夢幻の境に遊んでいるようでもあった。白井兵長がやってきて二人で女性たちを見るうちに、「私」は一種の妖しい情緒がかき立てられるのを感じる。白井兵長は「私」に日本がすでに無条件降伏をしたことを告げる。「私」は皇国の必勝を期待していた自分を支えるものが崩れていくのを感じる。白井兵長はこれ以上の犠牲を出すよりはこれでいい、さっきの踊りのような平和に充《み》ちた生活はかけがえのないものだと言う。「私」は死んだ学友たちのことを想《おも》い、胸をかきむしりたい衝動に襲われる。国や国民の平安を信じて死んでいった人たちと敗戦を結びつけられず、「彼らの死は犬死にだというのか?」と頭をかきむしる思いにとらわれる。そんな「私」に白井兵長は、勉学に励み本を読むことを勧め、機会があったら東京へ出てこいと言う。その言葉が優しい兄の言葉のように感じられる。「二度と失ってはならないものだ」という白井兵長の言葉が心の底に沁《し》み込むのを感じ、「彼らの死は無駄ではない」と訴えたい思いにかられる。

教279ページ
上12 **焦燥《しょうそう》に身《み》を焼《や》かれる**　焦る気持ちで身もだえする。
下1 **衝動《しょうどう》**　抑えにくい内部的な欲求。
下2 **虎口《ここう》を脱《だっ》し**　危険な状態から抜け出し。

「虎口」＝危険な状態。危機。
下15**渦中**《かちゅう》　もめごとなどのただ中。
教280ページ
上2**まるで放心**《ほうしん》**したかのように、一人**《ひとり》**で月**《つき》**と遊**《あそ》**んでいた**　これまでの戦いを忘れたかのようにぼんやりしている状態を表している。
下1**望見**《ぼうけん》　遠くから眺め見ること。
下5**和**《わ》**している**　調子を合わせている。ここでは、踊りと合わせて歌っている様子を表す。
下15**目**《め》**と目**《め》**でうなずき合**《あ》**うと**　お互いの心情を了解し合っていることがわかる表現。
教281ページ
上2**一種**《いっしゅ》**の妖**《あや》**しい情緒**《じょうちょ》**をかき立**《た》**てる**　光さんの「すらりと伸びた若々しい姿態」（教280ページ下16行）、「しなやかな手さばきと柔軟な身のこなし」（教同ページ下17行）など、異性の姿に魅入られていることがわかる表現。
上6**一散**《いっさん》**に**　脇目もふらずに懸命に走る様子。
上11**うら悲**《がな》**しく**　なんとなく悲しく。もの悲しく。
上11**郷愁**《きょうしゅう》　故郷や過去を懐かしく思う気持ち。
下8**思慮**《しりょ》**深**《ぶか》**げ**　物事を注意深く考え判断する様子であること。
下11**無条件降伏**《むじょうけんこうふく》　一切の条件をつけずに降伏すること。
教282ページ
上2**愕然**《がくぜん》**として**　非常に驚いて。
上2**たたみかける**　相手に余裕を与えないように、立て続けに行う。
上7**自**《みずか》**らを支**《ささ》**えていた壁**《かべ》**がもろくも崩**《くず》**れ落**《お》**ちてゆくのを感**《かん》**じた**　「皇国の必勝を期待」（教282ページ上13行）することが心の支えになっていたということ。
下7**胸**《むね》**をかきむしりたい激**《はげ》**しい衝動**《しょうどう》**に襲**《おそ》**われた**　戦争がもう少し早く終わっていたら死なずにすんだはずの学友に対する思いに苦しんでいる。
教283ページ
下2**白井兵長**《しらいへいちょう》**の言葉**《ことば》**が、優**《やさ》**しい兄**《あに》**の言葉**《ことば》**のようにしっとりと胸**《むね》**に落**《お》**ちる**　「私」が白井兵長の言葉に励まされていることがわかる表現。

3　**「精一杯大声**《せいいっぱいおおごえ》**でそう訴**《うった》**えたかった」のはなぜか。**

答　「無数の死体の上にもたらされる人間の幸福というものがあるのであろうか」（教278ページ11行）と考えていたが、「二度と失ってはならない」という白井兵長の言葉が心に沁み込んでゆくのを感じて「大きな感銘」を受け、「彼らの死は無駄ではない（無駄にはしない）」という思いが湧き上がったから。

第五段落　教283ページ13行〜15行
九月十五日の晩、一人の男が日本の無条件降伏を知らせにきて、九月二十三日に「私」たちは投降する。米軍のトラックで向かった民間人用施設では人々が働き始め、子供たちは笑顔を見せており、「私」の心は明るく晴れる。「私」はそこでは降りず、捕虜収容所へ向かった。

教283ページ
13**敗戦**《はいせん》**の事実**《じじつ》**は秘**《ひ》**された**　公式には沖縄戦終結の日は降伏調印式が行われた九月七日とされている。

手引き

学習の手引き

一　**「壕を出ると私は、……胸を締めつけられていた。」(二七三・上9〜12)とあるが、ここでの「私」の気持ちを、「私」が置かれた状況と、軍司令部の壕内での様子から整理してみよう。**

解答例　・「私」は沖縄師範学校の生徒で、鉄血勤皇師範隊の通信部隊に配属されていた。敵の包囲網が迫るなか、軍司令部の壕へ駆けつけたところ、死傷した兵たちの膿臭と血の匂いが充満し、呻《うめ》きとも嘆きともつかぬ声が響き渡る地獄のような有り様だった。

・増永隊長が「解散」(二七一・上1)(同・上8)という言葉と「決して死んではいかん」(同・上4)という命令を発する。↓激しく動揺するとともに、「もうどうにでもなれ」(同・下7)というように自暴自棄になる。

・かつては「無敵皇軍」(二七二・下1)の参謀として羽振りがよかった参謀たちが、地元住民の黒い着物に着替えて出てくる。↓惑乱し、深刻な衝撃を受ける。

・守備軍参謀とその随員として学友たちが出発する。↓一行の前途に「この戦争の結末を象徴するかのような不吉な影」(同・下5)を感じ取る。

・病み衰えた若い大尉が「大事な父の形見」(同・下18)である「立派な銀の鎖」(二七三・上5)を「私」の手に握らせる。↓「彼の人生に対する尽きぬ愛惜の情を示すかのようにズシリと重量感があ」(同・上6)るように感じる。

↓これまで守ろうとしてきたあらゆるものが目の前で音を立てて崩れていく状況に、衝撃や不安、やりきれなさを感じ、取り乱している。

二　**次の表現はどのような思いを表しているか、「私」が置かれていた状況をふまえて考えてみよう。**

1　〈もうどうにでもなれ。〉(二七一・下7)

2　〈ヤレ、ありがたや。〉(二七五・上14)

3　〈もうこれでいい。〉(二七六・上11)

解答例　1　いっしょに逃げてほしいという上原兄妹や避難民と、任務のために「まるで生爪でも剝がすような思い」(二七一・上11)で別れてきたあとに、増永隊長から「解散」が告げられたことや、最後の帰結として、恐れ、希求していた「『死』そのものを求める自由」(同・下2)も、隊長の「決して死んではいかん」(同・上4)という命令によって禁じられてしまったことから、「個々の人間が命令によって自在に操作される」(同・下5)という状況に嫌気が差して自暴自棄になっている思い。

2　情報部の壕で寝ている隙に地下足袋を盗まれ、はだしで逃げていたため、「足が地面に着くたびに針で突かれるような激痛に襲われ」(二七四・下7)るようになり、片足で避難したり、四つん這いで逃げ惑ったりしていたところ、「数名の兵士たちが一団となって倒れている場所」(二七五・上13)へ出たので、兵士の軍靴を拝借できると、救われたように感じる思い。

3　兵士の死体から借用した軍靴は痛くて履けず、海岸の岩陰に潜んでいた民間人に地下足袋と米との交換を頼んでみたが、彼らも余分の物を持っているはずはなく、「ねだるのが無理」(二七六・上7)だったため、思い立って「靴下に入れて持っていたお米を雑嚢《ざつのう》ごと彼に渡した」(同・上9)ところ、彼らが「手を合わさんばかりにして喜」(同・上10)んだので、自分は何も得られなかったが、彼らが喜ぶのならそれでいいと、さっぱりしたように感じる思い。

三　**「血であがなったもの」という章題の意味と、本文内容とをふまえ、「私」の「頭をかきむしる思い」(二八三・上11)とはどのような「思い」なのか、整理しよう。**

考え方　「あがなう」は、金品で罪を償う、代わりのもので罪を埋め合わせる、という意味。「血」とは、ここでは戦争で死んでいった人々の存在を象徴していると考えられる。かろうじて生き永らえ、月明かりの下で踊る女性たちの姿を見ていたが、白井兵長から敗戦の事実を聞いて、死んでいった人々のことが痛切に胸に迫り、彼らの死によって得られたものはあったのか、何のために捧げられた命であったのかと猜疑《さいぎ》し苦悶《くもん》する「私」の思いを整理する。

解答例　・「私」は一人で月を眺め、「か細くも生き永らえてきた生命を抱き締めながら感謝」(二七九・下18)する気持ちになる。

・月光の下で、貞さんの歌う郷土の民謡「浜千鳥」に合わせて、光さんが「一人で夢幻の境に遊んでいるような様子」(二八〇・下11)で踊っている光景を目撃し、「一種の妖しい情緒」(二八一・上2)がかき立てられるのを感じる。

・白井兵長から日本はすでに無条件降伏したことを知らされ、激しく動揺する。敗戦の予感はあったものの、やはり「皇国の必勝」(二八二・上13)を期待していたし、そうでなければ自分を支えてくれる何物もなくなってしまうと感じる。

・白井兵長は、さっきの踊りのような「平和に充ちた生活というものはかけがえのないものだ」(同・下2)というが、「死んだ学友たち」(同・下7)のことを想うと、「胸をかきむしりたい激しい衝動」(同・下7)に襲われる。

↓国体の擁護と国民の平安のために命を犠牲にしていった人々を想うと、「祖国の敗戦」(二八三・上7)は、彼らの死を犬死にしてしまったのではないかという、どうにもやりきれない思いになっている。

活動の手引き

一　**「二度と失ってはならないもの」(二八三・下4)とは何か、自分の意見を文章にまとめてみよう。**

考え方　白井兵長の言葉を参照しながら考えてみよう。

・「こう言ってはみなに怒られるが、これでいいんだ。むしろこれ以上の犠牲を出すのは、たまらんよ。……ああいう平和に充ちた生活というものはかけがえのないものだよ。僕はこれでほっとしている。」(二八二・上18～下4)

・「ね、大田君、君は勉強しろよ。本も読みたいだろう、機会があったらきっと東京へ出てこいよ。」(二八三・上12)

前者の会話のあとには、「白井兵長は独り言のように言った」(二八二・下5)とあることから、白井兵長の心の底からの言葉だと考えられる。また、後者の会話のあとには、「白井兵長の言葉が、優しい兄の言葉のようにしっとりと胸に落ちる」(二八三・下2)とあることから、「私」の将来に向けての支えの言葉になることを予感させる。そのような流れの中に、「二度と失ってはならないものだ。」という言葉を置いてみると、その意味が想像しやすくなる。

言葉の手引き

一　次のかたかなを漢字に改めよう。

1　ドウクツの中　2　センボウを感じた
3　歩行をサエギる　4　アキラめ切った

解答　1　洞窟　2　羨望　3　遮　4　諦

二　次の熟語の意味を調べ、熟語を用いて短文を作ってみよう。

1　瞠目《どうもく》　2　轟然《ごうぜん》　3　驀進《ばくしん》
4　蝟集《いしゅう》　5　累々　6　慟哭《どうこく》

解答例

1　意味…驚いたり感心・感動したりして、目を見はること。
短文…新事実の発表が世間を瞠目させた。

2　意味…大きな音がとどろき響くさま。
短文…貨物列車が轟然たる音とともに通過する。

3　意味…まっしぐらに進むこと。
短文…横綱が連勝街道を驀進する。

4　意味…多くのものが群がり集まること。
短文…熟れて落ちた果実にアリが蝟集する。

5　意味…連なり重なり合うさま。
短文…累々と死体が並ぶ光景に目を背ける。

6　意味…悲しみのあまり、激しく声をあげて泣くこと。
短文…祖父の訃報に慟哭する。

三　「破局」の文章には比喩表現が多用されている。それらを抜き出し、どのような効果を発揮しているか考えてみよう。

解答例

・「わずかに生命をつなぎ止めている人間の抜け殻みたいなもので」（二七〇・上10）…兵士たちの有り様は、死んでしまってはいないが、もはや兵士とはいえず、生きているともいえない様子であることを伝える効果。

・「骸骨のように」（同・下9）…将兵がひどく痩せ衰えている様子を伝える効果。

・「鍋で煮られている野菜や肉のように」（同・下13）…軍司令部の壕内の、うごめく将兵たちや膿臭と血の匂い、人いきれ、湿った熱気、呻きとも嘆きともつかぬ声が混じり合って、蒸れてドロドロしている様子を伝える効果。

・「ガーンと一撃くらわされたように」（二七一・上8）…増永隊長の「解散」という言葉に「私」が受けた衝撃の大きさを伝える効果。

・「まるで生爪でも剝がすような思いで」（同・上11）…上原兄妹や避難民と別れた「私」のつらい気持ちを強調して伝える効果。

・「透き通るばかりの」（二七二・上2）…参謀たちの手の白さを強調する効果。

・「彼の人生に対する尽きぬ愛惜の情を示すかのように」（二七三・上6）…銀の鎖の重量感から感じ取ったものを文脈に即して伝える効果。

・「針で突かれるような」（二七四・下7）…「私」の足が地面に着くた

びに感じる激痛を伝える効果。
・「ダイナマイトをしかけたように」（二七五・上4）…米軍の迫撃砲のすさまじさを伝える効果。
・「犬や猫みたいに」（同・上8）…足の痛みを抱える「私」が、敵の攻撃から逃れようと四つん這いになっている惨めな様子を強調して伝える効果。
・「腫れ物のかさぶたが包帯にまといつくように」（同・下5）…死んだ兵士の腐った足の皮が、靴の内部に貼りついている様子を伝える効果。
・「嘘《うそ》のように」（同・下14）…今まで元気のなかったことが信じられないほどである様子を伝える効果。
・「焼き芋のような」（二七六・上16）…死体が見る影もなく黒焦げになっている様子を伝える効果。
・「絶望の淵《ふち》にも等しかった」（同・下9）…絶望から抜け出せない苦しい状況を伝える効果。
・「申し合わせたように」（同・下11）…民間人、学生、敗残兵、すべての生存者たちが一滴の水にありつこうとして、井戸の付近にあらかじめ前もって約束し合っていたかのようにひしめき合う様子を伝える効果。
・「袋のねずみ同然に」（同・下13）…海と摩文仁岳との間のわずかな空間に、人々が囲い込まれている様子をわかりやすく伝える効果。
・「うたかたのように」（二七七・上12）…「生」への可能性が、水の上に浮かぶ泡のようにはかなく消滅する様子を伝える効果。
・「舐《な》めるように」（同・下6）…累々たる死体の上を幅広いサーチライトの光帯がゆっくり進んでいく様子を伝える効果。
・「嘘のように」（同・下7）…海岸線が敵の集中攻撃によって修羅場になっているのとは対照的に、沖合は波がキラキラと反射して、静かである様子を伝える効果。
・「物に憑《つ》かれたように」（同・下9）…海岸にたむろしていた人々が、我を忘れて急《せ》くように沖へ泳ぎ出していく様子を強調して伝える効果。

四 次の表現には「私」のどのような心情が反映されていると考えられるか、説明してみよう。

1 私が全身で受け止めたもの（二七〇・下7）
2 しっとりと胸に落ちる。（二八三・下2）

解答例 1 軍司令部の壕内は、「骸骨のように痩せ衰えた将兵が狭い壕の両側にうごめき、嘔吐《おうと》を催す膿臭と血の匂い。むんむん立ち込める人いきれと流通の悪い湿った熱気。そして呻きとも嘆きともつかぬ声が、洞窟の低い天井に重苦しく交響し、すべてのものが、鍋で煮られている野菜や肉のように、蒸れてドロドロしてい」（二七〇・下9）る「地獄絵図」（同・下15）であり、それらの光景を目にした「私」が実感した、この戦争は敗戦で終わることは確実だという思い。
2 白井兵長が、戦争が終わったことを告げ、「君は勉強しろよ。本も読みたいだろう、機会があったらきっと東京へ出てこいよ。」（二八三・上12）と言ってくれたことで、戦争で乾いた心が潤されるように感じて慰められる思い。

夏の花

原《はら》民《たみ》喜《き》

教科書P.286〜305

学習のねらい

「私」の移動とともに場面が変わる文章展開を把握し、各場面における「私」の心情を読み取る。

主　題

「私」は妻の墓参りをした翌々日、八月六日に被爆した。火災を逃れ、泉邸《せんてい》近くの川岸へ避難し、対岸に渡ると、兄や妹たちと土手で一夜を明かす。七日には施療所のある東照宮下まで移動し、そこで一昼夜を過ごす。八日には兄が手配した馬車で焼け跡を抜け、避難先である八幡《やはた》村へ向かう。その途中、甥《おい》の死体に遭遇する。八幡村へ着いてからも悲惨な生活が始まった。こうした「私」についての記述に続けて、被爆した妻の死体を探し回る「N」の体験が語られる。

妻に先立たれて無為の日々を送っていた「私」は、被爆直後に「己が生きていることと、その意味」を自覚し、「このことを書き残さねばならない」と思う。「私」が冷静なまなざしで捉えた、原爆投下直後の現実の光景を描いている。

段　落

本文は一行空きで示されているとおり(教302ページの漢字片仮名書きの部分の前後の一行空きを除く)、時間の推移や場面の転換から、十の段落に分けられる。

一　教P286・上1〜P286・下5　八月四日　妻の墓参り
二　教P286・下7〜P289・下13　八月六日　実家にて被爆
三　教P290・上2〜P292・上13　八月六日　書き残す決心
四　教P292・上15〜P297・下11　八月六日　土手での一夜
五　教P297・下13〜P300・上7　八月七日　東照宮下へ
六　教P300・上9〜P300・下13　八月八日　東照宮下を出て八幡村へ
七　教P300・下15〜P301・上11　八月八日　甥の遺体
八　教P301・下1〜P302・下16　八月八日　焼け跡の新地獄
九　教P302・下18〜P303・下1　八幡村にて
十　教P303・下3〜P304・下10　「N」の経験した被災

段落ごとの大意と語句の解説

第一段落　教286ページ上1行〜下5行

戦争のため、妻の初盆《にいぼん》の八月十五日に墓参りができるか不安だった「私」は、街に出て花を買い、妻の墓を訪れた。墓石に水を打ち、花を花立てに挿すと、墓のおもてがすがすがしくなった気がした。墓には妻だけでなく「私」の父母の骨も納まっていた。原子爆弾に襲われたのは、その翌々日のことであった。

教286ページ

上2ポケットには仏壇《ぶつだん》から取《と》り出《だ》した線香《せんこう》が一束《ひとたば》あった　「私」は家を出る時点で、妻の墓を訪れようと思っていたことがわかる。

上3それまでこのふるさとの街《まち》が無事《ぶじ》かどうかは疑《うたが》わしかった　日本各地の都市で空襲による大きな被害があり、この「街」もそう遠くない日に同様の空襲を受けるだろうと「私」が予感していたことを表している。

上7小弁《こべん》　小さな花びら。

上7可憐《かれん》な野趣《やしゅ》　かわいらしい素朴な感じ。

「野趣」＝自然のままの素朴な味わい。

上10墓《はか》のおもてがなんとなくすがすがしくなったようで　墓参りを果たした「私」の満足感が表れている。

下3その翌日《よくじつ》も、私《わたし》のポケットは線香《せんこう》の匂《にお》いがしみ込《こ》んでいた　墓参りに関連して「私」から離れない記憶である。

第二段落　教286ページ下7行〜289ページ下13行

八月六日の朝、八時ごろ床を離れ、厠《かわや》にいた「私」は、被爆の際、頭上に一撃が加えられ、一瞬目が見えなくなったが、一命を拾う。家は倒壊はまぬかれたものの、至る所が破壊されていた。駆けつけてきた妹と、散乱した物の中から身につけるものを探していると、事務室の「K」が現れた。隣の製薬会社の倉庫から赤い小さな炎の姿が見え出したので、「私」は妹と「K」とともに川に向かうことにした。

教286ページ

下7私《わたし》は厠《かわや》にいたため一命《いちめい》を拾《ひろ》った　厠（＝便所）が狭く、窓も小さいために原爆の衝撃波や熱の影響を受けにくかったと考えられる。

下9夜明《よあ》け前《まえ》には服《ふく》を全部《ぜんぶ》脱《ぬ》いで、久《ひさ》しぶりに寝巻《ねま》きに着替《きが》えて眠《ねむ》った　通常は空襲に備えた身なりで眠っていたが、前の晩に「何事もなかった」ため安心していたということ。

下12ぶつぶつ難《なん》じていた　ぶつぶつ非難していた。

教287ページ

上2私《わたし》は思《おも》わずうわあとわめき　このとき「私」が発した言葉については、あとの「うわあという自分の声」（教287ページ上5行）、「うわあと叫んでいる自分の声」（教同ページ上13行）でも繰り返し取り上げている。この手記を書いている「私」が、当時の状況を三通りに描写しており、「私」が強い衝撃を受けたことを表している。

上12ひどく面倒《めんどう》なことになったと思《おも》い腹立《はらだ》たしかった　具体的なことやものに対する憤りではなく、理解しがたい状態の中において、漠然としたいらだちを感じていることを表している。

下1惨劇《さんげき》の舞台《ぶたい》　むごたらしい出来事を演じる舞台。

下11私《わたし》は自分《じぶん》が全裸体《ぜんらたい》でいることを気《き》づいた　厠、縁側、室内を移動する間に脱げてしまったものかどうかわからないが、それに気づかないほど、「私」が動転していたことを表している。

下14闖入《ちんにゅう》　突然断りもなく入り込むこと。

下15工場《こうじょう》の人《ひと》　「私」の家には、続いて「事務室のK」（教288ページ下3行）も現れる。この「工場」や「事務室」については、このあと「私」が家を出て川岸に出るところで「工場から逃げ出した」（教290ページ下14行）学徒のかたまりと出会っていることや、さらにあとに長兄に出会い、彼の状況を「あのとき、兄は事務室のテーブルにいたが、……工場のほうでは、学徒が救いを求めて喚叫している」（教292ページ下13〜17行）と記していることなどから、「私」の家に隣接して「工場」や「事務室」が存在していて、それを長兄たちが中心となって営んでいたと考えられる。

教288ページ

上6奇異《きい》な沈黙《ちんもく》　変わり果てた家の姿とその静けさを表した表現。

上10よほどしっかりした普請《ふしん》　神経質な父が細かく指示を出して頑丈な構造の家を建てさせたということ。

「普請」＝ここでは、家を建てること、の意。

上12錯乱《さくらん》した　ここでは、入り組んでめちゃめちゃになった、の意。

1　**「昨夜《さくや》まで…落《お》ちている。長押《なげし》から…塞《ふさ》いでいる。」と、文末を現在形で止めていることには、どういう効果があるか。**

答　それまでの日常的風景が崩れ去ってしまったという現実を示し、緊張感を高める効果。

「ページをまくれて」＝ページがめくれて。

下9蒼顔《そうがん》　老人の衰えたあおい顔。

下18目標《もくひょう》になるものもない　「私」はこうした光景を見て、この空襲が広範囲にわたるものであったことを知るのである。

教289ページ

上3変《へん》なことを言《い》う　ここでは、「K」が手洗い鉢のことを水槽などと言っていることをさしている。「K」はさらに、火災の危険が迫っているにもかかわらず、「ここ」（＝防空壕）にとどまるなどと見当外れのことを言っている。

上5Kは不審《ふしん》そうに　「K」の様子から、むしろ「K」のほうが動転していて様子がおかしいことがわかる。

上11暗幕《あんまく》　夜間の空襲に備えて明かり漏れを防ぐためにガラス戸や窓に張りめぐらす黒い布。

下5夢想《むそう》の対象《たいしょう》となっていた　「少年時代」の「私」が、庭の「大きな楓《かえで》」を眺めたり、心に思い描いたりしながらさまざまな想像力をはたらかせてきた、ということ。

下7もう昔《むかし》のような潤《うるお》いのある姿《すがた》が、この樹木《じゅもく》からさえ汲《く》み取《と》れない　「大きな楓」自体にみずみずしい生命感が失われてしまったとも、「私」自身がそのときの状況や不吉な予感などによって「汲み取れない」ようになってしまったとも考えられる。

下10残酷《ざんこく》な無機物《むきぶつ》の集合《しゅうごう》　郷里全体が見るに堪えないものと化していること。

「無機物」＝ここでは生活機能を持たない物質のこと。

第三段落　教290ページ上2行〜292ページ上13行

「私」と妹と「K」の三人は川へ向かう。栄橋《さかえばし》のたもとには避難者がたくさん集まっており、泉邸の藪《やぶ》のほうへ道をとったところで、「K」とははぐれてしまった。魂の抜け果てた婦人の顔を見たが、それは奇怪な顔との出会いの始まりだった。片や、元気な学徒のひとかたまりもあった。そこへ長兄も姿を現した。狭い川岸の道へ腰を下ろして一息ついた「私」は、自分が今生きていることの意味を自覚し、このことを書き残さなければならない、と心につぶやいた。

教290ページ

上9**相《そう》**　姿。様子。表情。

上10**立《た》ちはだかって**　手足を大きく広げて立って。わざとそこに位置して他の行動を阻止することを意味する。

上12**炎《ほのお》の息《いき》**　炎の勢いのこと。

上15**蝟集《いしゅう》**　「蝟」はハリネズミのこと。ハリネズミの密集して生えている毛のように、多くのものが一時に一箇所に寄り集まること。

下5**由緒《ゆいしょ》ある名園《めいえん》**　立派な来歴の、格式と雰囲気のある庭園。
「由緒」＝ここでは、立派な来歴、の意。

下10**もっと奇怪《きかい》な顔《かお》に、その後私《ごわたし》は限《かぎ》りなく出《で》くわさねばならなかった**　中年の婦人の顔が「奇怪な顔」と出会うことの始まりだったことを表している。

下15**出来事《できごと》の新鮮《しんせん》さにおののきながら**　学徒たちがまだ全体像の見えない出来事に興奮している様子。

教292ページ

上1**長兄《ちょうけい》**　一番上の兄。

上5**もう大丈夫《だいじょうぶ》だという気持《きも》ちがした**　川岸に出た「私」は、向こう岸には火の手が回ってはいるものの、今自分がいるところはさしあたり危険が迫っているわけではないと安心している。

上5**長《なが》い間脅《あいだおびや》かされていたものが、……来《き》たのだった。さばさばした気持《きも》ちで**　行く末もわからないなか、日々空襲の脅威にさらされていたが、実際に空襲に見舞われたことで、そうした脅威への憂いだけはもう抱かなくなるのだとして、「私」はある種さっぱりとした気持ちになっている。

上10**その意味《いみ》が、はっと私《わたし》をはじいた**　未曾有《みぞう》の災禍のあとにも自分が生きているという、今まではっきりと予想したことのなかった事態の出現に、自分のすべきことを自覚した。

2　「**そのときはまだ、……知《し》ってはいなかったのである。**」には、「**私《わたし》**」**のどのような心情が表れているか。**

答　長い間脅かされていた、来たるべきものがついに来たと感じ、生き長らえた自分は「このことを書き残さねばならない」と思ったものの、そのときはまだこの空襲の悲惨な全貌が何も見えていなかったとかみしめている気持ち。

第四段落　教292ページ上15行～297ページ下11行

対岸の火事が勢いを増し、熱風が走り、黒煙が上がる。長兄や妹や近所の人たちは今朝の出来事を語り合う。対岸の火事は鎮まりかけると再び狂い出す。そのとき、竜巻がきて樹木が空を舞い狂う。さながら地獄絵巻の緑の微光のようだった。そこへ二番目の兄と兄嫁が姿を見せた。兄嫁が、女中に託した二人の子供を案じていると、向こう岸からその女中の呼ぶ声がした。長兄たちは橋を回って向こう岸へ渡ることにし、「私」と二番目の兄は渡し舟を探して上流のほうへ遡るが、そこで言語に絶する人々の群れを見る。男か女かも区別がつかないほど腫れ上がった顔で痛々しい肢体を露出させた人々が、虫の息で横たわり、口々に訴えているのであった。小さな筏《いかだ》を見つけ、向こう岸に渡ると、赤ん坊を抱えて負傷した次兄の家の女中と会う。「私」たちは土手で一夜を明かすことにした。河原のほうでは断末魔のうめき声が聞こえていた。

教292ページ

上15 **火照《ほて》り**　対岸の火事の熱気。

下6 **沛然《はいぜん》として**　雨が激しく降るさま。

下13 **閃光《せんこう》**　瞬間的に強く光り、差し込む（原子爆弾の）核の光。

下17 **喚叫《かんきょう》**　わめき叫ぶこと。叫喚。

教293ページ

上3 **啞然《あぜん》**　思いがけない出来事に驚き、声も出ないさま。

教294ページ

上7 **混濁《こんだく》**　さまざまなものが激しく入り乱れること。

上10 **地獄絵巻《じごくえまき》の緑《みどり》の微光《びこう》**　これまで「私」は、家屋の崩壊や多くの死傷者を目撃し、大火の発生や突然の大雨などに遭遇するという未曾有の体験をしてきた。そのうえに竜巻というすさまじい現象にも巻き込まれ、そうした光景はまさに「地獄絵巻」（＝死者が地獄で受けるさまざまな責め苦を描いた絵巻物）そのものであったが、「私」はこのときの記憶を、あえて感情的な表現を避けて、色彩の感覚によって表現している。

上13 **二番目《にばんめ》の兄《あに》**　本文では「次兄」とも表現されている。

下1 **三《みっ》つの妖《あや》しい光《ひかり》**　原子爆弾と共に投下された情報収集用機材のパラシュートのこと。

下6 **兄嫁《あによめ》**　二番目の兄の妻。

下6 **別《わか》れた子供《こども》**　女中に託した次兄の長女と赤ん坊。

下16 **言語《げんご》に絶《ぜっ》する人々《ひとびと》の群《む》れ**　言葉では表現できない人々の群れ。具体的には、「男であるのか、女であるのか、……」（教295ページ上2行）以降に述べられている。

教295ページ

上5 **虫《むし》の息《いき》**　弱って死にそうになること。

上11 **哀切《あいせつ》な声《こえ》**　もの悲しくあわれな声。
「哀切」＝もの悲しくあわれなさま。

上16 **憐愍《れんびん》**　あわれむこと。

下2 **哀願《あいがん》**　相手の同情をひくように頼むこと。

下6 **私《わたし》たち**　「私」と二番目の兄。

下14 **暗然《あんぜん》として**　暗い気持ちで。

下16 **我々《われわれ》を無言《むごん》で結《むす》びつけている**　言語に絶する悲惨な事態を前にして、行きずりの負傷兵と、ある種の共感が発生している。

教296ページ

上10 **思《おも》い切《き》り川《かわ》の水《みず》を飲《の》みふけっている**　（飲用には適していない）川の水をひたすら飲んでいる。被爆によるやけどでのどが渇いている「重傷兵」の平常心を失っている様子を表している。

下8 **河原《かわら》に取《と》り残《のこ》されている人々《ひとびと》の騒《さわ》ぎはだんだん激《はげ》しくなってくるようであった**　（潮が満ちてきて河原が水没し始めたため）人々の騒ぎが激しくなってきた、ということ。

教297ページ

3　「火《ひ》はこちらへ燃《も》えてきそうですか。」と「傷《きず》ついた少女《しょうじょ》」が「私《わたし》」に繰り返し尋ねるのはなぜか。

答　誰かに言葉をかけることで、不安や絶望といった思いを紛らそうとしているから。

4　「暑《あつ》い日《ひ》の一日《いちにち》の記憶《きおく》」を「私《わたし》」が思い出すことには、どのような表現上の効果があるか。

答 かつての平和な日常を「夢のように平和な景色」(教297ページ下11行)と感じさせることによって、現実の悲惨さを浮き彫りにする効果。

下11 **夢《ゆめ》のように平和《へいわ》な景色《けしき》があったものだ** 「私」は幼い日の記憶の光景を連想しながら夢のように感じている。

第五段落 教297ページ下13行〜300ページ上7行

八月七日の朝を迎え、長兄と妹は家の焼け跡のほうへ回り、次兄たちは東練兵場の施療所に出掛けた。「私」はそばにいた兵隊と東練兵場のほうへ向かったが、兵隊は途中で脱落した。東照宮の境内ではぐれていた姪《めい》(＝次兄の長女)が母親と対面し、泣き出していた。施療所には負傷者の長い行列ができていた。次兄の家の女中の加療が済み、重症者であふれる境内の狭苦しい場所で「私」たち六名は、わびしい夜を迎えた。

教297ページ

下13 **腸《はらわた》を絞《しぼ》る断末魔《だんまつま》の声《こえ》** 体からふり絞るように出す、死ぬ間際の苦しみの声。

教298ページ

上2 **施療所《せりょうじょ》** 被災した人のために無料で病気やけがの治療をする所。

上9 **険悪《けんあく》** ここでは、足元が非常に悪い、の意。

上13 **光《ひかり》の爪跡《つめあと》** 原爆の閃光によってなぎ払われたものが、家屋や路面などに影となって刻印されたものをさすと考えられる。

上16 **小耳《こみみ》に挟《はさ》んだ** ちょっと耳にした。

下13 **路傍《ろぼう》** 道端。

教299ページ

上6 **加療《かりょう》** 病気やけがなどの治療をすること。

上11 **私《わたし》たち六名《ろくめい》** 「私」、次兄、次兄の妻、次兄の長女と赤ん坊、次兄の家の女中。

下1 **中国《ちゅうごく》ビル** 中国新聞社ビルのこと。

教300ページ

上2 **女子商業《じょししょうぎょう》** 広島女子商業学校(現、広島翔洋《しょうよう》高等学校)のこと。

上3 **燻製《くんせい》の顔《かお》** すすや煙で黒くなった顔のこと。

第六段落 教300ページ上9行〜下13行

八月八日は夜明け前から念仏の声がしきりにして、次々と誰かが死んでいった。次兄の長男と末の息子も行方がわからない。練兵場のほうでは、ラッパの音が異様に澄みわたっている。負傷や渇きなどで弱っているところへ、長兄が戻ってきて、荷馬車で八幡村へ向かうことになった。

教300ページ

上15 **旅装《りょそう》のまま、遭難《そうなん》した婦人《ふじん》** たまたま他の地からやってきて被災し、亡くなった婦人。

下6 **今《いま》やけに嚠喨《りゅうりょう》としてラッパが吹奏《すいそう》されていた** (救いのない現実にそぐわない)澄みわたったラッパの音が響いていた。

下12 **荷馬車《にばしゃ》** 農産物を市内に搬入する、当時の主な手段。

第七段落 教300ページ下15行〜301ページ上11行

馬車は次兄の一家族と「私」と妹を乗せて、八幡村へ向かった。西練兵場寄りの空き地に、半ずぼんの死体を見つけたが、死体は甥(＝次兄の末の息子)の文彦《ふみひこ》であった。次兄は文彦の爪を剝ぎ、バンドを形見に取り、名札をつけて、そこを立ち去った。

教301ページ

上3 **死体《したい》は甥《おい》の文彦《ふみひこ》であった**　死体は(消息不明だった次兄の末の息子の)文彦であった。

上9 **次兄《じけい》は文彦《ふみひこ》の爪《つめ》を剝《は》ぎ、バンドを形見《かたみ》に取《と》り、名札《なふだ》をつけて**　次兄は息子の形見として爪やベルトを取り、身元を示す名札を死体につけた、ということ。

上11 **涙《なみだ》も乾《かわ》き果《は》てた遭遇《そうぐう》**　子供の死体を見ても涙も出てこないほど、空虚な心情であった、ということ。

第八段落　教301ページ下1行〜302ページ下16行

　馬車は市内の目抜きの焼け跡を一覧するように進んだ。焼け跡は「銀色の虚無の広がり」と見え、赤むけの膨れ上がった死体が所々に配置された光景は「精密巧緻な方法で実現された新地獄」と見えた。転覆して焼けた電車や転倒した馬は「超現実派の画《え》の世界」のように思えた。日も暮れたころ、緑の風景を保っている八幡村へ着いた。翌日からは、悲惨な生活が始まった。

教301ページ

下2 **目抜《めぬ》き**　街の中心的な場所。

下4 **銀色《ぎんいろ》の虚無《きょむ》の広《ひろ》がり**　炎天下の変わり果てた街の光景を表現したもの。

下6 **精密巧緻《せいみつこうち》**　これまで見たこともない街の陰惨な様子が、誰かが作ったものでもあるかのように、細かいところまで行き届き、よくできている様子に見えることを表す。

下7 **抹殺《まっさつ》**　人や事実などを消し去ること。

下9 **苦悶《くもん》の一瞬《いっしゅん》あがいて硬直《こうちょく》したらしい肢体《したい》は一種《いっしゅ》の妖《あや》しいリズムを含《ふく》んでいる**　死体の死の直前の律動を感じ取った表現。

下12 **虚無《きょむ》の中《なか》に痙攣的《けいれんてき》の図案《ずあん》が感《かん》じられる**　「私」の眼前に映じた、日常的光景が剝ぎ取られてしまった世界を表現したもの。

教302ページ

上8 **どうも片仮名《かたかな》で描《か》きなぐるほうがふさわしいようだ**　あらゆる意味が失われた世界を記述する方法として、普通の漢字とひらがなによる表記よりも、片仮名と最低限の漢字を使った表記のほうがふさわしいと感じている。

上11 **ギラギラノ破片《はへん》ヤ……死体《したい》ノキミョウナリズム**　「ギラギラと炎天の下に……配置されていた」(教301ページ下3〜6行)と呼応した表現。

上11 **ギラギラノ破片《はへん》**　「おびただしい破片」(教301ページ下11行)と呼応した表現。

上13 **パノラマ**　後ろに背景を描き、前に立体的な模型を並べて、実際の光景のように場面を表したもの。

上14 **アカクヤケタダレタ　ニンゲンノ死体《したい》ノキミョウナリズム**　「苦悶の一瞬あがいて……妖しいリズムを含んでいる」(教301ページ下9〜11行)と呼応した表現。

上16 **スベテアッタコトカ　アリエタコトナノカ**　この一節の全体が「私」の眼《め》に映じた光景の記述であるのに対して、この部分だけが「私」の印象を表現している。

上17 **パット剝《は》ギトッテシマッタ　アトノセカイ**　「これは精密巧緻な方法で……置き換えられているのであった」(教301ページ下6〜9行)、「虚無の中に痙攣的の図案が感じられる」(教同ページ下12行)、「どうも、超現実派の画の世界ではないかと思えるのである」(教302ページ上2～3行)と呼応した表現。

上18**テンプクシタ電車《でんしゃ》ノ……フクラミカタハ**　「だが、さっと転覆して焼けて……転倒している馬を見ると」(教301ページ下12行～302ページ上2行)と呼応した表現。

下2**プスプストケムル電線《でんせん》ノニオイ**　「電線の乱れ落ちた線」(教301ページ下11行)と呼応した表現。

下6**災禍《さいか》の色《いろ》**　(田んぼの青々した色とは対照的な)原子爆弾による災厄を受けた世界の色。

「災禍」＝ここでは、戦争による災厄、の意。

下10**そして翌日《よくじつ》から、その土地《とち》での、悲惨《ひさん》な生活《せいかつ》が始《はじ》まった**　それまでは、地獄絵巻のような世界ではあったが、非日常であった。八幡村に着いてから、また日常が復活したが、それが悲惨な日常だったことを表している。

第九段落　教302ページ下18行～303ページ下1行

八幡村へ移って四、五日目に、行方不明だった中学生の甥(＝次兄の長男)が帰ってきた。逃げ延びた生徒は四、五名だけで、いっしょに逃げた友人の所で世話になっていたのであった。一週間余りすると、甥は頭髪が抜け出し、二日くらいですっかり禿《は》げになってしまった。その後鼻血も出るようになり、重態に陥ったが、だんだん持ちこたえていった。

教303ページ

上10**頭髪《とうはつ》が抜《ぬ》け出《だ》し、……禿《は》げになってしまった**　あとの「鼻血」(教303ページ上11行)と同様、原爆の放射線を浴びたことによる症状。

第十段落　教303ページ下3行～304ページ下10行

「N」は疎開工場のほうへ汽車で出掛けていく途中、トンネルに入ったとき、原爆の衝撃を受けた。彼は目的地からその足で引き返した。火災でまだ熱いアスファルトを進み、妻の勤めている女学校へ行ったが、妻は見つからなかった。自宅へ引き返してみても見つからないので、自宅から女学校へ通じる道の死体を確かめたが、どこにも見つからなかった。三日三晩、探し回り、最後にまた女学校の焼け跡を訪れた。

教303ページ

下4**あの衝撃《しょうげき》**　原子爆弾が投下されたときの衝撃。

下5**落下傘《らっかさん》が三《みっ》つ**　「三つの妖しい光」(＝原子爆弾と共に投下された情報収集用機材のパラシュート)(教294ページ下1行)と同じ。

手引き

学習の手引き

一　「八月六日の朝」(二八六・下7)から「八幡村」(三〇二・下8)に着くまで、「私」が移動した経路を、当時の地図を参考に推測してたどってみよう。

考え方　「八月六日の朝」に家を出てから「八幡村」に着くまでの記述から、地名などがわかる部分を「昭和20年当時の広島」(二九二)の地図で確認し、確認できない場所は推測しながらたどってみるとよい。

解答例 （——は地図上で確認できる場所や地名）

八月六日…「栄橋のたもと」(二九〇・上14)→「泉邸の藪」(同・下1)→「川岸に出る藪の所」(同・下13)→「狭い川岸の道」(二九二・上4)→「石崖《いしがけ》を伝って、水際の所へ降りていってみた」(二九三・上14)→「渡し舟を求めて上流のほうへ遡っていった。水に添う狭い石の通路を進んでいく」(二九四・下14)→「小さな筏を見つけたので、綱を解いて、向こうの岸のほうへ漕《こ》いでいった」(二九五・下6)→「土手の上にある給湯所」(同・下17)→「この河原」(二九六・下2)→「この河原を立ちのいて、土手のほうへ移っていった」(同・下5)→「すぐ向こうは饒津《にぎつ》公園」(同・下10)

八月七日…「東練兵場のほうへ行こうとする」(二九八・上3)→「常盤《ときわ》橋《ばし》」(同・上9)→「饒津公園のほうへ進んだ」(同・上11)→「東照宮の境内へ行ってみた」(同・上18)→「石崖」(二九九・上8)

八月八日…「東照宮下から饒津へ出た」(三〇〇・下15)→「白島《はくしま》から泉邸入り口のほうへ来かかった」(同・下16)→「西練兵場寄りの空き地」(同・下17)→「国泰寺《こくたいじ》」(三〇一・下1)→「浅野図書館」(三〇二・上5)→「住吉橋《すみよしばし》」(三〇一・下1)→「己斐《こい》」(同・下1)→「草津」(三〇二・下5)→「八幡村」(同・下9)

二 **「私」が目撃した光景について、次の項目ごとに整理してみよう。**

1　八月六日、「私」の家を出てから一夜を明かすまで。
2　八月七日、川岸を離れ、東照宮の境内に身を置くまで。
3　八月八日、馬車で八幡村まで移動しているとき。

考え方　1は第三・四段落、2は第五・六段落、3は第七・八段落で描かれている光景を整理する。

解答例　1　・ぺしゃんこになった建物の陰から出てきて、泣きながら近づいてくる顔を血だらけにした女。
・路上に立ちはだかって子供のように泣きわめいている老女。
・家屋のあちこちから立ち昇る煙。
・竹藪や樹木が損なわれて傷だらけの姿の由緒ある名園(泉邸)。
・魂の抜け果てた顔の中年の婦人。
・工場から逃げ出した学徒のひとかたまり。
・長兄の姿。
・向こう岸の火事。見渡す限り建物は崩れ、電柱の残っているほか、火の手が回っている。熱風が走り、黒煙が上がっている。
・沛然として落ちてくる大粒の雨。
・寄り集まって、てんでに出来事を語り合う長兄と妹、近所の見知った人たち。
・川を流れてくる白木の箱とはみ出た玉ねぎ、助けを呼ぶ少女。
・樹木を巻き上げて頭上をよぎる竜巻。
・やけどを負った二番目の兄(次兄)とその妻。
・向こう岸で赤ん坊を抱えて助けを呼ぶ次兄の家の女中。
・言語に絶する人々の群れ。男か女か区別がつかないほど、顔がくちゃくちゃに腫れ上がって、目は糸のように細まり、唇は爛《ただ》れ、痛々しい肢体を露出させ、虫の息で横たわって訴えている。
・顔が膨張し、醜くゆがみ、焦げた乱れ髪をした二人の女。
・樹《き》の所にある布団の上に臥《ふ》している瀕死《ひんし》の重傷者。
・「死んだほうがまし」だという一人の兵士。

・給湯所のお湯を飲む黒焦げの人や、川の水を飲みふける重傷兵。
・顔を膨らして水を求める次兄の家の女中。手を負傷している。
・「水をくれ」と狂い回る河原に取り残された人々。
・傷ついて横臥《おうが》している三、四人の女学生。
・河原から聞こえる若者の断末魔のうめき声。

2　・負傷して歩けなくなる兵隊。
・東照宮の境内で、それまではぐれていた姪（次兄の長女）が母親と対面し泣いているところ。
・施療所に並ぶ負傷者の長い行列。至る所にごろごろしている重傷者。
・中国ビルで爆弾に遭い、両手、両足、顔をやられた男。
・満身血まみれの、幹部候補生のバンドをした青年。
・芋掘り作業に来ていて遭難した、顔を黒焦げにして水を求めてうめいている女子商業の二人の学徒。
・燻製の顔をしたモンペ姿の婦人。ハンドバックを持ち、旅装をしている。

3　・西練兵場寄りの空き地にいた、甥の文彦の死体。胸のあたりに拳大《こぶしだい》の腫れ物があり、液体が流れている。顔は真っ黒で、両手の指は固く握り締められ、爪が食い込んでいる。
・ある姿勢のまま硬直している中学生や若い女の死体。
・已斐のほうから一覧した市内の目抜きの焼け跡。炎天の下、道、川、橋があり、赤むけの膨れ上がった死体が所々に配置されている。電線の乱れ落ちた線や、おびただしい破片、転覆して焼けた電車、転倒した馬などがある。国泰寺の大きな楠《くすのき》は根こそぎ転覆し、墓石も散っている。

三　**「そんな一節」（三〇二・上9）について、「この辺の印象は、どうも片仮名で描きなぐるほうがふさわしい」（三〇二・上7）と「私」が考えたのはなぜか、説明してみよう。**

考え方　原爆投下で変わり果てた街は、「私」には異様な世界であり、次第に現実感を失っていることが、「精密巧緻な方法で実現された新地獄」（三〇一・下6）、「すべて人間的なものは抹殺され、……何か模型的な機械的なものに置き換えられて」（同・下7〜9）、「虚無の中に痙攣的の図案」（同・下12）、「超現実派の画の世界」（三〇二・上2）などの表現からわかる。このような世界を描くには、普通の漢字とひらがなによる表記では違和感があったのである。

解答例　原爆投下で変わり果て、あらゆる意味が失われた世界を記述する方法として、普通の漢字とひらがなによる表記はふさわしくなく、片仮名と最低限の漢字を使った表記のほうが、非現実的な世界の物質性を感じさせるのにふさわしいと考えたから。

四　**この小説が「私」の墓参りから始まり、「N」が妻を探す場面で終わっていることの、構成上の効果を説明してみよう。**

考え方　「私」は八月十五日には、ふるさとの街が無事でないかもしれないと予感しながら、妻の墓参りを済ませ、花を手向けており、タイトルも「夏の花」となっている。また、最後の場面で、「N」という一般化された人称を用いて、妻の遺体を探し求める者の姿を描いていることからは、「私」の個人的な体験を広く一般的な体験として描こうとしていることが考えられる。

解答例　冒頭の「私」の墓参りの場面と「N」が妻を探す場面を呼

応させることで、亡き妻へ手向けた「夏の花」を、この被爆で亡くなったあらゆる死者に捧げようとしていると感じさせる効果がある。妻を探し求める「N」の気持ちに終わりがないように、あらゆる死者を求める肉親の気持ちにも終わりがないと感じさせる鎮魂としての「夏の花」を印象づけている。

五 **この作品の描写の特徴をあげ、それがどのような効果をあげているか、話し合ってみよう。**

考え方　・簡潔な状況説明と、臨場感のある人々の描写が淡々と続けられている。また、文末に助動詞「た」を繰り返し用いることで、感情を抑えた筆致になっている。原子爆弾の投下という未曾有の出来事をできる限り客観的に記述しようとする作者の意志が感じられ、悲惨な有り様を的確に伝えることにつながっている。

・八月六日以降の本編にあたる部分では、「私」「長兄」「妹」「次兄」それぞれの原子爆弾投下の瞬間の回想を挟み込み、その瞬間を多面的に捉えることにつながっている。

・原爆投下の瞬間以外にも、回想の手法が多用されている。特に印象的な部分は、「その大きな楓は昔から庭の隅にあって、……『アッシャ家の崩壊』という言葉がひとりでに浮かんでいた。」(二八九・下4～13)、「――幼い日、私はこの堤を通って、……夢のように平和な景色があったものだ。」(二九七・下7～11)の二つの場面で、前者は被爆という出来事を予感させるものとなっており、後者は平和な幼時と対比させることで、地獄絵巻を思わせる悲惨な現実を浮き彫りにしている。

以上のことなど、筆者が原子爆弾の投下という、それまで人類が経験したことのない事実を描くために工夫している点に着目しながら、気がついた点をまとめ、それぞれの効果を話し合ってみよう。

活動の手引き

一 **「片仮名で描きなぐ」(三〇二・上8)った結果、「そんな一節」は小説の中でどのような表現上の効果を持ったか。一部を漢字とひらがなに書き直して比較してみよう。**

考え方　漢字とひらがなに書き直すと以下のようになる。

ぎらぎらの破片や
灰白色の燃え殻が
広々とした　パノラマのように
赤く焼け爛れた　人間の死体の奇妙なリズム
すべてあったことか　あり得たことなのか
ぱっと剝ぎ取ってしまった　あとの世界
転覆した電車の脇の
馬の胴なんかの　膨らみ方は
ぷすぷすと燻る電線のにおい

このように、一般的な漢字とひらがなの表記にすると、読みやすくなって、「私」が「超現実派の画の世界ではないかと思え」(三〇二・上2)たという違和感も薄れてしまうことがわかる。これと比較し、片仮名表現の持つ違和感や物質感に着目して、具体的に感じたことを表現してみよう。

言葉の手引き

一 **次のかたかなを漢字に改めよう。**

1 テンプクした電車。
2 ひどくインサンな光景。
3 ダンマツマのうめき声。
4 ロボウに倒れる。
5 キンロウホウシに動員される。

解答 1 転覆　2 陰惨　3 断末魔　4 路傍
5 勤労奉仕

二 次の言葉の意味を調べてみよう。

1 野趣を帯びる（二八六・上7）
2 うそぶく（二八九・上8）
3 さばさばした（二九二・上7）
4 沛然として（二九二・下6）
5 言語に絶する（二九四・下16）

解答例 1 自然なままの素朴な味わいがする。
2 平然と知らないふりをする。とぼける。
3 面倒なことやいやなことなどがなくなり、さっぱりするさま。
4 雨が激しく降るさま。
5 言葉では表現できないさま。

三 次の表現には、「私」のどのような心情が反映されているか、説明してみよう。

1 夢のように平和な景色があったものだ。（二九七・下11）
2 今やけに嚠喨としてラッパが吹奏されていた。（三〇〇・下6）
3 涙も乾き果てた遭遇であった。（三〇一・上11）

解答例 1 八月六日の悲惨な現実を前にして、幼い日の平和な一日が夢のように感じられるほど、遠い風景のように思われる気持ち。
2 「悲惨醜怪」（三〇〇・上18）な状況に人々は「救いのない気持ち」（同・下4）でいるのに、ラッパの澄みわたった音がそぐわないものに感じられる気持ち。
3 次兄の息子の文彦の死体は「上着はなく、胸のあたりに拳大の腫れ物があり、そこから液体が流れて」（三〇一・上4）おり、「真っ黒くなった顔に、白い歯がかすかに見え、投げ出した両手の指は固く、内側に握り締め、爪が食い込んでい」（同・上5）るという状態であり、次兄はその「爪を剝ぎ、バンドを形見に取り、名札をつけて、そこを立ち去った」（同・上10）のみであったというように、人間的な感情の表しようのない親子の最後の出会いであったと感じる気持ち。

言語活動　物語を創造する〈物語を発現する力〉

佐藤雅彦《さとうまさひこ》

教科書P.308〜313

語句の解説

教308ページ

上13 **範疇外《はんちゅうがい》**　ここでは、自分の専門の範囲外、の意。

下5 **根源的《こんげんてき》**　物事の根本に関わる様子。

教309ページ

上4 **恣意的《しいてき》**　思いつくままに行動する様子。

教310ページ

上3 **不可解《ふかかい》**　理解できない様子。

上20 **体系《たいけい》**　個々別々のものを系統的に統一した全体。

教312ページ

上16 **通奏低音《つうそうていおん》**　ここでは、常に底流にあって、目立たないが途切れることなく影響を与え続けているもの、の意。

上18 **老舗《しにせ》**　先祖代々から続いている格式と信用のある店。

下16 **禍根《かこん》**　わざわいの起こるもと。

活動の手引き

一　筆者が「物語をたちどころに生み出す能力」（三一〇・上2）**は「人間に用意された生きていくための力」**（三一〇・上4）**であると述べる理由を説明してみよう。**

考え方　筆者は、ここで立てた仮説を、文章の最後で立証している。ラーメン屋の断片的なシーンをつなぎ合わせてストーリーを創造する能力を例にあげ、その能力が、「我々に新しい未知に向かうことを可能にさせている」（三一三・下16）と説明している。

解答例　物語を生み出す能力は、断片的な情報群を一件落着させ、禍根を残さず、我々に新しい未知に向かうことを可能にさせているから。

二　本文中にあげられている「大小の三角形の図」の例二つと、「筆者が体験した中華そば屋」の例について、次の活動に取り組もう。

1　「大小の三角形の図」の例の五コマの図について、順序を入れ替えたり、一部を抜き出したりして、物語を創造してみよう。

2　「筆者が体験した中華そば屋」の例について

(1) ①〜⑧の断片を読み、それをもとに物語を創造してみよう。

(2) ①〜⑧の断片の順序を入れ替えたり、一部を抜き出したりして、物語を創造してみよう。

考え方　1　「大小の三角形の図」の例の五コマの図については、大半の人が、魚の親子のようなものが泳いでいる→子のほうが止まる→母親が戻ってきて説得する→いっしょに進んでいく、という解釈をするとある。これを参考に、このコマを入れ替えたり、抜き出したりして新たなストーリーを考えてみよう。

2　(1)①～⑧の断片から、どのようなことが読み取れるか見ていく。

①先々代と先代の二代でラーメン屋を営んでいる。

②先々代が亡くなり、二代目が跡を継ぐ。

③二代目夫婦には息子がいる。

④大学生になった息子は、腰の悪い父親のために店を手伝っている。

⑤息子は父親のために、大学をやめて店で働こうとするが、父親はそこまでしなくてもよいと思っている。

⑥父親は息子に、本格的に店の味を教え始める。

⑦主人(父親)は店に立たず、息子に調理を任せるようになるが、味は落ちてしまった。

⑧数年後、先々代からの味を修得した息子が跡を継いだ店は、繁盛していた。

大まかにこのような流れが考えられるだろう。ここから、形を整えて物語を完成させよう。

(2)　(1)で作った物語をもとに、順序を入れ替えたり、一部を抜き出したりして、別の物語を創造してみる。

解答例　1　・三枚目と五枚目を入れ替える。

…親子が泳いでいる→子の泳ぎは、母親から遅れたり追いついたり不安定である→母親に注意される→子はすねて動かなくなる。

・一・三・五枚目を抜き出す。

…親子が泳いでいる→子が親からはぐれる→無事に再会していっしょに泳ぎ出す。

2(2)　・⑤→⑥→⑦を、⑥→⑦→⑤の順に入れ替える。

…息子は、父親から本格的に調理の指導を受けるが、学業との両立は難しく料理の腕が上がらないため、大学をやめる決意をする。

・①②③⑥⑧を抜き出す。

…三代目となる息子が父親から店を継ぎ、店を繁盛させる。(父親の腰が悪く、そのために息子が大学をやめるというエピソードがなくなる。)

三　二で創作した物語を発表し、互いに批評し合おう。

考え方　物語を創作したことで満足するのではなく、互いに批評し合うことで、自分では気づけなかった矛盾点などが見えてくる。お互いに良い点は参考にし、指摘された点は修正することで、次の物語の創作につなげていこう。

四　読み手の批評をふまえて、自分が創作した物語の特長や課題を捉えよう。

考え方　自分が創作した物語の特長を捉えることで、自分がどのように物事を見て考えているのか、その傾向を知ることができる。また、課題が見えてくることで、新しい物語創作に生かせるだけでなく、世の中の見方や捉え方にも変化が生まれる可能性がある。読み手の批評は積極的に受け入れ、修正すべき点は考え直すことも大切である。

言語活動　テーマを決めて短歌・俳句を作る

教科書P.314〜319

◆蝶

教314ページ

「姫蜆蝶《ひめしじみ》の……」の歌　真鍋正男《まなべまさお》

句切れなし。

語句の解説

下2ツートーンカラー　色調の異なる二色を組み合わせた配色。

下2触角《しょっかく》　昆虫などの頭部にある感覚器。

「幾十の……」の歌　島田修二《しまだしゅうじ》

句切れなし。

語句の解説

下4幾十《いくじゅう》　何十と同じ。ここでは、何十匹もの、の意。

「春潮《はるしほ》の……」の歌　坪野哲久《つぼのてっきゅう》

句切れなし。

語句の解説

下6春潮《はるしお》のあらぶる　ここでは、春の海が荒々しい波音を立てる様子、その波音。

「生きながら……」の歌　原阿佐緒《はらあさお》

句切れなし。

語句の解説

下8蝶《ちょう》のごと　蝶のごとく。蝶のように、の意。

下8悶《もだ》へつゝなほ　もだえ苦しみながらも、それでもまだ。

「恋文を……」の句　大西泰世《おおにしやすよ》

季語は「蝶」、季節は春。

語句の解説

下10湧《わ》く　虫などが気づかないうちに出現する、の意。

「ひかり野へ……」の句　折笠美秋《おりがさびしゅう》

季語は「蝶」、季節は春。切れ字は「へ」。

語句の解説

下11ひかり野《の》　春の明るい草原であろう。想像の中の光景。

下11君《きみ》なら……　このとき作者は難病の床にあった。「君」は介護の妻をさすと言われる。この句は句集『君なら蝶に』所収。

「高々と……」の句　原《はら》　石鼎《せきてい》

季語は「蝶」、季節は春。切れ字は「かな」。

語句の解説

下12 **蝶《ちょう》こゆる**　蝶が飛び越えて行く、の意。

「蝶々の……」の句　高浜虚子《たかはまきょし》

季語は「蝶」、季節は春。切れ字は「よ」。

語句の解説

下13 **静《しず》かさ**　じっと動かない蝶の様子と、蝶が花の蜜を吸うかすかな音とをあわせて表している。物音がしないさまを表す。

◆犬

教315ページ

「日のくれに……」の歌　大西民子《おおにしたみこ》

句切れなし。

語句の解説

上2 **帰《かえ》れる犬《いぬ》の身顫《みぶる》ひて**　帰ってきた犬が身振るいをして。

「白き犬……」の歌　北原白秋《きたはらはくしゅう》

三句切れ。

語句の解説

上4 **春《はる》の川瀬《かわせ》**　「川瀬」は川の浅いところ。春の日差しが明るい、岸辺の情景である。

「目のまへの……」の歌　斎藤茂吉《さいとうもきち》

三句切れ。

語句の解説

上6 **小《ちい》さきものどもよ**　売られている子犬に呼びかけている言葉。

上6 **生長《せいちょう》**　生まれ育つこと。

「我が家の……」の歌　島木赤彦《しまきあかひこ》

三句切れ。

語句の解説

上8 **いづこにゆきぬらむ**　どこへ行ってしまったのだろうか。

「小春日や……」の句　皆吉《みなよし》　司《つかさ》

季語は「小春日」、季節は冬。切れ字は「や」。

語句の解説

上10 **小春日《こはるび》**　初冬の晴れた穏やかな日のこと。

上10 **ピカソ**　一八八一年〜一九七三年。スペイン出身の画家。代表作に「ゲルニカ」などがある。

「炎天に……」の句　沢《さわ》木《き》欣一《きんいち》

季語は「炎天」、季節は夏。

語句の解説
上11炎天《えんてん》　夏の日盛りの燃えるような空のこと。
上11骨《ほね》の音《おと》　暑そうに歩いていた犬が立ち止まって身振るいをしたときに、骨の音が聞こえた、の意。

「土堤《どて》を外《そ》れ……」の句　山口《やまぐち》誓子《せいし》

季語は「枯野」、季節は冬。

語句の解説
上12土堤《どて》　川のつつみ。堤防。
上12枯野《かれの》　草木が枯れて、もの寂しい冬の野。

「曳《ひ》かるる犬……」の句　富安《とみやす》風生《ふうせい》

季語は「秋」、季節も秋。

語句の解説
上13曳《ひ》かるる犬《いぬ》　首にひもをつけてひかれて行く犬。
上13うれしくてうれしくて　犬のはしゃぐ様子を表したもの。

◆猫
教315ページ

「猫のひげ……」の歌　小島《こじま》ゆかり

句切れなし。

語句の解説
下2春昼《しゅんちゅう》　明るくのどかな春の昼。

「やがて発光……」の歌　永田《ながた》和宏《かずひろ》

句切れなし。

語句の解説
下4やがて　そのうち。ほどなく。
下4膨《ふく》る　膨れる。追いつめられた猫が体毛を逆立てているさま。

「朱の壺《つぼ》に……」の歌　富小路《とみのこうじ》禎子《よしこ》

句切れなし。

語句の解説
下6漆黒《しっこく》　黒くて光沢があるさま。
下6事《こと》のおこり　出来事の始まり。
下6何《なに》げなかりし　何げなかった。何ということもなかった。

「頸《くび》つかみ……」の歌　筏井《いかだい》嘉一《かいち》

句切れなし。

語句の解説

下8 **頸《くび》**　頭と胴をつなぐ部分。子猫の首のこと。

「十月の……」の句　坪内稔典《つぼうちとしのり》

季語は「十月」、季節は秋。

語句の解説

下10 **十月《じゅうがつ》**　仲秋に当たる。天高く、さわやかな季節。

「黒猫の……」の句　飯田龍太《いいだりゅうた》

季語は「猫の子」、季節は春。切れ字は「かな」。

語句の解説

下11 **ぞろぞろと**　ここでは、多くのものが続いて行くさま。

「百代《はくたい》の……」の句　加藤楸邨《かとうしゅうそん》

季語は「猫の子」、季節は春。

語句の解説

下12 **百代《はくたい》の過客《かかく》**　松尾芭蕉《まつおばしょう》『奥の細道』の冒頭の一節「月日は百代の過客にして」による。

「恋猫の……」の句　永田耕衣《ながたこうい》

季語は「恋猫」、季節は春。

語句の解説

下13 **恋猫《こいねこ》**　発情期の猫。

◆走る・歩く

教316ページ

「ころがりし……」の歌　寺山修司《てらやましゅうじ》

句切れなし。

語句の解説

上2 **ころがりし**　はずみながら道を転がってゆく。

上2 **カンカン帽《ぼう》**　麦わら帽子の一種。頂が平らでつばがある。

「暗道の……」の歌　前登志夫《まえとしお》

句切れは「蛍あり」。四句目に句割れの形で用いられている。

語句の解説

上4 **まつはれる**　くっついて離れない。付きまとう。

上4 **いかなる河《かわ》か**　どのような河か。「河」は自分をたとえた表現。

「ずぶ濡《ぬ》れの……」の歌　塚本邦雄《つかもとくにお》

三句切れ。

語句の解説

上6ラガー　ラグビーの競技者。ラグビーの選手たち。

「そこだけが……」の歌　山崎方代《やまざきほうだい》

句切れなし。

語句の解説

上8黄昏《たそが》れていて　夕方の薄暗い光に照らされているさま。「黄昏れる」は夕方になる、薄暗くなる、の意。

上8一本《いっぽん》の指《ゆび》　歩いている一人の人を「指」に見立てている。

「湯に立ちて……」の句　長谷川櫂《はせがわかい》

季語は「山桜」、季節は春。

語句の解説

上10赤子《あかご》　生まれて間もない子供。ここでは、よちよち歩きを始めたころの子供。

「春ひとり……」の句　能村登四郎《のむらとしろう》

季語は「春」、季節も春。

語句の解説

上11槍《やり》に歩《あゆ》み寄《よ》る　飛距離の確認に投げた槍のところまで歩いて行く。

「向日葵《ひまはり》の……」の句　篠原鳳作《しのはらほうさく》

季語は「向日葵」、季節は夏。

語句の解説

上12日《ひ》を奪《うば》はんと　向日葵に当たる日差しを奪い取ろうとして。空に雲が出てきて、太陽の光を遮るように速く流れていく情景。

「しぐるるや……」の句　種田山頭火《たねだいとうか》

季語は「しぐるる」、季節は冬。切れ字は「や」。

語句の解説

上13しぐるる　時雨が降る。「時雨」は晩秋から初冬にかけて断続的に降る小雨。

◆飲む・食う

教316ページ

「君と食《は》む……」の歌　俵《たわら》万智《まち》

三句切れ。

語句の解説

下2恋《こい》とこそ知《し》れ　恋と知る、の意。「こそ…知れ」は係り結び。

「一碗《いちわん》には……」の歌　河野裕子《かわのゆうこ》

三句切れ。

語句の解説

下4 **つぶりつぶりと** 飯を一粒一粒噛《か》みしめるさまを表す擬態語。

「カワセミが……」の歌 高野公彦《たかのきみひこ》

四句切れ。

語句の解説

下6 **くぐる** 水に潜る。

「うすみどり……」の歌 石川啄木《いしかわたくぼく》

初句切れ。

語句の解説

下8 **うすみどり** 「透きとほる」のイメージを色に託した表現。

「母の日の……」の句 鷹羽狩行《たかはしゅぎょう》

季語は「母の日」、季節は夏。

語句の解説

下10 **塩《しお》むすび** 塩でむすんだおにぎり。

「誰もみな……」の句 星野立子《ほしのたつこ》

季語は「花曇《はなぐもり》」、季節は春。

語句の解説

下11 **花曇《はなぐもり》** 桜の咲くころ、空が薄く曇っていること。

「葡萄《ぶどう》食ふ……」の句 中村草田男《なかむらくさたお》

季語は「葡萄《ぶどう》」、季節は秋。

語句の解説

下12 **一語《いちご》一語《いちご》の如《ごと》くにて** 一語一語を心をこめて言うように。かみ砕いて味わうように。

「食べてゐる……」の句 高野素十《たかのすじゅう》

季語は「蓼《たで》の花」、季節は秋。

語句の解説

下13 **牛《うし》の口《くち》より蓼《たで》の花《はな》** 草を食べている牛の口の中から思いがけず蓼の花が出てきた様子を表す。

活動の手引き

一 教科書に掲載されている短歌について、次のことに取り組もう。

1 次の表現技法に該当する短歌を抜き出してみよう。
(1)初句切れ (2)三句切れ (3)句割れ (4)句またがり

2 「蝶」「犬」「猫」「走る・歩く」「飲む・食う」の五つのテー

マに即して、歌に詠まれている情景や心情、表現方法の特色などを、それぞれ整理してみよう。

考え方　1　句切れとは、短歌の意味や内容、調子(リズム)の切れ目のこと。初句切れは、初句の五字のあとで句切れているもの、三句切れは、三句の五字のあとで句切れているものを表す。また、句割れは、句の終わりではないところで文が終結しているもの、句またがりは、文節の終わりと句の切れ目が合致していないものである。

2　「蝶」「犬」「猫」を対象とした歌には、その根底に各生物に対する愛情が感じられるものが多く、それ故にその姿や動きを細かく捉えた描写がなされている。また、「走る・歩く」「飲む・食う」がテーマとなっている歌には、各歌の主人公の心情がそれぞれの動作の描写を通じて巧みに描かれている。それぞれの歌の表現方法にも注目して、そこに描かれた情景や心情を読み取ろう。

解答　1　(1)〜(3)省略(ガイド176〜181ページの各短歌の解説参照)

(4)・我が家の犬はいづこにゆきぬらむ今宵も思ひいでて眠れる

・やがて発光するかと思うまで夕べ追いつめられて白猫膨る

二　教科書に掲載されている俳句について、次のことに取り組もう。

1　季語と季節を指摘してみよう。

2　「蝶」「犬」「猫」「走る・歩く」「飲む・食う」の五つのテーマに即して、句に詠まれている情景や心情、対象の捉え方の特色などを、それぞれ整理してみよう。

考え方　1　「小春日」＝冬、「しぐるる」＝冬、「母の日」＝夏など、季語の意味を理解していないとわからないものや、今の季節とはずれているものに関しては注意が必要である。また、「黒猫の子のぞろぞろと月夜かな」という句は、「月夜」も秋の季語であるが、句の内容から「猫の子」(春)が季語となるので気をつけよう。

2　俳句は、十七音という短い表現の中に作者の思いが詰め込まれているため、用いられている言葉から受ける印象によって、情景や心情、対象の捉え方などを想像する必要がある。例えば、「犬」の「ピカソ」という名前からは、大型の西洋犬のエネルギッシュで精《せい》悍《かん》な姿が、「走る・歩く」の「春ひとり……」の句では、一人で黙々と練習に取り組む孤独な姿が感じられよう。それぞれの句について、十七音に込められた作者の思いを想像し、補いながら鑑賞しよう。

解答　1　省略(ガイド176〜181ページの各俳句の解説参照)

三　「蝶」「犬」「猫」「走る・歩く」「飲む・食う」の五つのテーマから一つを選び、次の条件(省略)を満たす短歌・俳句を作ろう。

考え方　いずれのテーマも、日常生活で身近に接することのできるもの、生活を支える行為なので、比較的作りやすいのではないだろうか。短歌では、句切れの上下の句の関係に、風景の遠近や大小、過去と現在、光景と心情などの対比構成を用いるとよい。また、俳句では、切れ字の前後に置く二つの素材を付かず離れずの関係にすることが重要である。効果的に季語も用いたい。

四　各自で作った短歌・俳句を発表し、相互に批評し合おう。

考え方　批評し合うことで、自分では気がつかなかった意外な表現が見つかるものである。より効果的な表現方法を探ってみよう。

言語活動　古典を基にして物語を作る

教科書P.320〜324

語句の解説

教320ページ

上6『**伊勢物語**《いせものがたり》』　平安時代の歌物語（＝和歌を中心としてまとめられた短い物語）。作者は未詳。在原業平《ありわらのなりひら》らしき男性の、恋愛を中心とした生涯を描いている。

上15**モチーフ**　創作の動機となる主要な題材。

下5**振《ふ》り分《わ》け髪《がみ》**　髪を肩のあたりの長さに切り、左右に分けたまま垂らした男児・女児の髪型。

教322ページ

上16**リアル**　現実的であること。

活動の手引き

一　「筒井筒」に出てくる最初の和歌二首からどのような物語を作ることができるかを考え、発表し合おう。

考え方　この和歌二首は、「筒井筒」の中では男女の恋愛の歌として詠まれているが、教科書の例のように、女同士の楽器にまつわる物語とするなど、まったく別の視点から捉えてもよい。歌の内容をふまえつつ、さまざまな角度から構想を練ってみよう。

二　「書き出しの例」について、「いつ」「どこで」「誰が」「何を」に当たる部分を指摘してみよう。また、「『フルートなんて、もういいや。』彰《あきら》はひと言、そう答えたのだった。」という記述の持つ効果を、読み手の立場から考えてみよう。

考え方　「いつ」（時）、「どこで」（場所）、「誰が」（登場人物）、「何を」（出来事）を押さえることは、物語を読むうえでも重要なことである。物語の書き出しの部分の創作では、これらを押さえた内容になるよう意識しよう。

また、「『フルートなんて、もういいや。』彰はひと言、そう答えたのだった。」という記述を読んで、自分が読み手としてどのように感じたか考える。彰は、なぜフルートを続けようとしないのか、中学校時代に何があったのか、本当にフルートをやめてしまうのか、などさまざまな疑問や思いが駆けめぐり、先が気になったのではないだろうか。そこから、この記述の効果を考えてみよう。

解答例　いつ…高校の入学式。

どこで…学校の廊下で。

誰が…在原響《ありはらひびき》が（藤原《ふじわら》彰に）。

何を…吹奏楽部に誘うことを（する）。

効果…発言の理由を考えさせることで、物語に対する興味関心を持たせる効果。

三　「『響』の視点から続きを書いた例」について、彰や第三者の視点から書いたらどのような記述になるか、それぞれ実際に書いてみよう。

考え方　「響」の視点から書かれた文章は、響の心情が中心に描かれている。したがって、「彰」の視点から書く場合は、彰の心情を中心に描くことになる。ここでは、彰の心情は明らかになっていないので、自分で想像して書いてみよう。

また、第三者の視点から書く場合は、響でも彰でもない立場から客観的に書くので、主語や対象を書き足す必要が出てくる。その点に注意して、書き直してみよう。

解答例　彰の視点…何があったのか不思議に思ったかもしれない。吹奏楽部に誘われてからというもの、響のことが気になっていた。響とは、小学校の卒業式以来会っていない。でも、中学生のときのことは思い出したくない。私は、響に携帯電話の番号を教えずに別れたことを、それでよかったのだと思った。

第三者の視点…響は、吹奏楽部への誘いを断られてから、彰に何があったのか気になり、彼女のことがずっと頭から離れなかった。響と彰は、小学校の卒業式以来会っていない。中学生のとき、彰に何かあったのだろうか。響は、彰の携帯電話の番号をきかずに別れてしまったことを、ひどく後悔していた。

四　「描写を工夫して続きを書いた例」について、風景や人物を描写した箇所を指摘し、それらがどのような効果を生み出しているか、考えてみよう。

考え方　風景を描写した箇所には、視覚だけでなく、聴覚や嗅覚、触覚などで捉えたものも含まれる。ここでも、聴覚に訴えた描写で、二人の周囲の様子が描かれている。また、人物を具体的に描写することによって、作品の中でその人物像がより生き生きと浮かび上がってくるものである。「私」（＝響）と彰の態度や言動など、人物の描写に注目すると、それぞれの人物像も見えてくる。最後に、それぞれの描写の工夫によって、自分がどのように感じたか、効果としてまとめてみよう。

解答例　○風景を描写した箇所　・「さっきまで中庭から響いていた楽器の音は、もう聞こえてこない。」

効果…周りが音もなく静かな様子を読み手に想像させる効果。

○人物を描写した箇所　・「私（＝響）が遠慮がちに言う」

・「彰は腕組みをしたまま、ふうと小さく息を吐いた。そしてぼんやりと窓の外を眺め、しばらくの間、私の言葉には答えなかった。」

効果…読み手に人物像をより具体的にイメージさせる効果。

五　「歌を取り入れて続きを書いた例」までの文章例全体を参考にして、各自が考える「筒井筒」の歌を取り入れた物語を、一六〇〇字程度で創作してみよう。

(1)「筒井筒」の二つの歌を中心に据えた物語の構想を練る。

(2)物語の方向性を読み手にうまく伝えられるような「書き出し」を考える。

(3)物語をより生き生きと表現するために、視点人物や表現を工夫する。

(4)「筒井筒」の二つの歌を、物語のどこに配置すれば効果的かを考える。

(5)創作した物語を発表して相互評価し、改善点を考える。

考え方　ここまで見てきた物語創作の流れを押さえて、実際に物語を作ってみよう。まずは、一で考えた案の中から一つを選び、書き出しと視点人物を考える。風景や人物の描写に工夫を凝らしながら、課題の歌をうまく取り入れて、一つの作品としてまとめよう。